本书获中国博士后科学研究基金和
西南财经大学学术专著出版基金资助

中国资本市场预期

江世银 著

商务印书馆
2005年·北京

图书在版编目(CIP)数据

中国资本市场预期/江世银著.—北京:商务印书馆,2005
 ISBN 7-100-04424-3

Ⅰ.中… Ⅱ.江… Ⅲ.资本市场—合理预期(经济学)—研究—中国 Ⅳ.F832.5

中国版本图书馆 CIP 数据核字(2005)第 031988 号

所有权利保留。
未经许可,不得以任何方式使用。

ZHŌNGGUÓ ZĪBĚN SHÌCHĂNG YÙQĪ
中国资本市场预期
江世银 著

商 务 印 书 馆 出 版
(北京王府井大街36号 邮政编码 100710)
商 务 印 书 馆 发 行
北京瑞古冠中印刷厂印刷
ISBN 7-100-04424-3/F·540

2005年11月第1版 开本 850×1168 1/32
2005年11月北京第1次印刷 印张 12½
印数 4 000 册
定价:21.00元

序

预期作为一种心理行为倾向,已广泛地存在于我们的经济生活之中并对整个社会生活,甚至政治活动产生着深刻的影响。正确的预期有利于社会经济的良性运行和协调发展,在某些情况下,它甚至还是经济建设能否取得成功的关键。因此,经济学界越来越重视对人类心理预期与行为的研究,在这方面,一些西方国家走在了前列。这些西方国家不仅有发达的货币信用体系,而且有完善的资本市场。预期心理因素等对资本市场的发展和完善的作用和影响是普遍存在着的。一些西方经济学家探讨过资本市场上的预期问题。它们获得了完整的理性预期理论认识,建立了一些资本市场的预期模型,总结了资本市场预期发展的规律,有大量值得我们借鉴的地方。它们的资本市场预期理论能否运用于中国资本市场预期问题的研究,存在着一个本土化、中国化的问题。对于不完全是在此背景和基础上发展起来的中国资本市场来说,只能结合中国资本市场预期模型,才能形成有中国特色的预期理论学派,才能提出切合货币信用体系不发达、资本市场发展时间短这一现状的中国资本市场预期问题的解决对策和办法。

对于资本市场,我一直关注这一领域的研究。江世银博士毕业于中国人民大学,到西南财经大学作博士后研究前曾在《经济研究》(2000)上发表过"论信息不对称条件下的消费信贷市场"、在

《经济理论与经济管理》(2001)上发表过"预期对我国消费信贷的影响",已经获得了有关预期的基本认识。他原本是打算研究中国预期问题的,包括预期收入、预期支出、通货膨胀(紧缩)预期、消费信贷预期、资本市场预期等,不用说,题目是够大的。后来,我要求他逐步缩小题目,仅研究上述某个方面就足够了。他根据自己的兴趣和已有的研究基础,最终落实到迄今为止国内外还没有进行过系统研究的《中国资本市场预期》这一颇有意义的题目上来。中国资本市场是一个不确定的、风险和信息不对称的市场,因而是一个充满预期因素作用和影响的市场。当然,题目越小,难度也就越大。我也要求他将预期和博弈结合起来进行深入的研究,得出了预期行为在本质上也是一种博弈行为的初步认识。

《中国资本市场预期》一书立足于理论前沿和实际需要,提出了一个中国资本市场预期问题研究和分析的基本框架,不仅是国内第一部比较系统地概述这方面理论进展和争论的学术成果,而且还是具有独创性的学术专著。其主要特点是:它不是把预期理论作为一种经济学流派加以论述,而是把它作为一种新经济心理投资问题来考察。通读全书,有以下特色:

第一,重大的研究意义。该书针对目前中国资本市场发展中存在的预期问题,选题很有实际意义和现实针对性,研究成果对中国资本市场现阶段解决消极预期问题、发挥积极预期作用具有一定理论指导意义和实践参考价值。它突破了传统资本市场理论和预期理论简单地以理性化构建市场的思想,以心理学对资本市场投资决策心理的研究成果为依据,详细地研究了不同的心理预期对投资者行为所产生的作用和影响,充分考虑了市场因素与人的心理因素的作用,为人们更好地研究中国资本市场预期问题提供了一个新的视角,使人们对资本市场的研究更贴近实际。

第二,多学科的综合研究。该书运用理论经济学、数量经济学、金融学、心理学、社会学等学科对中国资本市场预期问题进行了研究。针对人们对中国资本市场预期问题的认识和实践,国内还没有建立起适合中国资本市场预期问题的数学模型以及西方发达资本主义国家资本市场预期的理论与方法还没有全面系统地被我国投资者们所掌握的现实情况,该书试图从理论经济学、数量经济学、金融学、心理学、社会学等多学科进行综合分析,从理论上对它们的理论观点、主要模型、分析方法运用于中国资本市场预期的特征、作用和影响进行研究,由此提出切合中国实际的解决对策。

第三,清晰的探索思路。资本市场中的预期问题是现代宏观经济学研究的热点问题之一,学术界的研究主要集中在资本市场的投机预期、宏观经济政策与个体预期以及预期的形成机理等方面,但国内对资本市场不确定性预期行为的系统研究还不多见。在我国资本市场发展的实践中,理论界对中国资本市场难以理想发展的原因进行了种种探索,获得了许多共识,但却都忽视了预期收益不确定性对资本市场的作用和影响。通读该书可以看出,它是沿着信息、不确定性和风险这条主线层层进行分析的。

第四,众多数学模型的建立。预期本身是一种心理现象,难以直接进行量度。特别是要对中国资本市场投资的预期收益、不确定性预期、风险预期建立数学模型、进行量化研究是有相当困难的。该书借鉴西方资本市场预期收益数学模型,结合中国资本市场预期问题的实际,初步建立了中国资本市场预期收益的数学模型,包括支付信息成本后产生的预期收益模型、预期收益函数模型、不确定性状态下的投资预期收益模型、具有风险状态下的预期收益模型、证券投资组合的预期收益模型、均衡的预期收益模型、投资者预期收益贴现模型和债券投资预期收益模型等。众多的模型是在不同投资约束条件下的函数关系。它们基本上反映了中国资本市场预期问题的实际,为切实提出解决对策提供了基本的科学依据。该书的创新正是体现在不同投资约束条件下的众多数学模型的建立和分析。

由于中国资本市场存在的时间不长,资料不是很多,许多中国资本市场预期现象有待于进一步深入研究,包括研究视角、研究内容、研究方法都应该作出有中国特色的研究来。例如,该书仅是推出孔明预期这一概念,但并没有结合实际进行中国资本市场孔明预期分析;又如,政府对中国资本市场的行政干预会对投资者的预期产生什么作用和影响;中国投资者心理预期与西方投资者有哪些不同;从一个相对封闭的资本市场向一个相对开放的资本市场过渡的时期,投资者的预期会发生什么样的变化;国际资本市场预期的传导机制过程以及中国传统文化下投资者对西方资本市场预期理论的理解与困惑;等等。这些都是很值得深入、系统研究的重要课题。我相信有兴趣的人们会获得这些深刻认识的。

刘 锡 良

2005年2月15日

目　　录

导论 …………………………………………………………… 1
  1．问题的提出及本书的研究意义 …………………………… 1
  2．国内外学者对资本市场预期问题的研究现状综述 ……… 6
  3．本书的研究框架和主要内容 ……………………………… 28
  4．本书的主要研究方法 ……………………………………… 33
  5．本书研究的难点、创新之处和不足 ……………………… 36
1．基本概念界定 …………………………………………………… 39
  1.1　资本市场 ………………………………………………… 40
  1.2　预期 ……………………………………………………… 44
  1.3　信息 ……………………………………………………… 48
  1.4　不确定性 ………………………………………………… 52
  1.5　风险 ……………………………………………………… 58
  1.6　其他 ……………………………………………………… 63
2．资本市场预期理论：文献回顾与评论 ………………………… 64
  2.1　西方经济学者对资本市场预期理论的研究 …………… 65
  2.2　我国经济学者对资本市场预期理论的研究 …………… 87
  2.3　各种不同的资本市场预期理论 ………………………… 93
  2.4　简要的评述 ……………………………………………… 97
  2.5　前人研究的启示和意义 ………………………………… 98

3. 预期问题的一般理论分析 ·············· 100
　3.1　预期的产生及其发展 ················ 100
　3.2　预期的种类和发展阶段 ·············· 111
　3.3　预期的传导机制和调整 ·············· 115
　3.4　预期对经济运行影响的性质 ·········· 119
　3.5　预期的特征 ························ 122
　3.6　预期作用的测定方法 ················ 129
　3.7　预期心理 ·························· 135
　3.8　预期行为的本质是一种博弈行为 ······ 137
　3.9　影响预期作用发挥的因素 ············ 143

4. 资本市场与预期的关系分析 ·············· 148
　4.1　资本市场预期的普遍性 ·············· 149
　4.2　预期作用于资本市场投资需求的传导机制分析 ··· 155
　4.3　预期与资本市场投资供求变动分析 ···· 157
　4.4　预期收益弹性概念 ·················· 163
　4.5　预期收益率与实际收益率 ············ 166
　4.6　资本市场的风险与预期 ·············· 168
　4.7　影响资本市场价格预期和投资收益预期变化的
　　　因素 ···························· 178
　4.8　预期收益的实质 ···················· 188

5. 预期对中国资本市场的作用和影响 ········ 191
　5.1　充满预期因素作用和影响的中国资本市场 ··· 192
　5.2　融资杠杆变化和暗含的现金流量变化对预期
　　　收益的作用和影响 ·················· 202
　5.3　中国资本市场效率与预期的关系 ······ 205

5.4 有效的股票市场与股票投资的预期收益 ………… 212
5.5 投资收益预期与风险预期对资本市场投资
    需求的影响 ……………………………………… 213
5.6 乐观与悲观情绪的心理预期对中国资本市场
    价格的影响 ……………………………………… 217
5.7 预期对居民储蓄转化为资本市场投资的作用和
    影响 ……………………………………………… 224
5.8 预期对中国资本市场作用和影响的检验 ………… 232

6. 中国资本市场预期问题的表现 ……………………… 239
   6.1 资本市场投资 …………………………………… 239
   6.2 投资预期 ………………………………………… 249
   6.3 投资膨胀预期和投资紧缩预期 ………………… 255
   6.4 中国资本市场预期形成的阶段 ………………… 263
   6.5 中国资本市场预期的特征 ……………………… 268
   6.6 中国资本市场预期存在的问题 ………………… 274
   6.7 由信息、不确定性和风险引起的资本市场
       预期问题表现 …………………………………… 279

7. 中国资本市场投资预期收益模型的建立 …………… 283
   7.1 资本市场预期价格 ……………………………… 284
   7.2 预期的学习成本 ………………………………… 290
   7.3 不同信息条件下的投资预期收益及支付信息
       成本后产生的预期收益模型 …………………… 293
   7.4 不确定性状态下的投资预期收益模型 ………… 303
   7.5 存在风险条件下的投资预期收益模型 ………… 306
   7.6 资本市场证券投资组合的预期收益模型 ……… 320

7.7 均衡的预期收益率模型 ……………………………… 323
   7.8 债券投资的预期收益模型 …………………………… 324
   7.9 投资者预期收益贴现模型 …………………………… 330
8. 解决中国资本市场预期问题的对策 ……………………… 334
   8.1 提供和保证充分的信息,发挥投资预期的积极
       作用 …………………………………………………… 335
   8.2 减少投资者对资本市场投资不确定性的预期 …… 341
   8.3 减少投资者对资本市场投资风险的预期 ………… 347
   8.4 继续深化国有企业改革,提高上市公司质量,
       增强投资者对经济景气和股票价格指数的
       乐观预期 ……………………………………………… 351
   8.5 引导投资者树立正确投资理念,发挥股市的
       财富效应,变紧缩投资预期为扩张投资预期 …… 354
   8.6 充分发挥预期的作用,努力实现国家的宏观
       经济政策效应 ………………………………………… 356
   8.7 建立完善的社会保障制度和体系,减少流动性
       偏好,引导投资者形成正确的体制变迁预期 …… 361
   8.8 切实作好预期的正面宣传和引导 ………………… 364
9. 结束语 …………………………………………………………… 369
   9.1 重要结论 ……………………………………………… 369
   9.2 尚待研究的问题 ……………………………………… 370
参考文献 …………………………………………………………… 374
后记 ………………………………………………………………… 384

导 论

金融是现代经济的核心,资本市场又是金融的核心,所以处于核心的核心的资本市场是同现代经济密切相关的。现代经济的发展,离不开资本市场的繁荣和稳定。资本市场是现代市场经济体系中最重要、最发达、最接近完全竞争状态的组成部分,预期是与资本市场相伴而产生和发展并且发挥作用和影响的。中国资本市场是在现代经济发展过程中诞生的,它的发展为各类市场主体提供了巨大的资金融通。一个高效的资本市场能够起到有效配置资源、消除资金瓶颈、促进经济发展的作用。但是,长期以来,中国资本市场定位于为国有企业改革服务,绝大多数上市公司是由国有企业改制而来的,资本市场为国企改革作出了重大贡献,但同时也积累了大量的问题。在以市场为取向的改革过程中,我国商品市场的培育和完善一直走在前面,而要素市场特别是处于核心地位的资本市场的发展却是滞后的。可以说,中国资本市场的发展仅处在市场化的初期阶段,存在着许多问题需要研究并加以解决,特别是像预期这样的心理问题更是如此。

1. 问题的提出及本书的研究意义

预期作为一种心理行为倾向,已广泛地存在于我们的生活之中并对整个经济生活产生着深刻的影响。正确的预期有利于社会经济的良性运行和协调发展;不正确的预期则对整个社会的经济生活产生消极影响。预期联结着经济活动的现在和未来,联结着微观经济和宏观经济。由于经济学研究的大部分内容和许多决策都是未来取向的,因而在现实生活中,对各种经济变量的预期如投资预期收益、上市公司的预期利润随处可见,这些指标通常被市场上的投资主体作为可利用信息并由此形成预期的依据。资本市场中的预期问题是现代宏观经济学研究的热点问题之一,学术界的研究主要集中在资本市场的投机预期、宏观经济政策与个体预期以及预期的形成机理等方面,但国内对资本市场股民预期行为的系统研究还不多见。投资者对此普遍关注,却又莫衷一是。无论在报章媒体,还是在街头巷尾,我们经常可听到"投资者信心受挫,股市大幅下跌"、"股市人气很旺,股指又攀新高",或者"投资者预期有待调整,股市前景难测"之类的说法。许多人都认为,人们的"主观"预期以及市场的"客观"信息的传递,都会对资本市场的价格、供求和投资收益起举足轻重的作用。"资本市场本身就是以人的本性、人的利益关系以及人的心理预期为本源组成的。"[①] 投资者更是会根据自己掌握的信息,对资本市场的走向进行估计和判断。这似乎是一种人人都能领悟到的"常识"。然而,要对这种"常识"提出一套严格的理论体系和建立切合实际的数学模型,并进行系统的研究,其难度是可想而知的。

大型公司、研究机关和政府的有关部门,可能有一些投资收益

---

① 邓乐平:"效率与公平——有关中国资本市场发展中几个问题的探索",载《财贸经济》2001年第8期。

预期模型,也经常做些预测工作。但实际上,即使是这些预期模型也在很大程度上受操作者自身的预期影响。当模型的预测值与自己的预期相差太多时,大多要对模型提出疑问并加以修正。即使是预测模型,要预测的对象在很大程度上是公众的预期,这好像是预测者的预期与被预测者的预期在作博弈。因此,预期中模型所占的地位看来并不重要,重要的还是每个投资者的主观预期。投资是为了获得更多的预期收益以满足未来消费而牺牲当前的消费,以在整个时间跨度上获得最大预期收益的经济行为。假设投资没有风险,即未来的投资收益是确定的,当投资者边际替换率、预期收益率、由供求决定的实际收益率三者相等时,投资者就达到了最优决策,社会资源达到最优配置。但是,资本市场的投资风险,即投资未来预期收益的不确定性是一种客观存在,要达到其最优决策是很困难的。对资本市场风险的准确度量、对风险资产投资的定价和确定预期收益的多少正是现代资本市场理论研究的核心内容。长期以来,投资者的决策行为大多依赖于实践中总结出来的格言警句以及在此基础上发展起来的投资计划,还没有上升到理论的高度。投资者预期就是在此背景下形成和产生的。

现在,人们在理论上已开始重视预期对社会、经济的影响(李拉亚,1994),但对于如何减少或降低不良影响、发挥积极作用、引导资本市场投资者形成正确的预期则没有足够的理论说明。要回答这个问题,必须要注意解决两个问题。一是预期是否可以调节?二是如何进行预期调节?如果说预期是确定的,可以用某种数学方法或复杂的计量经济模型测定出来,那么这种预期的特定性就会对投资的增加起限制作用。在这个限度内,投资增加或许是可能的。问题是现实中的情况很不确定,特别是对于发展时间短、又很不规范的中国资本市场来说,不但一般投资者无法确切地知道下年进行投资的预期收益或预期损失,就是为政府出谋划策的某些经济学家也拿不出一个具体的百分率。这就出现了中国资本市场的预期问题。

中国资本市场预期问题的提出,是对现代金融理论的重大挑战,其意义不仅仅在于其学术上的价值,而更在于它提出了一种具有可操作性的投资理念。投资者和投机者如何形成他们的预期,他们的预期又如何影响资本市场投资供求的变动以及政府货币政策如何影响这些预期,这些都是很难回答并且还没有作出充分解释的复杂问题。在我国资本市场发展的实践中,理论界对中国资本市场难以理想发展的原因进行了种种探索,获得了许多共识,但却都忽视了预期收益不确定性对资本市场的作用和影响。经济行为主体,不管是银行家、实业家还是投资者,他们都在不停地调整各自的市场行为和投资决策,并预测经济活动特别是投资可能带来的预期收益和相应的风险。与自然科学中没有有意识、有思维的人的参与的单纯现象不同的是,经济行为主体在考虑采取一系列行动可能会有的后果以后会对预期和策略作出反应。这就给资本市场预期问题带来了自然科学所没有的复杂性。资本市场预期问题讨论的就是什么样的预期最符合实际结果,而事实上实际收益在一定程度上怎样受到预期的作用和影响。中国的资本市场不仅发展历史不长,而且投资者的预期是在信息不完备、资本市场效率不高的条件下形成的,受不确定性的影响较大,预期具有较强的突变性,既不是适应性预期,又不是理性预期,更不是孔明预期,而是准理性预期或亚理性预期。这与西方发达的资本市场的投资者预期存在着根本的不同。针对人们对中国资本市场预期问题的认识和实践、国内还没有建立起适合中国资本市场预期问题的数学模型以及西方发达资本主义国家资本市场预期的理论与方法还没有全面系统地被我国理论界和投资者们掌握的现实情况,本书试图从理论上对它们的理论观点、主要模型、分析方法运用于中国资本市场预期的特征、作用和影响进行分析,由此提出切合中国实际的解决对策。之所以选择这一题目,就是基于这样的考虑。

  本书的主要目的就是研究资本市场上投资者们如何在不确定性条件下利用有限的信息进行预期,以此进行资本最优投资以获得最大的预期收益。之所以要在不确定性框架中研究,是因为现实生活往往是具有随机性或不确定性的,尤其是中国资本市场。例如,股票未来的价格由于受诸多因素的影响可能上扬,也可能下跌。投资者涉足于具有高度不确定性的资本市场,只要他是理性的,那么他的证券投资选择或者行为表现必定是按照自己某种预期目标进行的。令人遗憾的是,不确定性没有得到预期那样的同等待遇,颇有厚此薄彼之感。事实上,预期是离不开不确定性的,它们是推动资本市场预期理论向前发展的两个力量源泉。预期与不确定性虽已引进到资本市场投资活动中,但毕竟还只是少数经济学家从事这方面的系统研究。也许研究中国资本市场预期问题涉及高深的数学知识,这使一些人望而止步,难以深入研究。但如何加强对预期理论、不确定性理论和其他有关专题的研究,对解决中国资本市场预期问题是非常重要的。这对于形成有中国特色的预期学派理论同样是不可忽视的。

2. 国内外学者对资本市场预期问题的研究现状综述

2.1 国外学者对资本市场预期问题的研究

西方国家由于市场经济发展历史较长,作为要素市场之一的资本市场发展的时间也较长。在资本市场的投资活动中,投资者为了自己的切身利益,逐渐形成了他们的预期,出现了资本市场的预期问题。许多经济学家对这一问题进行了研究,获得了许多认识,并在不同方面为这一领域的发展作出了贡献。例如,马歇尔引入预期因素对投资的未来收益进行的分析、费雪提出利率期限结构的预期假说、凯恩斯对投资心理预期所作的探索、马科维茨和夏普对资本资产定价预期的研究、法玛对信息和预期对资本市场效率的影响所作的分类。特别是凯恩斯,他对资本市场投资者行为动机的心理预期研究,为后人提供了基本的研究思路和方法。他将不确定性和预期分开来研究,提出了投资者的资产投资选择问题。但是,凯恩斯的见解与现实情况却相差较大,表现出了他对资本市场预期问题研究的局限性。(江世银,2004)

2.1.1 凯恩斯的资本市场预期问题研究

资本市场投资者行为动机离不开他的心理预期。因此,对资本市场预期问题的研究就离不开对投资行为动机的探索。对资本市场投资者行为动机的研究始于约翰·梅纳德·凯恩斯(John M. Keynes)。在西方,在经济分析中将预期置于重要地位,当数发生在20世纪三四十年代的"凯恩斯革命"。1936年,凯恩斯在《就业、利息和货币通论》一书中运用心理预期方法来研究厂商的投资和决策行为。在该书中,凯恩斯认为,货币需求、投资、就业等完全取决于经济行为主体对未来的预期。他的主要贡献在于将预期引入对货币投机需求的研究,对未来利率变化的预期成为各经济行为主体在货币与债券之间进行投资选择的依据。不过,凯恩斯的预期是指经济行为主体的主观情绪和心理状况,是一种典型的非理性预期理论。

凯恩斯在货币需求理论中指出,人们所以投资证券,是基于投机获利的动机,即相信自己对未来之看法,较市场上一般人高明,由此想从中获利。① 由于人们对市场利率未来变动的趋势有着不同的预期,总会有一部分人持有证券,一部分人持有货币。凡是确信未来利率低于现行利率的人会在市场上抛出货币投资证券,以期日后证券价格上涨时再高价抛售,从中赚取投机利润即获得预期收益;反之,凡是确信未来利率高于现行利率的人则会在市场上抛售证券,回收货币,借以躲避日后证券价格下跌时可能遭受的损失。他基于心理预期提出:人们会根据自己对别人选择的预测而作出决定,大多数投资者的决定是"只能被视作即刻行动的动物血性,而不是基于加权概率判断的结果"(凯恩斯,1936)。他将预期分为短期和长期两种,并且认为短期预期是价格预期,它决定厂商的现在产量和就业量;而长期预期是指资本的流动偏好,投资者会在持有货币或是投资证券的收益性之间进行取舍,这种预期往往也是不稳定的。由于持有货币必然以牺牲投资证券的未来收益为代价,进行证券投资则要以牺牲货币的流动性为代价,所以,投资者在作出选择时存在着机会成本的问题。"这些预期是凯恩斯宏观经济理论中非常重要的构成要素,在这个理论中,预期因素至少

---

① 凯恩斯:《就业、利息和货币通论》,商务印书馆 1963 年版。

是间接地体现在资本边际效率表和货币的需求函数中的。"①

凯恩斯曾结合股票交易所对造成长期预期不稳定性的原因作过说明。股票交易所在发挥动员社会资源用于投资的有利影响的同时,使所有权和经营权发生分离从而增加了不稳定性,因为它使资本的所有权越来越多地掌握在对其生产和经营并无实际知识的个人手里,这种由无知引起的预期会导致过多的甚至是荒唐的股市波动,把投资前景搅得更为无法预测。由于缺乏足够的信息,广大投资者不能形成前后连贯的预期,一些具有丰富金融知识的专家虽然会有正确的预期,但他们所考虑的并不是所投资的企业的生产经营前景,而是股票在下一期出售时能卖多少钱的短期获利机会,他们的活动会把人们的幻想与现实的差距拉得更大。正因为如此,凯恩斯认为,不但人们据以预期的基础非常脆弱,而且"其物证亦变得不可靠"。因此,投资者对未来收益的预期"常有骤然而剧烈的变化"。②

在凯恩斯构建的宏观经济模型中,是将市场经济中的金融交易作为不确定的、充满风险的经济行为来分析的,并十分重视考察与经济行为主体的发展前景密切相关的变量,如资产价格等。他重点关注的是在不确定性条件下投资者的预期、对风险形成的判断以及信心。投资者对未来收益的预期,不仅决定于哪种预测的概率最高,而且要看作出预测时的信心状态。投资者的信心状态,往往受"一时血气之冲动"、"油然自发的乐观情绪"甚至"神经是否健全"、"消化是否良好"、"对于气候之反应如何"等心理因素的影

---

① [法]让－帕斯卡尔·贝纳西著,袁志刚等译:《市场非均衡经济学》,上海译文出版社 1997 年版。

② 凯恩斯:《就业、利息和货币通论》,商务印书馆 1963 年版。

响。[1] 特别是他由此建立了一个在不确定性前提下、投资变化使得整个经济态势发生变化的模型,即投资由资本资产的预期收益折算成现值的贴现率决定。故"长期预期状态,即我们据之以作决策者,不仅需看何种预测之或然性最大,亦需看我们作此预测之信心如何。"[2] 由于投资收益产生在未来,在把投资的预期收益与投资成本进行比较时,必须先把预期的未来收益折算成"现值"。"现值"是指按某一贴现率把未来的预期收益折算成的现期的价值,它主要包括投资在未来有效期内各年的投资预期收益。将计算所得的现值同期初实际投资额进行比较,如果两者相等,那么,该资本投资的预期收益率等于银行利息率(贴现率)。

在凯恩斯看来,预期对投资的影响主要体现在两方面,这两方面的因素会导致投资的边际收益下降。一是随着投资的增加,预期使投资品的价格上升,从而提高了投资成本;二是随着对某一部门的投资增加,使商品的销售价格因供给增加而下降,从而会降低投资预期收益。这就是资本的边际收益递减规律。由于这一规律的作用,使得投资的预期利润(收益)率(r)会随着投资的增加而下降。预期投资利润率下降,会使投资者失去继续增加投资的信心和愿望,从而导致对投资品需求的不足。而资本边际效率也会受到投资者对预期利润率的判断的影响。这就是说,投资者在每个阶段的预期心理决定着他们的投资多少,并进而直接影响宏观经济活动。投资的水平,不仅决定于投资的预期利润率(r),而且还决定于利息率。利息率的变化同投资者对货币的灵活偏好有关,

---

[1] 凯恩斯:《就业、利息和货币通论》,商务印书馆 1963 年版。
[2] 同上。

它的下降是有一定限度的,这就使得随着投资增加而递减的投资利润率,同不易下降的利息率之间的差距会缩小,从而影响到投资需求。在凯恩斯以后,应该说没有人对预期的重要性提出过不同看法,但是究竟应该用什么办法将人们这种很可能是模糊的判断(预期)模型化和定量化,却不是很清楚。这并不影响凯恩斯关于不确定性和预期的探索所具有的开创性意义。他认为,经济行为主体处于完全的、真实的投资不确定性之中,在这种不确定性环境中的长期预期具有非理性特点,预期在很大程度上取决于投资者的"动物精神",由"动物精神"主导的投资冲动导致了有效需求的不足。不过,凯恩斯投资研究中虽然引入了预期分析,但这种分析把预期完全作为外生的,即归之于人们的心理因素,而没有把这种心理因素与外界联系起来,从而在凯恩斯那里,未来成为完全不可确知和把握的。

虽然凯恩斯分析了证券投资者的行为动机和心理预期对证券投资活动的影响,提出了投资的选择问题,但他并没有相应地提出资产投资预期收益组合及其优化问题。在他看来,人们在选择资产投资之前,预期是确定的,决策是明确的,要么根据利率看涨的预期持有货币,要么根据利率看跌的预期投资证券,不能二者兼而有之。因而,自然不存在资产投资组合及其选择问题。然而,实际情况与凯恩斯的看法却是不同的。在现实经济生活中,由于未来变化的不确定性,投资者的预期并不是确定的,他们在持有货币的同时,往往还会进行证券投资。

2.1.2 法玛的资本市场预期问题分析

运用信息和预期因素将股票市场效率理论分析得最为完善与严密的当属金融学家、芝加哥大学教授尤金·法玛(E. Fama, 1965)

博士。尤金·法玛主张货币理论的分析必须与微观经济学的理性原则一致,并首先将理性预期应用于资本市场,大大修正了战后初期广为流行的市场是非理性的、效率十分低下的观点,提出了有效市场假说(efficient market hypothesis, EMH)。该假说假设资本市场上的证券价格完全反映所有可知信息,价格的任何变动就是对未预料到的信息的反应。信息的占有程度决定了投资者对股票的投资决策,由于市场上新信息的出现会不断改变投资者对股票价值的预期,这就会促使投资者掌握和充分地利用各种经济信息。一旦预期到价格和收益的未来变化,投资者就会抛售或抢购股票,从而使资本市场发生波动。由于新信息的获得和利用是不可预测的,因而股票价格呈现出连续的随机波动。"有效市场假说是理性预期学说在资本市场上的应用,所以市场有效性也常称为市场理性。"[1] 有效率的资本市场就是理性的市场,无效率的资本市场就是非理性的市场。

法玛假设 E 为预期值,p_j 表示第 j 种证券的价格,t 表示时期,r_j 表示第 j 种证券的收益率,Φ 表示投资者可以获得的信息集,那么法玛有效市场模型为:

$$E(p_{j,t+1} | \Phi_t) = [1 + E(r_{j,t+1} | \Phi_t)] p_{j,t}$$

在上述模型中,$p_{j,t+1}$ 表示第 j 种证券在第 $t+1$ 时期的价格,$E(p_{j,t+1} | \Phi_t)$ 表示根据第 t 时期的信息集所作出的第 j 种证券在第 $t+1$ 时期的价格的预期值,$E(r_{j,t+1} | \Phi_t)$ 表示根据第 t 时期的信息集所作出的第 j 种证券在第 $t+1$ 时期的收益率的预期值。该模型表示的是,任何一种证券在第 $t+1$ 时期的预期价格等于该证

---

[1] 陈印:"市场有效性的检验问题",载《学术研究》2003 年第 1 期。

券第 t 时期的价格与($1+$ 第 $t+1$ 时期的预期收益率)的乘积。

该模型认为:(1)在一个有效率的市场里,所有投资者都可以有效地运用信息集 Φ 作出决策,证券投资的收益率 r 是一个正常的收益率。(2)市场效率的程度各不相同。信息集 Φ_t 包含过去证券价格信息的市场就是弱效率的市场;信息集 Φ_t 包括所有公开的信息的市场就是中强效率的市场;信息集 Φ_t 包括所有公开的和内部的信息的市场就是强效率的市场。如果资本市场是强效率的,投资者不可能运用可以得到的信息集获得超额利润(即超额预期收益)。按照法玛有效市场模型,一种证券价格的高估或低估(预期)被定义为:

$$x_{j,t+1} = p_{j,t+1} - E(p_{j,t+1}|\Phi_t)$$

这里的 $x_{j,t+1}$ 表示第 j 种证券在第 $t+1$ 时期的价格偏离投资者根据第 t 个时期的信息集所得到的同一种证券的预期价格的程度。因为在有效的市场里不存在因信息集而造成价格高估或低估的情况,所以:

$$E(x_{j,t+1}|\Phi_t) = 0$$

法玛的有效市场模型说明了投资者如何根据在第 t 时期的信息集作出在第 $t+1$ 时期的证券价格的预期。但如果第 $t+1$ 时期信息集突然发生了变化,如某公司投资收益发生了没有预期到的下降,证券价格就会发生变化。

在一个有效率的资本市场中,投资者会对这些新的信息作出迅速和充分的反应,将这些新的信息反映在证券价格里,也就是说,证券的价格将会上升或下降。但是,在这种市场中,证券价格的变化却是不确定的,时涨时跌。由于信息的发生是不确定的,而证券价格的变化是由于投资者根据信息的变化调整证券投资量的结果,因此,它也是不确定的,但并不意味着这是非理性的。法玛的资本市场预期理论对后人研究资本市场效率产生了重要的影响。直到今天,在研究资本市场效率时,人们仍将之奉为经典。不过,他没有建立相应的预期收益模型,仅仅利用信息的多少来分析资本市场的供求价格,特别是没有分析预期是怎样、在多大程度上影响资本市场效率的。

2.1.3 哈里森和克雷普斯对资本市场交易者的理性预期分析

1978年,哈里森(Harrison)和克雷普斯(Kreps)根据具有类内同质的两类交易者分析了相互间存在差异的异质交易者,认为如果交易者对资本市场的判断是理性预期的,他们就是理性交易者。由于预期和信息获取与处理上的限制,非理性投资者就可能在投机博弈中成为实际的亏损者和不稳定者。如果投资者对自己的信息处理能力和决策能力过度自信,这就会使投资者进行一些非理性的投资,结果表现为投资资本市场的实际表现与预期不相一致。投资者越是过度自信,所获得的投资收益与预期相比越低。哈里森和克雷普斯区分了资本市场上的理性投资者和非理性投资者。他们对在不同预期条件下进行资本市场投资所导致的投资预期收益的研究,是对资本市场预期问题的有益探索。

1987年,克雷普斯进一步研究认为:资本市场投资者个人的理性行为足以导致整个市场的周期性崩溃。如果投资者对股市保持较为乐观的预期,则股市预期收益将持续上升,直至极度不合理后导致市场崩溃;如果投资者的预期是悲观的,则会由于恐慌心理而大量抛出股票,直至摧毁健康的股市。从克雷普斯的研究中可以看出,投资者的乐观预期和悲观预期对资本市场运行的作用和影响是不同的。过度的乐观预期和悲观预期都是不利于股票市场长期稳定发展的。只有投资者的预期恰当才是有利于股票市场正常发展的。要使股票市场波动不致过大或发生强烈的振荡,只有引导和调节投资者的预期使之适合股票市场的发展。健康的股市需要投资者长期稳定的预期。

2.1.4 格罗斯曼和斯蒂格利茨建立的一种资本市场上用于分析拥有不同信息交易者交易策略的理性预期分析

1976年,桑福德·格罗斯曼(Sanford Grossman)对信息与资产定价理论之间的关系进行了理性预期均衡模型研究,证明了在交易者为常系数风险厌恶下资本市场上存在的理性预期均衡价格$p^*(y)$为信息y的充分统计量。投资者这时拥有相同的信息,都持有市场证券组合,其份额取决于各自风险偏好的相对水平,市场配置能够实现帕累托效率(Pareto efficiency)。约瑟夫·斯蒂格利茨(Joseph Stiglitz)认为,由于获取信息成本因素的制约,当所涉及的预期收益或风险损失很小时,投资者通常不会在信息搜寻方面作太多的努力;而当不确定性所涉及的预期收益或风险损失较大时,则必须进行信息搜寻以降低风险,减少投资损失。但信息的搜寻只能是适度的,否则会得不偿失。

1980年,格罗斯曼和斯蒂格利茨建立了一种资本市场上用于分析拥有不同信息的交易者交易策略的理性预期(REE)分析框架[1],认为市场出清时价格会传递信号。他们发现,在真实世界中,运用信息是要花费成本的,因而对于市场来说,要做到信息有效是不可能的。他们建立的资本市场投资"理想预期模型"表明:

---

[1] 参见王一鸣编:《数理金融经济学》,北京大学出版社2000年版。

只有当交易的边际收益等于或超过边际成本并且包括获取信息的成本时，投资者才会选择交易，积极交易者和不积极交易者应具有相同的投资收益，积极交易者会获得更高的预期收益以弥补其更高的交易成本。该分析的主要内容是：

(1)在投资者分析证券需要花费成本的条件下，投资者可以识别价格高估或低估的证券，但他们得到的预期收益将被支付的额外成本所抵消。这样，从总收益的角度来看，投资者花费成本去进行信息的收集和处理可以得到超额利润；但从净收益的角度来看，投资者的超额利润将被支付的成本所抵消，投资者仍然只得到正常利润。如果投资者不能正确地利用信息，如过于频繁地买卖证券，由此所付出的高额交易成本将使投资者只能得到低于正常利润的预期收益。

(2)投资者采用消极的投资策略也可以得到与专业投资者相当的预期收益。消极的投资策略是指简单地按照某个特定的价格和预期收益买进证券，然后持有该证券直至可以按照某个特定的价格和收益卖出该证券。这种投资策略可以使交易成本最小化，它的净收益将与不断地买卖证券的专业投资者相似。

他们共同建立的格罗斯曼—斯蒂格利茨模型说明了偏好、信念和信息对证券价格信息有效程度的影响，证券交易产生的原因在于不同投资者的风险承受能力不同。这对于进一步研究和分析中国资本市场预期问题提供了基本的思路和方向。但是，该模型没有说明不同风险偏好的投资者之间是如何相互影响的，更无法说明风险证券之间的相互作用对投资者投资行为选择及均衡供求的影响。其实，投资者对证券未来收益的不同预期应该是导致资本市场投资实际收益存在差异的重要影响因素。

2.1.5 布兰查德和沃森进行的预期推动资本市场泡沫化探索

二战后,西方学者在资本市场投资决策理论的研究上取得了一系列重大的突破,多位学者因此荣获诺贝尔经济学奖。目前,该理论不仅在西方经济学界享有很高的声誉,而且在从事资本市场业务的专业人员当中也有着广泛的影响。1982 年,美国宏观经济学家布兰查德(Blanchard)和沃森(Watson)建立了一个效率市场下的"合理性泡沫模型"(rational bubble models)[①]。该模型分析了预期对投资周期引起的危机所产生的作用和影响。假定资本市场是有效的,并且投资者可利用一切可得信息对市场作出理性的预期,即:

$$P_{t+1}^e = E(P_{t+1}/I_t)$$

那么在合理性泡沫模型中,投资者所预期的某种资产投资中的收益将等于其使用资本的机会成本(无风险利率或贴现率 r)。为维系投资者对资本市场发展的理性预期,r 实际上是投资者对政府隐性担保契约的贴现,即保证 $E(r)>0$(r 的均值大于 0)。在投资者决定投资多少、投多少风险资产的时候,他们已考虑了预期的信用扩张。如果信用扩张小于预期值,或者可能仅仅是低于预期水平的最高值,投资者则难以获得预期收益。

假定投资者是风险中性的,如果用 P_t 代表其资本在 t 期的价格,I_t 为 t 期可用信息,那么股票的合理性泡沫模型为:

---

① 合理性泡沫是指这样一种情况,由于投资者普遍预期将来他们能以更高的价格出售其所持证券,所以投资者愿意支付比证券基本面价值更高的价格来购买证券,以便在将来获得资本利得。布兰查德和沃森把这种条件下产生的证券价格与其基本面价值之差称为合理性泡沫。

$$P_t = \frac{1}{r+1}E(P_{t+1}|I_t) + \frac{1}{r+1}d_t = aP_{t+1}^e + ad_t = a(P_{t+1}^e + d_t)$$

式中，d_t 为 t 期所获股息收益，$a = \frac{1}{1+r}$。

在收益 d_t 大小不变的条件下，上式的理性均衡解即基础解 F_t 为一具有负反馈机制的稳定均衡解 D。也就是：

$$P_t = F_t + aD \text{ 或 } F_t = P_t - \frac{D}{1+r}$$

此外，$P_t = a(P_{t+1}^e + d_t)$ 式还有许多其他形式的解 B_t。
由此可求得预期价格解：

$$E(P_{t+1}) = E(F_{t+1}) + E(B_{t+1})$$

结合 $P_t = \frac{1}{r+1}E(P_{t+1}|I_t) + \frac{1}{r+1}d_t$ 式得 B_t，满足的条件是：

$$a = \frac{B_t}{E(B_{t+1})}$$

如果将上式推演到整个时间区间 i，那么有：

$$E(B_{t+i}) = (a^{-1})^i B_t$$

求该式的极限可得：

$$\lim_{i \to \infty} E(B_{t+i}) = a^{-i}B_t = \begin{cases} +\infty, if & B_t > 0 \\ -\infty, if & B_t < 0 \end{cases}$$

上式表明，只要理性预期 $P_{t+1}^e = E(P_{t+1})$，如果 $P_{t+1}^e > P_t$，那么就要求 $P_{t+2}^e > P_{t+1}$。如果这一预期又被证实，那么又要求 $P_{t+3}^e > P_{t+2}$，如此循环积累就会形成一个自相关过程或正反馈机制，由此推动了泡沫价格的形成。投资者预期总是存在一定的非理性，当非理性预期造成价格超过理性预期水平时，就产生了泡沫。因此，泡沫是投资者基于非理性预期进行博弈形成的超过理性预期的价格水平,泡沫是非理性的产物。该模型还表明,因为投资者普遍预期将来他们能够以更高的价格出售其所购买的证券,所以投资者的预期投资收益会因泡沫的存在而受到影响。投资者选择投机成为一种理性预期的结果。合理性泡沫理论是解释股市价格连续偏离基本因素的一种理论。该理论认为合理性泡沫并不能用宏观因素来解释,资本资产价格不仅是预期收益的函数,也是将来预期价格的函数。可见,在资本市场中,投资者对于未来收益、不确定性和风险的预期决定了资本市场的供给和需求,决定了资本市场的均衡。投资者的预期受到包括宏观经济运行状况、中央银行货币政策、国际经济形势和突发事件等其所掌握信息的制约。投资者掌握信息的不完全性以及不同经济形势下对不同信息的偏重,经常导致其对于未来收益、不确定性和风险的盲目乐观,过高的预期推动了泡沫经济,而缺乏实际经济基础支持的经济泡沫的破灭导致投资者信心的丧失,又由于金融市场各子市场特别是资本市场的相互影响最终引致金融危机的爆发。泡沫的产生反映了投资者的一种过于乐观的预期。不过,由于技术方面的原因,对于投资者非理性预期产生的投机需求,无法进行准确定量,所以也就很难对非理性泡沫进行定量分析。要解决这个问题,只能根据经验判断,从直观的角度定性地判断资本市场是否有泡沫,能否对它进行有效的控制。

2.1.6 代尔蒙德和底菲格等建立的银行挤提模型分析

资本市场投资供求失衡有许多原因,其中由预期因素引起的银行挤提是一个重要的原因。货币银行学家和资本市场问题专家都十分关注这一领域。1983年,代尔蒙德(Diamond)和底菲格(Dyvig)建立了银行挤提模型。该模型显示,大量存在的不对称信息是银行挤提的根源,任何引起存款者挤提预期将要发生的事情都会导致银行挤提现实地发生,而与银行本身的健全和其他因素无关。引起存款者产生挤提预期的因素可能是导致资本市场、货币市场等失衡的预期因素。

1992年,吉本斯(Gibens)对银行挤提模型从博弈角度进行了分析,这种博弈行为实际上也是一种预期行为。提款与否的决定取决于投资者对银行风险水平的预期和对其他投资者行为的预期,这两种预期共同决定了投资者掌握的有关银行破产概率的信息。

吉本斯对挤提模型的博弈解释表明,投资者相互之间的博弈行为是信贷市场的构成基础,投资者预期对于信贷市场均衡和资本市场均衡起着非常重要的作用。在他看来,之所以会产生银行挤提行为,关键原因是大量存在的信息不完全和不对称状况导致投资者对于其银行资产收益和风险预期的不确定性。

根据市场博弈理论,若投资者普遍预期银行资产风险收益将下降,其他投资者会选择提款;而对于某一理性的投资者来说,即使他可能掌握有关银行体系和资本市场的更为完备的信息,能够作出更为理性的分析并认为银行体系的运营还是很稳健的,他也只能选择提款。此时挤提只会导致低效均衡的出现。银行挤提又会波及到股市。"当有人初期抛售证券以减少损失时,其他投资者此时的最优反应是采取 $e_i^*(e) = e$,即抛售股票逃离股市,最终导致整个股票市场的崩溃。"[①] 在市场处于对称纳什均衡时,投资者

---

① 陈学彬等:《当代金融危机的形成、扩散与防范机制研究》,上海财经大学出版社2001年版。

最佳投资策略为$e_i(e)=e$,有且只有跟随其他投资者进行挤提才能获得最大预期收益。当出现挤提这种低效均衡时,显然,市场中存在正溢出。由于所有的投资者偏好较为熟悉的行动——挤提行动,即使市场中存在效率较高的均衡状态,但由于这些投资者不熟悉与之相联系的投资策略行为,所以他们不会采取这种策略。因此,在资本市场中,股市崩溃无不与银行挤提密切相关。预期可以说是决定该市场均衡的关键因素,市场投资者预期的不确定性是该市场面临的最主要风险。要减少这种风险,必须要改变投资者的预期。

2.1.7 雷恩斯和莱瑟对资本市场上投资预期心理活动的分析、欧文的资本市场紧缩预期和克鲁格曼的"流动性陷阱"研究

近年来,随着资本市场预期问题研究的深入,西方学者对此又获得了新的认识。1994年,雷恩斯(Raines)和莱瑟(Leather)从研究投机的定义出发,认为任何一项经济活动,只要包含了对未来不确定性的风险的预测,都是投机活动。当资本市场投资的收益只决定于收益将增多的预期,以及在很少或根本不考虑预期收益和实际收益的关系时,资本市场上的投资预期心理活动都是投机性的经济活动。由于心理预期的作用,往往会在资本市场出现羊群效应,从而出现股票价格连续上涨和投资过度的局面。这不仅反映出实体经济中赢利的前景,同时也反映出投资者对资本市场的投资心理预期。

1996年,欧文(Owen,L.)预期,美国和世界将要进入类似于1929年股市暴跌的通货紧缩时期。其主要原因在于各部门债务的增长,美国政府债券在1980年后的十多年内增长了5倍以上,而同期生产率年均增长只有1%。一旦出现资本市场的紧缩预

期,投资者会减少或根本不进行资本市场投资。随后出现的结果是资本市场投资的大幅下降,甚至出现整个经济的崩溃。预期不仅对资本市场,而且对整个经济发展都会产生重要的影响。正是由于市场的不景气预期加剧了目前的股市萧条局面,从而导致了经济的不景气。

保罗·克鲁格曼(Paul Krugman)认为,当消费者对经济前景不乐观,预期未来收入水平下降、支出水平上升时,就会减少投资、增加储蓄。这时,投资者的投资意愿在很大程度上取决于对未来经济和投资回报率的预期。对未来收入、支出、投资回报的预期直接制约着投资增长,一旦预期扭转,政府扩张性的政策往往失去效用。由于预期的"自促成"效应,就会使预期真正实现,形成恶性循环。克鲁格曼还认为,不完善的资本市场不仅不能把储蓄有效地转化为投资,而且不同社会成员群体中储蓄和消费的数量也很难达到平衡。也就是说,资本市场的不完善将导致需求小于供给。他指出,在已经陷入了"流动性陷阱"的情况下,投资者会捂紧钱袋,对投资缺乏信心。

还有许多西方经济学家和金融学家对资本市场预期问题都进行了复杂的分析,取得了丰硕的成果。他们为我们研究资本市场预期问题和投资者如何进行资本市场投资提供了有益的参考经验。[①] 但本书限于篇幅,就不过多地涉及。

2.2 国内学者对资本市场预期问题的研究

由于中国资本市场发展的历史不长,预期的作用和影响也不

---

① 江世银:"资本市场预期理论评介",载《经济学动态》2004年第4期。

明显，所以国内学者对资本市场预期问题的研究起步晚，远远落后于西方。这就使国内对资本市场预期问题研究的文献和资料非常少，而且比较凌乱；特别是没有一本系统地研究中国资本市场预期问题的书，这不能不说是一个遗憾。直到世纪之交，经济学家在介绍引进理性预期理论观点时才结合中国资本市场预期问题进行了分析。张圣平、黄兴旺、史永东、宋逢明等人的研究，多数侧重于理论探索，对实证问题的分析是明显落后于理论探索的。

2.2.1 张圣平的偏好、信念、信息与证券价格探索

张圣平博士于2002年在上海三联书店、上海人民出版社出版了《偏好、信念、信息与证券价格》一书。这是对中国资本市场预期问题的初步探索。该书考察了完全竞争条件下证券市场的信息有效性，论述了交易者的偏好、信念、信息在完全竞争和不完全竞争框架下与证券市场均衡价格的形成和信息有效性之间的关系，建立了不同背景下证券均衡价格形成过程的数理模型，着重探讨了交易者先验信念、私人信息结构和风险偏好在交易者行为和证券价格决定中所起的作用，进而对投机动机、操纵能够成功的条件以及与之相关的从众行为、反馈效应和价格泡沫等市场现象进行了剖析。作者将证券市场上的理性预期分为两种：一种是完美理性预期，另一种是非完美理性预期。他认为，不管交易者获取理性预期均衡价格 $p^*(y)$ 的渠道和方法如何，只要 $p^*(y)$ 存在，交易者就应该知道它，否则交易者的预期就是非理性预期。这样的理性预期已经使理性达到了一种极端的境界，对人的知识结构、洞察力有近乎完美的要求。作者称这类理性预期为完美理性预期。这一理论直接赋予了交易者获知均衡价格的具体形式 $p^*(y)$ 的能力。由于已经掌握了均衡价格与私人信息之间的关系式，完美理性预

期下的交易者关于$(r,y^i,p^*(y))$之间关系的先验信念,实际上由交易者关于证券收益 r 和私人信息 y^i 之间以及它们各自的相互联动关系的先验信念来决定。由于证券交易的序贯性和均衡价格揭示信息的非完全性,交易者的理性预期是非完美的。作者称这类理性预期为非完美理性预期。它与完美理性预期最本质的区别是:交易者在确定自己的后验信念时只知道均衡价格是私人信息的函数,并不事先拥有均衡价格函数的具体形式。这样,交易者关于$(r,y^i,p^*(y))$的先验分布就不可能把 $p^*(y)$ 的表达式代入后,由 r 和 y^i 的先验信念求得。每个交易者可因自己的知识结构、阅历之差异形成不同的关于$(r,y^i,p^*(y))$的先验信念,这种先验信念可以是利用历史资料进行统计分析得到的。

虽然该书仅限于对"偏好、信念、信息与证券价格"的理论分析,没有涉及现实问题的实证研究,但论题具有很强的现实背景,对实证研究具有指导和启发意义,甚至可以作为实证研究的理论基础和分析框架。这种研究把握了不确定性条件下个体理性选择的关键所在,强调了风险偏好、先验信念等主观因素与信息等客观条件之间的相互作用在个体决策中的重要地位。该书为我们对中国资本市场预期问题的研究带来了进一步的思考。

2.2.2 黄兴旺等人的中国股票市场投资预期回报和资产定价的二因素模型研究

黄兴旺、胡四修、郭军在《当代经济科学》2002 年第 5 期上发表了"中国股票市场的二因素模型"一文,建立了预期收益的二因素模型,深化了对中国资本市场预期问题的研究。法玛和弗瑞奇(French)(1992,1993)提出了股票定价的三因素模型(简称 FF 模型)。该模型认为,一个证券组合投资超过无风险利率的预期回报$[E(R_i) - R_f]$由它的回报对一个广泛市场组合的超额回报$(R_m - R_f)$、一个小股票组合的回报和一个大股票组合回报的差(SMB)、一个高账面市场价值比率组合的回报与低账面市场价值比率组合的回报的差(HML)等三因素的敏感性解释。这里讲的回报就是进行资本市场投资的预期收益。针对法玛和弗瑞奇鉴定美国股票市场的三因素模型,黄兴旺等人鉴定的二因素模型是:一个证券组合超过无风险利率的预期回报$[E(R_i) - R_f]$由它的回报对二因素的敏感性解释,即一个广泛市场组合的超额回报$(R_m - R_f)$以及一个小股票组合的投资回报和一个大股票组合的投资回报的差(SMB)。具体而言,组合 i 的投资预期超额回报是:

$$E(R_i) - R_f = b_i[E(R_m) - R_f] + s_i E(SMB) \text{ 或}$$

$$E(R_i) = R_f + b_i[E(R_m) - R_f] + s_i E(SMB)$$

在上式中,R_m 是市场组合的回报,R_f 是无风险回报。

他们还选取 1996 年 7 月—2000 年 6 月所有在深圳股票交易所、上海股票交易所上市的股票月价格交易数据作为样本,首先采用深圳交易所的交易数据进行实证检验,然后是上海交易所,最后综合采用两市的所有股票作相应分析。该研究参照法玛和弗瑞奇鉴定美国股票市场投资预期回报的三因素模型的方法,研究中国股票市场投资预期回报和资产定价模型,指出它不完全适合中国实际。这是借鉴西方资本市场预期问题研究经验并结合中国资本市场的现实进行预期问题研究的典型范例,是很有理论意义和应用价值的。但是,"这些技术性理论的研究都是假定存在一个有效的金融市场(主要指资本市场),因此,'效率市场'是理论研究的假定前提而不是研究的对象。"[①] 如果离开了有效资本市场前提这个假设,上述研究也就失去了它研究的理论意义和应用价值。所以,他们对中国股票市场预期回报的二因素模型研究是有一定局限性的。

2.2.3 史永东和杜两省的资本市场预期问题分析

2001年,史永东和杜两省针对中国资本市场的现状,利用具有技术进步和随机实质资本收益率的跨时迭代模型,从理论上分析了资产定价泡沫对经济的影响。他们假设 t 期所有个人都知道实质资本收益率 $1 + f'(\hat{k}_{t+1})$ 的投资是无风险的,并且假设 $f'_{t+1}(\hat{k}_{t+1})$ 遵循:

$$f'_{t+1}(\hat{k}_{t+1}) = f'_t(\hat{k}_{t+1}) + \beta_{t+1} \quad 具有概率 p$$
$$= f'_t(\hat{k}_{t+1}) \quad 具有概率 1-p$$

如果 $\beta_{t+1} > 0$,那么,它表示投资者是乐观的,预期实质资本收益率将增加;如果 $\beta_{t+1} < 0$,那么,它表示投资者是悲观的,预期实质资本收益率将减少。在 t 期, $f'_{t+1}(\hat{k}_{t+1})$ 的预期值为 $E_t[f'_{t+1}(\hat{k}_{t+1})] = f'_t(\hat{k}_{t+1}) + p\beta_{t+1}$,由此,实质资本的预期收益率是高于还是低于确定的实质资本收益率完全取决于 β_{t+1} 的正负。当实质资本的收益率不确定时,股市泡沫的预期收益率增加还是减少取决于实质资本的预期收益率比实际收益率是高还是低。

他们的研究结果显示,在实质资本收益率确定的情况下,适当的资产定价泡沫对我国经济有利,会增加人均消费,加快我国经济向动态有效转化,使资源配置达到帕累托最优。在实质资本收益率不确定(随机)的情况下,资产定价泡沫对经济的影响是不确定

[①] 王广谦:《经济发展中金融的贡献与效率》,中国人民大学出版社1997年版。

的,其效果依赖于个人对未来投资实质资本收益率的预期。他们得出的结论是加强投资者对未来实质资本的收益率持乐观态度的信心是至关重要的。[①] 我认为史永东和杜两省的资产定价泡沫对经济的影响的研究是很有启发意义的。他们从实质资本来分析泡沫资本投资的预期收益,这是很有创新性的。但是,他们忽略了现实中实质资本的收益不确定性与泡沫资本投资收益不确定性的区别,因而它们之间的相关程度到底如何还需要进一步思考。

2.2.4 宋逢明等人的信息来源不同所产生的预期研究与对中国股市理性预期的检验

2002 年,宋逢明和唐俊在《金融研究》第 6 期上发表了"个股的信息来源与龙头股效应"一文。该文从中国股票市场的特点出发,根据股票信息结构的不同将股票分为龙头股和跟随股两类,构造了两种类型股票不同的信息来源与传导模型,由此得出了跟随股投资者盲目跟随龙头股价格变化调整股票预期价格的做法将造成投资损失的结论。他们假设证券市场上共有 N 种股票,其价格满足:

$$p_{t,i} = q_{t,i} + \varepsilon_{t,i} \quad i \in N$$
$$q_{t,i} = q_{t-1,i} + \mu_i + \lambda_{t,i} + \eta_{t,i} \quad i \in N$$

其中: $q_{t,i}$ 为 t 时刻信息充分反映情况下股票的预期价值; μ_i 为市场没有新信息可获得情况下股票的预期收益率,包括无风险收益率和风险补偿两部分; $\varepsilon_{t,i}$ 为由于股票信息结构不完善造成的股票价格与价值的偏离; $\lambda_{t,i}$ 为 t 时刻影响整个市场收益率的宏观

[①] 参见史永东、杜两省:"资产定价泡沫对经济的影响",载《经济研究》2001 年第 10 期。

经济信息到达市场时股票预期价格的变化；$\eta_{t,i}$ 为 t 时刻仅与个股收益率有关的个股信息到达市场时股票预期价值发生的变化。

如果对股价进行归一化处理（$p=1$），则股票 t 时刻的收益率为：

$$r_{t,i} = p_{t,i} - p_{t-1,i} = \mu_i + \lambda_{t,i} + \eta_{t,i} + \varepsilon_{t,i} - \varepsilon_{t-1,i}$$

其中 λ 和 η 满足的条件是：$E(\lambda) = E(\eta) = 0$

$\text{cov}(\lambda_{t,i}, \lambda_{t-k,j}) = 0 \quad (i \neq j, k > 0)$

$\text{cov}(\lambda_{t,i}, \lambda_{t,j}) = p_{i,j} \quad (i, j \in N)$

$\text{cov}(\eta_{t,i}, \eta_{t-k,j}) = 0 \quad Var(\eta_{t,i}) = \delta_i^2 \quad (i \neq j, k \geq 0)$

$\text{cov}(\lambda, \eta) = 0$

N 支股票中，前 L 支股票为龙头股，其余 F 支股票为跟随股。由于跟随股的投资者没有能力直接获得相关市场信息 $\lambda_{t,j}$，所以只能根据与本股票收益率正相关的龙头股前一期的交易数据来修正预期价值。当龙头股收益率的变化是由个股信息 η 引起时，投资者并不能准确区分，因此依然参照龙头股的收益率变化修正自己的预期，这将使其对跟随股的价值预期偏离其实际价值，而这一误差只能在下一期中才能得到修正。正因为如此，跟随股投资者盲目跟随龙头股价格变化调整股票预期价格的做法将造成投资损失。

可见，宋逢明等对信息来源不同而产生的资本市场（主要是股票市场）预期研究是非常前沿的。"中国的股票市场是典型的新兴市场，其个股信息来源和信息传导机制与成熟资本市场也有很大的不同。"[①] 这为研究中国资本市场预期问题提供了基本的切入

---

① 宋逢明、唐俊："个股的信息来源与龙头股效应"，载《金融研究》2002年第6期。

点。中国资本市场具有与成熟的资本市场不同的信息来源和信息传导机制,这直接导致了中国资本市场预期的种种问题,呈现出中国资本市场预期的基本特征。2003年,高峰、宋逢明在《经济研究》第3期上发表了"中国股市理性预期的检验",他们利用中国股市中的调查数据对资本市场投资者的预期行为进行了考察,发现股市中投资者的短期预测并不满足穆斯(Muth,1961)提出的理性预期假设。该文利用每日一次的分类预期调查数据以及中国资本市场的实际数据进行检验,既有利于对中国资本市场的投资者预期行为进行认识,又有利于今后的研究。它从理性预期的角度回答了为什么中国的股民是不理性的。

3. 本书的研究框架和主要内容

本书立足于理论前沿和实际需要,提出一个中国资本市场预期问题研究和分析的基本框架。中国的资本市场预期问题与西方的资本市场预期问题是不同的。西方国家不仅有发达的货币信用体系,而且有完善的资本市场。资本市场的发展和完善普遍存在着诸如预期心理因素等一系列因素对它的作用和影响。它们获得了完整的理性预期理论认识,建立了一些资本市场的预期模型,总结了资本市场预期发展的规律,有大量值得我们借鉴的地方。那是在发达的货币信用体系和资本市场长期发展过程中的理论认识。对于我国不完全是在此背景和基础上发展起来的资本市场来说,我们只能结合中国资本市场预期模型,才能形成有中国特色的预期理论学派,也才能提出切合中国货币信用体系不发达、资本市场发展时间短这一现状的中国资本市场预期问题的解决对策和办法。

全书所有内容都是从信用体系不发达、资本市场发展时间短的现状而切入分析的,而不是沿袭西方思想的简单套路。根据预期范畴的内涵及中国资本市场预期问题研究现状,从系统论的观点考察,构建中国资本市场预期问题研究的基本框架,如下图所示。

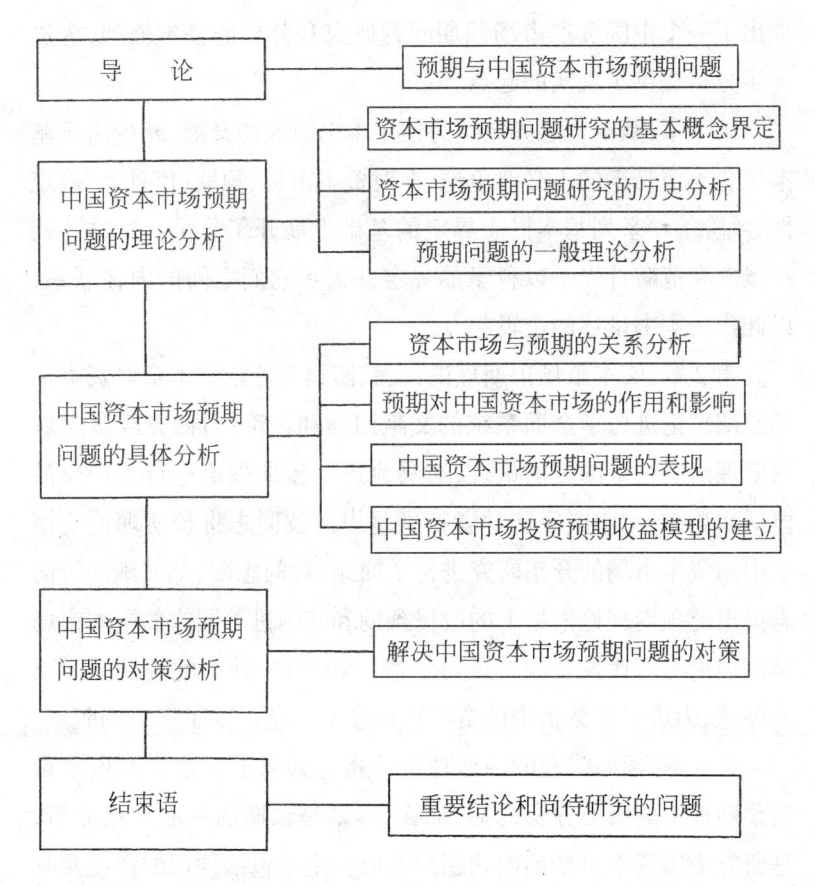

```
导　论 ─── 预期与中国资本市场预期问题

中国资本市场预期    ┌── 资本市场预期问题研究的基本概念界定
问题的理论分析    ─┼── 资本市场预期问题研究的历史分析
                 └── 预期问题的一般理论分析

中国资本市场预期    ┌── 资本市场与预期的关系分析
问题的具体分析    ─┼── 预期对中国资本市场的作用和影响
                 ├── 中国资本市场预期问题的表现
                 └── 中国资本市场投资预期收益模型的建立

中国资本市场预期 ─── 解决中国资本市场预期问题的对策
问题的对策分析

结束语 ─── 重要结论和尚待研究的问题
```

从该图可看出,本书对中国资本市场预期问题的研究大体上分成一般理论分析、具体实证分析及对策分析三个部分。

其中导论主要是提出问题,说明研究意义。针对经济活动中普遍存在的预期现象和问题引出了中国资本市场的预期问题,指出了研究中国资本市场预期问题的重大理论意义和现实意义。回顾了国内外对资本市场预期问题的研究,肯定了他们已取得的共识,指出了他们研究的局限性。本书立足于理论前沿和实际需要,提出了一个中国资本市场预期问题研究和分析的基本框架,为进一步分析提供了现实的起点。

第1章:基本概念界定。为便于本书研究的开展,减少由于基本概念不清带来的不必要争论,在对资本市场、预期、信息、不确定性、风险等一系列基本概念界定的基础上展开了分析。对这些基本概念和范畴首先予以科学的界定并揭示它们之间的内在联系,以此作为本书论述的逻辑起点。

第2章:资本市场预期理论:文献回顾与评论。本章对资本市场预期理论进行了全面系统的文献回顾和评论;对西方经济学者预期理论进行了深刻的论述;对马克思的预期理论进行了初步的概括和总结;对中国经济学者特别是申海波同志将预期理论应用于中国资本市场的开拓研究进行了回顾;对刘志阳、郑文谦两位同志提出的预期理论框架下的股民预期和陈国进等同志的资本市场预期理论与现代投资分析进行了概括和总结,并由此进行了简要的评述,为进一步分析中国资本市场预期问题提供了历史的起点。

第3章:预期问题的一般理论分析。如果上一章是对资本市场预期理论的历史分析的话,那么,本章是预期的一般理论分析,是研究中国资本市场预期问题的基础。主要包括预期的产生及其发展历史、预期的种类和发展阶段、预期的传导机制和调整、预期对经济运行影响的性质、预期的特征、预期作用的测定方法、预期心理、影响预期作用发挥的因素等。预期行为本质上是一种博弈行为。对预期问题的一般理论分析为进一步分析中国资本市场预期问题提供了理论的起点。

第4章:资本市场与预期的关系分析。从本章开始到第7章是对中国资本市场预期问题的具体实证分析。本章应用预期理论对资本市场预期的普遍性作了初步的分析。预期与资本市场存在着密切的关系,通过一定的传导机制深刻地影响着资本市场投资的供求关系。本章提出了预期收益弹性的新概念,分析了预期收益率与实际收益率,它们是研究资本市场稳定和均衡的重要工具。由于资本市场投资的风险性,必然会引起投资者对其投资收益的预期。资本市场价格经常处于波动之中,有诸多因素影响着资本市场价格和投资收益的预期。投资者进行预期的实质是为了获得具有更多预期收益的预期经济利益。

第5章:预期对中国资本市场的作用和影响。中国资本市场是一个不确定的、具有风险和信息不对称的市场,因而是一个充满预期因素作用和影响的市场,融资杠杆变化和暗含的现金流量对预期收益具有重要的作用和影响。本章分析了预期对中国资本市场效率的作用和影响。以预期对资本市场投资需求的影响和引起资本市场价格波动为基础,研究了预期对居民储蓄转化为资本市场投资的影响,并进而运用市值测定预期法和投资者预期指数法进行了预期对中国资本市场作用和影响的检验。

第6章:中国资本市场预期问题的表现。本章在第4、5两章的基础上,从分析资本市场投资出发,探索了股票投资预期和债券投资预期,研究了投资膨胀预期和投资紧缩预期,提出了中国资本市场预期形成的阶段,分析了中国资本市场预期的特征,揭示了中国资本市场预期存在的问题,并得出结论:由信息、不确定性和风险引起的中国资本市场预期问题有种种不同的表现。

第7章:中国资本市场投资预期收益模型的建立。本章在第4、5、6三章分析的基础上,从分析资本市场预期价格和预期的学习成本出发,借鉴西方资本市场预期收益数学模型,结合中国资本市场预期问题的实际,初步建立了中国资本市场投资预期收益的数学模型。这些数学模型包括支付信息成本后产生的预期收益模型、预期收益函数模型、不确定性状态下的投资预期收益模型、具有风险状态下的预期收益模型、证券投资组合的预期收益模型、均衡的预期收益模型、债券投资预期收益模型和投资者预期收益贴现模型等。众多的模型表示的是在不同投资前提约束条件下的函数关系。它们基本上反映了中国资本市场预期问题的实际,为切实提出解决中国资本市场预期问题的对策提供了基本的科学依据。

第8章:解决中国资本市场预期问题的对策。通过对中国资本市场预期问题的分析,本章提出了八项解决问题的对策。第一,提供和保证充分的信息,发挥投资预期的积极作用。第二,减少投资者对资本市场投资不确定性的预期。第三,减少投资者对资本市场投资风险的预期。第四,继续深化国有企业改革,提高上市公司质量,增强投资者对经济景气和股票价格指数的乐观预期。第五,发挥股市的财富效应,变紧缩投资预期为扩张投资预期。第六,克服消极预期的影响,发挥积极预期的作用,努力实现国家的宏观经济政策效应。第七,建立完善的社会保障制度和体系,减少流动性偏好,引导投资者的体制变迁预期。第八,切实作好预期的正面宣传和引导。

第9章:结束语。主要是得出一些重要结论和提出尚需进一步研究的问题。

4. 本书的主要研究方法

本书研究中国资本市场预期问题是从较为宏观的角度进行的,这就难免会涉及世纪之交宏观经济分析方法的最新成果,特别是新古典宏观经济学派的一系列基本研究方法。20世纪70年代初期,新古典宏观经济学派利用理性预期假设,提出了动态宏观经济分析的基本方法。目前,宏观经济模型中大量采用理性预期约束、动态跨时替代约束、动态优化约束和动态跨时预算约束等动态和静态兼顾、短期和长期结合、调整和均衡并重、确定性和不确定性交融的研究方法,这些已成为现代宏观经济分析方法的基本特征。研究中国资本市场预期问题也应充分利用这些方法。例如,研究资本市场投资与预期收益,在信息有无、信息是否完全、投资不确定性和风险条件下,其数学模型是很不相同的,根本原因就是假设和约束条件的不同。因此,如何将上述宏观经济分析方法恰当地运用在中国资本市场预期问题的研究上是本书能否取得创新研究的一个先决条件。只要认真读了本书的读者就会发现作者是努力朝着这个方面进行的。尽管这种努力及其结果还是很不成熟的,但它毕竟是一次有益的初步尝试。

就方法论而言,本书采取了理论与实践相结合的研究方法。这既是马克思主义认识论的基本原则,又是进行科学研究的根本方法。本书对预期理论和中国资本市场投资实践问题分别讨论并使之紧密联系在一起,而且尽量使本书的研究符合客观实际。本书主要研究方法包括:

4.1 单因素分析和多因素分析。资本市场预期问题分析有单因素分析和多因素分析两种。单因素分析是指在一个因素发生变化,其他因素都不变的前提下对于预期收益的影响;多因素分析主要指两个或两个以上因素同时发生变化对于预期收益的影响。例如,当仅分析信息、不确定性、风险各自变化对资本市场投资预期收益发生影响时,这就是单因素分析。这是为了理解复杂问题的需要。事实上,上述因素往往是同时发生变化而对资本市场投资发生影响的,这就需要进行多因素的综合分析。

4.2 定性分析与定量分析相结合的方法。定性分析是指从事物的本质属性上来认识、把握事物;定量分析是从事物的数量、规模、发展速度上来认识、把握事物。目前,国内外对资本市场预期问题的研究大多数是定性分析,成果也较为丰富,定量分析则相对较弱。国内比国外更为明显。本书加强了这方面的工作,并且力争做到二者的密切结合。例如,在对中国资本市场预期收益分析时,既从定性角度明确了预期收益的科学内涵,又用数学模型分析了预期收益的影响因素。再如,对预期收益弹性概念的研究,既揭示其内涵,又用数学公式进行了大量分析。只有对预期在定性分析的基础上再进一步量化分析,才能对中国资本市场预期问题的研究达到科学的认识。

4.3 实证分析与规范分析相结合的方法。这一方法可以说贯穿于全书各章内容。本书所用的实证分析方法有两种形式:一是以大量的经济数学模型为基础,经过某种加工和处理,以得出相应的结论和观点,通常又称之为经济计量法或数量经济方法。例如,本书建立的在支付信息成本、不确定性条件和风险条件下的预期收益模型就是这样的研究方法。另一种是以大量实际存在的但又是难以度量或没有统计数据的经验事实为基础,经过逻辑推理概括出相应的结论和观点,通常又称为经验推理法。例如,对资本市场价格预期和投资收益预期变化的影响因素分析就是这样的研究方法。

4.4 中外比较、中外结合的方法。无论是实证分析,还是规范分析,对比分析都是常用的工具之一。"以史为鉴,可以知兴衰","他山之石,可以攻玉",分别说明了动态纵向对比和静态横向比较的作用。本书研究的是中国资本市场预期问题,是以中国为立足点的,力求解决中国的实际问题,而不是就事论事。西方发达资本主义国家搞市场经济已有几百年的历史,资本市场已有一百多年的历史,它们积累了丰富的经验并形成了完整理论,特别是形成了在当今很有影响的预期学派,建立了它们的预期收益模型,有很多方面值得中国学习和借鉴。本书研究中国资本市场预期问题时,十分注意与西方发达国家进行比较,学习它们的先进理论和经验,从中找出差异,应用于中国的实际,建立具有中国特色的预期收益模型,从而为中国资本市场发展服务。

4.5 图表分析法。图表是研究经济学的重要工具之一。为了得出客观而全面的结论,本书在分析研究中国资本市场上由信息、不确定性和风险导致的预期问题时运用了较为丰富的数据资料,制作了大量图表,以求鲜明直观。

5. 本书研究的难点、创新之处和不足

预期理论在西方经济学几十年来的发展中起到了重要作用，并构成了西方经济理论中的核心内容之一。在我国的经济理论中，纳入预期因素，是有重要理论意义和现实意义的，尤其是运用预期理论研究中国资本市场的诸多问题。预期本身是一种心理现象，难以直接进行量度，特别是要对中国资本市场的预期收益、不确定性预期、风险预期建立数学模型、进行量化研究是有相当困难的。一是因为前人提供的经验不多，难以找到丰富的参考文献和资料。目前，不仅国内尚无系统地研究资本市场预期问题的专著问世，而且国外这样的专著也不多。二是需要较深的数学知识功底，没有掌握现代自然科学特别是数学方法是不可能对之深入研究的。三是进行多学科的综合研究增加了其量化研究的难度，起码要涉及理论经济学、数量经济学、金融学、心理学和社会学等学科，要将它们融合起来进行数学模型研究的复杂性是可想而知的。四是结合中国资本市场发展时间短、不确定性因素复杂、风险大、投资者缺乏理性等现状量化研究预期问题更是难上加难。正如刘振亚先生所指出的，"一是用计量模型来表示预期的形成是非常困难的，这使得许多计量经济模型预测时产生误差；二是预期本身可能受政策的影响。因此，不考虑政策对预期影响所进行的预测，很可能造成误差较大甚至出现错误。"[①]

难度是存在的，但这并不是说不可以对它进行研究。本书从

[①] 刘振亚：《现代市场经济与宏观经济管理》，中国审计出版社1992年版。

中国资本市场的实际出发，引用了投资者准理性预期或亚理性预期概念。准理性预期或亚理性预期不同于西方适应性预期和理性预期，它的基本特征是，预期并不是完全刚性的，也不是完全富有弹性的。借助于准理性预期或亚理性预期，本书论述了中国资本市场中的一系列问题特别是资本市场预期问题。若谈及本书的理论特色，那么准理性预期或亚理性预期及运用它们分析中国的资本市场预期问题及其他经济问题，就构成了本书的主要特色。本书在建立和分析预期收益模型时充分考虑到了中国资本市场预期问题的特征，以期更好地解决我国投资者的投资预期行为，为制定有效拉动内需的政策提供一个新的视角。其特点是：它不是把预期理论作为一种经济学流派加以论述，而是把它作为一种新经济心理投资问题来考察。应当说，本书对中国资本市场预期问题的研究还只是初步的，存在着许多的不足和缺憾，有待作进一步的研究。特别是资本市场上的投资者会对政府的措施采取防范心理，人人都在经济活动中猜测政府的政策动向，给自己"打埋伏"，增加"保险系数"，结果使整个资本市场投资活动变得异常复杂和捉摸不定。这无疑增加了研究中国资本市场预期问题的难度。而且，中国资本市场仍然在不断地发展变化，许多现在为人们所观察不到的预期规律和特点可能随着时间的推移会逐步显现出来，原来的预期规律性东西也可能逐步失去其存在的客观条件，还需有志于探索这些规律和特点的同仁共同予以关注。

　　预期、不确定性和风险均是当代经济问题研究中的前沿领域，对经济理论和数学的要求较高。本书在现代计量经济学理论特别是其最新的方法和技术如何与中国资本市场预期的实际数据相结合方面进行了有益的尝试。尽管如此，为了简明扼要，省略了一些经典定理的数学推导过程和复杂数学模型的建立,只给出了定理和简单数学模型的前提条件和结论。这样,读者无需高深的数学知识,只要了解了定理和模型的适用范围、前提条件和结论,就可以掌握本书内容。尽管如此,本书还是对中国资本市场预期问题进行了量化分析,建立了诸如支付信息成本后产生的预期收益模型、不确定性状态下的投资预期收益模型、具有风险状态下的预期收益模型、预期收益函数模型、证券组合投资的预期收益模型、均衡的预期收益率模型、债券投资预期收益模型和投资者预期收益贴现模型等。众多的模型表示了它们之间在不同投资前提约束条件下的函数关系。这不能不说是本书的创新。

当然,本书对一些问题的阐述还不够全面,对一些现实的理论还有待深入,对于形成具有中国特色的预期学派理论还有很大的差距,还只是开始。因此,我们还需要把中国资本市场预期问题的研究继续下去,以为发展中国资本市场、繁荣和发展中国经济贡献力量。

1. 基本概念界定

在本书的研究中，首先并经常遇到的问题是对诸如资本市场、预期等有关基本概念的界定。资本市场与资本市场预期是本书涉及的主要范畴，对于其范围的具体界定，学术界存在较大差异，这些差异反映出人们在不同时期、从不同的角度对资本市场及其预期问题的理解。投资者的动机与预期的产生，都是针对着未来经济可能发生的变化的，如果未来与现在没有差异，就不需要有应对的准备。在研究中国资本市场预期问题时，首先就要碰到资本市场与预期这两个概念，它们看似不相关，其实存在着内在的密切联系。预期是广泛地存在于现代经济活动中的，在资本市场投资活动中就有预期的作用和影响，并且这种作用和影响是在信息不完全或不对称条件下产生的，所以又遇到了信息这个概念。当分析投资者的动机与预期时，还不可避免地要讨论涉及未来变化的不确定性与风险这两个概念，因为资本市场是一个充满不确定性和风险的市场。正因为如此，资本市场、预期、信息、不确定性和风险是本书要涉及的最基本、最普遍、而且也是日常生活中最常用的概念。为便于本书研究的开展，减少由于基本概念不清带来的不必要争论，对这些基本概念和范畴首先予以科学的界定并揭示它们之间的内在联系，以此作为本书论述的逻辑起点。

1.1 资本市场

研究资本市场预期问题,这就要涉及资本的概念。马克思在《资本论》中指出:资本是能够带来剩余价值的价值。这是对资本高度抽象的概括。在现代市场经济中,可以从狭义和广义两个方面来理解马克思的这一说法。狭义的资本是指用来获取预期收益的经济资源,主要包括产品、设备、厂房、货币等有形资本和商标、信誉、专利、技术革新、人才等无形资本。广义的资本是指一切可利用的能获得预期收益的资源,主要包括经济资源、信息技术资源、人力资源、自然与社会环境以及其他资源等。有资本,就会有资本的运动,就会形成资本市场。资本市场是金融市场的一个组成部分,而且是一个极其重要的组成部分。所谓金融市场,就是指货币资金融通和金融交易的场所与行为的总和。它作为资金融通和金融交易行为的总和,既包括银行、非银行金融机构与其他交易主体间的间接融资行为,也包括其他交易主体间的直接融资行为。金融市场是一个包含许多不同层次和内容的复杂的复合体,主要包括短期的金融市场——货币市场和长期的金融市场——资本市场。那么,什么是资本市场呢?不管是中国还是当今西方货币银行学教科书都没有一个统一的定义。有的专家认为,借贷双方公开地、连续地买卖债务工具的制度安排就是资本市场;有的学者认为,资本市场是经营中期资金(1—5年或10年)和长期资金(更长时期即10年以上)的机构及其相互关系的集合。前者是从较为宽广的角度定义的,类似于货币市场;后者是侧重经营时期来定义的。

从经济学角度而言,资本市场作为具有特定意义的市场,与

"市场"本身的定义一样,包含两层意思:一是指进行资本交易活动的场所;二是指资本供给和对资本有支付能力需求的关系。在宏观经济学中,资本市场是与劳动力市场、技术市场、土地市场并重的生产要素市场,又是与产品市场、劳动力市场并列的三个主要的总量市场之一。资本市场是长期资金交易的场所,又叫长期市场。在资本市场上进行交易的对象都是期限在一年以上的政府中长期债券、公司债券和股票等。所以,狭义的资本市场也指股票、债券和其他有价证券的发行与交易的市场,即通常所说的证券市场。证券市场作为长期资本的最初投资者和最终使用者之间的有效中介,是金融市场的重要组成部分。本书所研究的资本市场预期主要是指投资者进行股票市场、债券市场投资所形成的预期。

  资本市场,一方面方便了企业和政府部门筹集长期资金,促进社会闲散资金的集中和向生产资本的转化;另一方面提供了多样化的证券品种,使投资可以根据预期收益最大化原则和对投资风险的偏好程度,自由地进行投资选择。如果说货币市场对于短期资金融通、促进再生产正常循环和周转起了积极作用的话,那么资本市场则主要在向政府和公司提供长期债务和股权融资、促进资本的形成、增强长期投资的流动性、促进社会扩大再生产方面起了积极的作用。通过资本市场竞争,使得资本流向、结构、资本要素配置和使用效益更加优化。同时,资本市场对于融资者来说,可以获得较大数量的资本来扩大再生产;对于投资者来说,可以在多种投资中进行选择,以达到安全性、流动性和预期收益的最佳组合。总之,资本市场作为筹资者和投资者的媒介,其显著特征就是积聚资本的能力和速度远远优于其他领域。企业通过发行股票与债券、设立投资基金等资本市场的融资方式和手段,能够迅速促进资本的形成；投资者在资本市场上进行投资可以获得预期收益。两全其美，各得其所。特别是资本市场可以为投资者提供投资选择的机会，这是由于资本市场有多样化的投资工具，能够满足投资者不同偏好的资产投资组合需要，这是其他金融行为方式无法相比的。投资者是资本市场的基本决定力量，其动机和预期决定着他们的投资决策和行为选择。

在新中国成立后的一个相当长时期，中央政府曾于1950年和1954—1958年两次发行国债——人民胜利折实公债和经济建设公债，进入20世纪60年代以后不但没有发行新的公债，而且偿还了上述公债，中国成了"既无外债，又无内债"的纯债权国家。由于收入水平的低下和收入方式的单一，我国人民手中的资金不但少而且只能将之存入银行，几乎没有其他的投资渠道，无法通过组合投资的方式获取更多的收益；不仅如此，社会资金主要集中在国有银行系统，并因国有银行与国有企业的所有制关系，使国有企业占有了绝大部分信贷资金，非国有投资主体却得不到或较难得到银行的贷款。改革开放以后，随着经济建设和社会发展的需要，我国于1981年开始发行国库券、1987年发行建设债券，国债发行拉开了恢复与发展的序幕。1984年全国第一家发行"股票"（五年期）的"股份"公司——"北京天桥百货股份有限公司"在北京成立。之后两年，上海、深圳、沈阳、重庆等地的一些国有企业也开始进行股份制改革试点，发行公司股票。同年，上海率先开始开办股票上市转让交易业务，股票市场发行、交易逐渐繁荣起来。1987年，中国第一家证券公司——深圳证券公司成立，随后，一批证券公司相继成立。1991年，中国投资基金业也开始起步，发展非常迅速。中国资本市场逐渐发展壮大。随着我国的收入分配格局发生的巨大变化,政府储蓄在总储蓄中所占比重逐渐下降,居民储蓄逐渐上升并占主导地位。与此同时,证券的发行和资本市场的兴起与发展,为投资者手中闲散的资金转化为投资资本提供了许多新的投资渠道和方向。但是,迄今为止,由于资本市场规模还很小,金融工具的种类较少,并存在许多缺陷,其储蓄向投资转化这一功能的发挥还不能令手中有钱的人们和需要资金的企业满意。1990年12月,上海证券交易所成立;第二年,深圳证券交易所正式运营。这标志着中国资本市场特别是证券市场的开端。1999年7月1日,规范证券市场的《中华人民共和国证券法》颁布实施,推动了我国证券市场的法制化、规范化进程。十多年来,我国股市从无到有,从小到大,取得了显著的成效,市场规模和水平都有了较大提高。截至2003年底,股票市价总值已达42500亿元,约占GDP的37.43%,其中流通市值13200亿元,境内上市公司由1990年的10多家增加到1285家,累计筹资额7600多亿元。截至2003年9月30日,在沪深两市开户的个人和机构账户已达69111725户,其中个人账户为68775193户,机构账户为336532户。还有87只证券投资基金,基金总规模1632多亿元。我国股市在将分散的社会资本集中并转化为大额的长期资本投资方面发挥了重要作用。一大批国有企业股票发行上市,在国有企业建立现代企业制度的改革实践中起到了先导和示范作用,为国民经济整体素质的提高打下了良好的基础。就规模而言,在短短的十多年时间内,中国资本市场走完了某些发达国家和地区一百多年走过的历程,举世瞩目。[①] 至此,中

[①] 参见王国刚:"建立多层次资本市场体系,保障经济的可持续发展",载《财贸经济》2004年第4期。

国资本市场开始步入了一个新的阶段。

虽然中国资本市场的发展经历了十多年,但是由于先天不足,一直是在不规范中艰难地发展,市场功能的扭曲、投机行为的盛行、政府的行政干预、政策的不稳定性和不可预期性、信息的不完善性和严重不对称以及投资者不良预期等问题的存在,使得资本市场正常的功能不能很好地发挥,通过资本市场筹集的资金不能被高效地运用,资本市场的发展偏离了正常的轨道。这就要求中国资本市场发展的重点是扩大并完善证券市场,开拓多种投融资渠道,从而拓展投资者投资和企业融资渠道,促进储蓄的增长以及使储蓄转化为投资的渠道更顺畅。"在经济全球化趋势日益加强的今天,中国资本市场的发展和经济的发展与国际资本市场和国际经济环境的关系将变得更为密切,可以预期,今后一段时间内,中国资本市场将是全球最具有活力的资本市场之一。"[1] 十多年的发展历史表明,资本市场已经成为中国经济生活的重要组成部分,已经开始成为中国经济发展的重要推动力。随着金融创新的不断深化,资本市场已经成为中国经济发展中一个重要的筹资和投资场所,是未来中国进入小康社会的重要战场。一个处在朝阳阶段和蓬勃发展时期的资本市场,正在从根本上改变中国的金融架构。中国的金融架构正在从萌芽和无序走向成熟和规范。资本市场必将为我国的经济发展作出更重要的贡献。

1.2 预期

时下,分析经济形势的文章甚至谈到资本市场投资很少有不

---

[1] 李剑阁:"李剑阁谈资本市场",载《资本市场》2001年第8期。

提到预期的,但如果选几篇这方面的文章读一下,就会发现要弄清楚什么是预期并不容易,预期在公众话题、大众媒介和政策研究中有很大的差异。在不同学科和文献中其释义不同、表述各异:一方面,有的学者把它作为估计、打算、判断、期待、企盼、期望、预测、预见、规划甚至计划的同义词;另一方面,它又被广泛用来解释和描述与未来经济发展活动有关的问题。有的学者将可否预测未来事件作为人们能否进行预期的标准。"在这个世界中,未来在大多数情况下是未知的和不可预见的。我们唯一有把握的事只有一件,那就是事件的未来发展是不可预测的;我们期待发生的事极有可能不发生。"① 我认为罗西斯的观点是值得商讨的。事实上,现代科学的发展对许多未来事件都是可以预测的。缺乏严谨的科学定义反映了预期研究的不成熟性和不规范性,所以,科学地界定预期的定义显得非常必要和紧迫。

在商务印书馆 1978 年出版的《现代汉语词典》中,预期中的"预"字是预先,"期"字是期待。它是指预先期待的意思。预期作为一个经济学范畴,始见于西方经济学理论。经济理论中传统的预期概念,可以追溯到 J.R.希克斯(J.R. Hicks,1946)在他的主要著作《价值和资本》中所作的论述。希克斯对预期概念所作的论述同他对一般经济均衡的稳定性所作的分析是结合在一起的。一个均衡点是否稳定,朝什么方向发展,取决于其经济体系在受到使它离开均衡位置的冲击后将会如何变化的预期。在这方面呈现的中心问题是如何用公式将预期的变化和均衡的扰动之间的关系表示

---

① [美]斯蒂芬·罗西斯著,余永定、吴国宝、宋湘燕译:《后凯恩斯主义货币经济学》,中国社会科学出版社 1991 年版。

出来。在理性预期学派出现之前,西方经济学中早就有人使用过预期这一概念,但他们都没有科学地指出什么是预期。在理性预期学派看来,以前人们一步步地修改和调整自己对未来经济前景的看法,以适应经济形势,这就是预期。其基本含义是指市场经济中的经济行为主体在作出行动决策之前,对未来的经济形势和重要经济变量的变化趋势所作的主观判断、估计或预测。预期就是指对未来的预测,是决策者对于那些与其决策相关的不确定的经济变量所作的预测,它是以美国芝加哥大学教授小罗伯特·卢卡斯(Robert E. Lucas)为主要代表的理性预期学派中一个最基本的概念。

在经济学中,预期有狭义和广义之分。狭义的预期是指人们对未来商品市场价格波动的预测。广义的预期是指经济行为当事人在自己作出行动决策之前对未来经济形势或某一经济变量所作的主观判断、估计或预测。从经济学角度来讲,经济行为主体(包括消费者、投资者或厂商等)为了自己的切身经济利益,总是要对将来的经济形势或经济变量作出一定的估计和判断,然后再决定自己将要采取什么行动。这种行为即预期行为。预期是一种心理现象,它与客观经济现实之间具有不可分割的联系。"客观经济形势的变化,往往会出乎人们意料之外,或者说与人们对经济形势的预期相悖。"[①] 预期与经济现实之间的客观联系,一方面表明预期是影响国民经济运行的一个重要因素,另一方面又表明对预期进行引导和调节的必要性及其可能性。在各种影响经济运行的预期

---

① 吴军:《紧缩与扩张——中国经济宏观调控模式选择》,清华大学出版社2001年版。

中,收入预期、支出预期、投资预期、价格预期、通货膨胀预期和通货紧缩预期等对国民经济运行的影响最为显著和重要。正因为如此,预期对国民经济活动的影响奠定了它在经济学上的积极意义。我赞成陈东琪同志的看法。他说:"所谓预期,简单说来,是对某一趋势的提前认识,或者说,是从对某一连续性过程'前期'的认识中分析和预见'后期'。尽管经济学强调经济运行过程存在不确定性,强调经济过程前后不可能简单重复。但是,这不排除连续性过程的'后期'会在或多或少的意义上包含或延续'前期'的成分。因此,在经济学上,预期是有意义的。"[①]

预期在性质上有好的预期和坏的预期之分。好的预期又称积极的预期,它有利于投资者、消费者和政府。投资者会积极参与投资,投资有回报,预期收益看好。消费者会积极消费,因为他们预期收入稳定。政府实施宏观经济政策,预期效果看好。坏的预期又称消极的预期,它对投资者、消费者和政府都不利。投资者预期收益减少,投资悲观,缺乏投资积极性。例如,前几年,我国由于内需不足,国家采取了扩大内需的方针,政府大量发行国债,降低存贷款利率,增加人们的收入,刺激投资和经济增长,虽已取得一定效果,但民间投资仍然不积极,城乡居民储蓄余额高达11万多亿元,根本原因就在于投资预期风险大,预期收益少,投资者缺乏投资的愿望和信心。对于消费者来说,他们的消费需求仍然不足,因为预期支出庞大,预期收入不稳定。政府也难以提供一个长期稳定的良好预期。

预期不仅在性质上有好坏之分,在量上又有大小之别。预期

[①] 陈东琪:"对近两年宏观经济政策操作的思考",载《经济研究》1998年第12期。

值就是预期在量上的科学说明和测定。它是指预期主体通过一定的预测技术,对影响预期变量的信息、风险和不确定性进行分析后得到的一定时期后预期变量的数值。例如,投资者预期收益的多少、预期风险的大小、预期收益弹性的大小就是这样的预期值。预期值是预期活动的主要目的。例如,投资者在资本市场投资所进行的预期就是为了获得更多的预期利益。它在多数情况下都可以用一个特定的数值来进行表述,也可以用一定的概率分布来表述某个预期变量的未来走势。

投资预期是经济行为主体对投资前景的预期。这种预期表现为投资者对投资前景乐不乐观、是否充满信心,投资意愿大小等。当众多的经济行为主体对投资前景作出乐观的预期时,就可能导致整个社会投资规模的急剧扩大,并通过投资乘数(倍数)的作用,引起整个经济的迅速扩张;反之,当投资预期普遍悲观时,则可能引起整个经济的停滞甚至萎缩。例如,厂商对所生产的产品市场前景产生了乐观的预期,并估计利率、价格和预期收益等经济变量会发生有利于本企业生产发展的变化,在其他条件具备时,企业就会产生强烈的扩张冲动及相应的投资行为;许多企业的这类投资行为,必然导致宏观经济总量及其结构的变化,导致经济运行过程与结果的变化。

1.3　信息

信息最早是在 1948 年由申农(Shannon)和维纳(Wiener)分别独立地在通讯理论中提出的。由于它对经济决策特别是投资决策活动有着重要的作用和影响,后来被广泛地应用于经济决策过程中。信息一词具有多种含义,有时指积累下来的关于世界的资料和论据,是一个存量的知识概念,但信息又常常用来说明存量知识的增量,以消息的形式出现。不同的学派对信息的理解是不同的。《牛津字典》认为:"信息,就是谈论的事情、新闻和知识。"《韦氏字典》指出:"信息,就是在观察或研究过程中获得的数据、新闻和知识。"《苏联大百科全书》第二版指出:"信息确定为新闻界的一个概念,是指进行报道的一种特殊载体,借助它,可以使读者知道国内或国际之间的事件或新闻。"事实上,信息的概念包括广义和狭义的含义。广义的信息概念是指发生源发出的各种信号和消息被吸收体所理解和接收,这些信号和消息及其所揭示的内容统称为信息。它包括各种情报、消息、数据、指令、报告等,一般通过声音、文字、图像等多种形式表现出来。这样,凡是一切能为预期主体获知或不获知的各种消息、符号、文字与影音材料等都是信息。狭义的信息概念,是指经过加工整理后对于接受者具有某种使用价值的那些数据、消息、情报和资料等的总称。于是,信息仅指通过一定的途径传递的关于预期变量真实状态的各种信息。所以从狭义的概念出发,并非接收者接受任何消息、资料都是信息,而只有能够满足接收者某种特殊需要、具有一定使用价值的消息或资料才是信息。从上述定义中,我们可以看出,信息就是关于事物的音信、信号或消息。

预期与信息是密切相关的。有关研究表明,经济行为主体觉察和掌握信息量的大小和差异是造成预期水平高低的原因之一。预期的过程是人们对信息的处理和加工过程,其准确性一方面取决于相关信息的充分性、准确性和及时性,另一方面又取决于处理信息的有效性。不同方法的信息处理过程对信息的取舍方式不同,计算的方法不同,判断和估计的依据不同,并且对预期本身的调整方式不同,因此,它表现出多样性和复杂性的特点。在不确定性情况下,经济行为主体的决策是建立在有限信息的基础之上的。信息量的大小取决于表现信息内容的消息的不确定性程度。如果经济行为主体拥有更多的信息,他对未来就可以作出更准确的预期,就可以有效地降低经济活动风险。然而,信息与其他商品一样,是有价值的,人们必须支付成本才可以拥有它。"信息具有价值,投资者愿意为获得它而付费。……投资者每年都在为给其股票、债券提供信息和其他投资机会的通讯刊物花费数百万美元。"[1] 信息的价值在于它能减少不确定性。由于信息量的大小又取决于表现信息内容的消息的不确定性程度,所以信息与不确定性有密切的关系。获得信息,则会在一定程度上消除不确定性,使不确定性变为确定的或较为确定的。在不确定性的情况下,如果投资者能获取越多越准确的信息,那么他就会降低投资决策的风险。因此,利用信息的价值是获得在具有完全信息条件下进行选择的预期收益与在不完全信息条件下进行选择的预期收益的差额。可见,不确定性的变化程度就能反映所获得信息的多少,只要能够量度不确定性以及它的变化程度,信息也就可以度量了。

信息论中用一个物理学上的"熵"[2]来测量信息量的价值。信息的度量就是取熵的负值,即信息量的价值在于朝"熵"的相反方

---

[1] [美]斯蒂格利茨著,梁小民、黄险峰译:《经济学》(上册),中国人民大学出版社2000年版。

[2] a.热力体系中,不能利用来做功的热能可以用热能的变化量除以温度所得的商来表示。这个商叫做熵;b.科学技术上泛指某些物质系统状态的一种量度或者某些物质系统状态可能出现的程度。参见《现代汉语词典》,商务印书馆1978年版。

向来衡量其价值。设 A 代表消息中所含的平均信息量，$P_1, P_2, \cdots, P_n$ 分别代表消息中的事件 $1, 2, \cdots, n$ 发生的概率，则

$$A = -K\sum_{i=1}^{n} P_i \log P_i$$

式中 $i = 1, 2, \cdots, n$，K 是常数。

可见，熵是对无秩序性和不确定性的测度。正是这种可测度性才导致了它在经济学中的广泛应用。人们在形成对未来的预期时会有效地利用所获得的信息，信息的获得和利用受到预期的很大影响，而预期的实现又依赖于现在的行动，所以，行动和预期是一个相互自我实现的过程，和谐地融为一体。在这个过程中，预期信息起着重要的作用。预期信息是揭示未来发展变化趋势的信息。与过去信息的历史性、现在信息的动态性不同，它具有先兆性。无论是什么信息，都在反映未来条件或未来后果变化时涉及预期信息。预期信息对经济活动的重要作用是显而易见的。资本市场投资更是要涉及预期信息的。当人们对投资决策进行修正和调整时，可能导致一种忽视预期信息的趋势，特别是当相对无关紧要的、支持原始预期的信息出现时。由于事物发展的规律性，过去事件与未来事件是有一定的联系的，因此人们从无法控制的过去事件中提取信息后，就能用来控制不能获得信息的未来事件。当然，这还需要补充相应的未来信息。预期是对不确定的未来经济变量所作的分析和表述，它需要收集信息和加工信息，得出的结果是一种新的信息，借助它能减少不确定性对人类经济活动的影响。

影响投资者预期形成的信息是具有不确定性的新闻因素，对该类信息的分析应该采用动态分析的方式。实际上，该类信息会导致投资者初始预期变动，并形成新的预期引导投资者的行动。

所谓新闻主要指如新的经济统计数据的发表、政局的变动、国际形势的变动、中央银行货币政策变化等投资者未曾预期到的信息因素。在对新闻因素进行分析前,假定信息是充分的并且随着时间的流逝,市场信息会越来越多。新的信息获得并增加到原有信息集合中,任何信息都不会被遗忘,至少是与预期有关的内容不会被遗忘。这意味着任何时期的信息集合中包括所有以前可得到的信息再加上本时期新得到的所有最新信息和通过市场价格可获得的潜在信息。"在一定意义上,经济当事人被假定为目光短浅的;他们在一个不确定的世界作预测时,只考虑到自己最初带到市场上来的信息,而忽视通过市场价格可以获得的潜在信息。"[1] 如果获得了潜在信息,那么,资本市场上投资者进行的预期是更加准确的,更有利于他们的投资决策。

由于不同投资者的信息来源和信息接近程度不同,信息得到的难易程度也就不同。一些信息容易得到,而另一些信息不易得到。所以,信息是不完全的。不仅如此,在资本市场上信息总是不对称的,只有少数人才能获得相关信息。对某些信息,使用者缺乏技术和直觉,因而不能合理地运用信息。信息的获得和利用对人们进行经济活动、形成预期是至关重要的。

1.4 不确定性

与预期密切相关的另一个概念是不确定性。现在,在经济决策行为中,不确定性这一术语是非常流行的。经济学是决策的科

---

[1] [美]史蒂文·M.谢弗林著,李振宁译:《理性预期》,商务印书馆1990年版。

学,这些决策将影响稀缺资源在竞争目标之间的配置。只要发生的可能结果不止一种,就会产生不确定性。人们进行各种经济活动,往往都带有一定的目的。例如,进行投资是为了获得更多的预期收益,并且要求是确定性的。要理解不确定性,首先要理解确定性。所谓确定性,简单地说就是指投资者的预期收益是可确定的,更准确地说,是指投资者的收益预期值是唯一的,即各个投资者所预期的收益是某一特定的数值,而不是一系列可能的结果。如果说对未来经济活动所发生的事情能够百分之百地预测,那么对于投资者来说,由于他总会选择预期收益最多的投资,所以,在其他条件不变的情况下,按照预期准确地作出投资决策是非常容易的事情。可是,在现实经济活动特别是在资本市场投资中,人们对将来的情况很难准确地预测,他们所知道的最多只不过是在未来各种各样的收益状况下所可能产生的结果。也就是说,未来经济活动特别是资本市场投资活动具有不确定性。在现实中,即使是最简单的问题也充满不确定性,更何况是复杂的资本市场投资问题。

经济运行中存在着各种各样的不确定性,使得经济决策提出的预期目标与实际执行结果并不完全一致,存在着一定的风险,如通常情况下出现的投资实际收益远远小于预期收益。在市场经济中,风险和不确定性是由市场主体自己承担的,它们就成了经济决策过程中必须认真加以研究思考的大事。投资者每天都面临着损失和收益的可能,每天都在评估结果发生的可能性。尤其是在资本市场,在这类滋生着多种不确定性的市场中,风险更是无时不在、无处不有,由此才引起了股市、债市的价格升降波动,才提供了风险投机的获利机会。"投资者的动机与预期的产生,毫无例外地是针对着未来可能发生的变化的,如果未来与现在没有差异,就不需要有应对的准备。因而,讨论到投资者的动机与预期时,就不可避免地要讨论涉及未来变化的风险与不确定性这两个概念。"①

在语言学看来,不确定性是对确定性的否定。不确定性是相对于确定性而言的一个概念。确定性指的是一种明确的、肯定的性质或状态,经济变量的未来取值是唯一的,即取某一特定的数值,而不是一系列可能的结果。因此,也可以说,确定性是指人们对于未来的预期是在某一限定的较窄区间取值。这样,不确定性就应该指的是一种不明确、不肯定的性质或状态。在英文中,根据《韦氏英语词典》中的解释:不确定性是不确定的性质或状态,它包括:不肯定的、不可靠的、模糊的、不稳定的、无规则的、变化无常的、偶然的现象,等等。由《韦氏英语词典》对不确定性的解释可以看到,不确定性并不只是指对未来的不肯定,现实中甚至历史上也有不确定性存在的可能。不确定性也不完全只是指随机的不确定性,模糊性也是一种不确定性。从统计学角度看,不确定性表现为随机事件,它的出现一般具有偶发、突然和变化快等特点。

在经济学范畴内,经济学家弗兰克·奈特(Frank Knight)把不确定性定义为:"在任何一瞬间内个人能够创造的那些可被意识到的可能状态之数量。"② 这个定义明确地将不确定性与风险区分开来,使不确定性的含义变宽泛了。真正能够称得上对不确定性有系统性研究的要算凯恩斯,但人们却很少注意到他对不确定性研究的贡献。针对他之前的经济学家几乎都忽略了现实世界因不确定性和不完全预期产生的经济问题,凯恩斯认为,灵活偏好和对资

---

① "中国投资者动机和预期调查数据分析"课题:"参与、不确定性与投资秩序的生成和演化——解读投资者动机和预期的另一个视角",载《经济研究》2002 年第 2 期。

② 弗兰克·奈特:《风险、不确定性与利润》,中国台湾银行经济研究室编。

产收益的预期都是极其不确定的,这涉及所有足以影响投资者心理的因素,诸如疑惑、机遇、劝告、风气和习俗,等等,还涉及未来影响投资变化莫测的事件。他还认为,大多数经济决策都是在不确定性的条件下作出的。对凯恩斯的不确定性研究,有人认为他"把不确定性和预期提高到了主导性地位,也许是有道理的。"[1] 但他却批评新古典主义使不确定性被赋予了一个确定的和可以计算的简单形式,把不确定性转化成了风险,使不确定性降低到其本身可以计算的地位。也就是说,他认为分析预期的形成和影响行为的方式只能在一个不确定性无法用概率计算的不确定性框架中进行,不确定性是不能计算的。我认为,这是值得商讨的。随着现代科学方法和手段的发展,虽然我们不能准确地计算未来的不确定性,但是是能够近似测算的。随着科学的发展,我们会看得越来越清楚。

自20世纪50年代以来,不确定性已成为大量经济文献的主题。不确定性已经在现代经济学中占据了明显的地位,成为经济系统的一个内生变量,与经济系统的其他变量如风险之间构成了密切的联系,成为人们分析投资等问题的一个重要因素。

在我国经济学者中,李拉亚博士(1994,1995)对不确定性问题进行了比较系统的研究,他认为不确定性有两种定义,一种与概率事件相联系,通常用随机变量的方差来定义;另一种与概率事件没有联系,指一种没有稳定概率的随机事件。[2] 也有学者认识到,将不确定性限制在未来的时间范围内是不恰当的,因而认为不确定

---

[1] 迈克尔·卡特、罗德尼·麦道克著:《理性预期:八十年代的宏观经济学》,上海译文出版社1988年版。

[2] 李拉亚:《通货膨胀与不确定性》,中国人民大学出版社1995年版。

性是指事物属性状态的不稳定或不可确知性。人们一般认为不确定性是指未来,其实,无论过去、现在和未来,都有不确定性。从这里我们可以看到,人们对不确定性的理解逐步扩展了。所以,我认为,"所谓未来的不确定性,是指人们不能确知的未来的经济情势变动不定的情形。正是由于未来的不确定性,人们才有必要对未来进行预测或预期,从而确定其经济决策。"[①] 不确定性是指人们在交易过程中对预期缺少把握而承担的风险。既然未来是不确定的,经济未来形势的变化总不能完全处在人们的预料之中,人们总不能对它们一览无余地全部认识到。当成败的概率相同时,许多人情愿赌博,而在成败概率不知道时,人们更喜欢十拿九稳地进行交易,以获得确定的收益。这种现象被称为回避不确定性。人们喜欢熟悉的事情而回避不确定的事情的情感因素是害怕经济变化将会出现的不良后果。信息是用来消除某种不确定性的东西,也就是说,不确定性的实质就是信息不完全或不对称。如果信息增加,不确定性就会减少,风险就会降低。因此,人们所掌握的经济信息总是不完全的。获得信息,投资者就会在一定程度上消除不确定性,使不确定性变为确定的或较为确定的。获得的信息越多,不确定性变化的程度越大。不仅如此,进行经济活动的个人,为了自身的利益又相互封锁消息,取得某种信息常常还要花费代价,这就使得信息更具有不完全性。在信息不完全的情况下,便难以真正做到对未来的经济情况的完全理性的预期。"在现实世界中,不确定性是普遍存在的。衡量不确定性的大小对于创新行为、投资

---

① 江世银:"预期对我国消费信贷的影响",载《经济理论与经济管理》2001年第8期。

行为都具有十分重要的意义。"①

中国资本市场中存在着大量的不确定性,它是其运行中出现的一个必然现象。资本市场投资者对于未来市场走势、价格和供求变化预期是不完全确定的,投资能否获得预期收益、收益多少事先是无法准确判断的,甚至对自己的心理变化也是很难自主把握的。尽管人们对之进行了广泛的研究、力争准确预测并加以正确利用,但资本市场固有的不确定性并没有因此而消失或减少,反而有加强的趋势。资本市场投资活动本身就是在一个充满不确定性的条件下进行的。正如罗伯特·索洛所说:"资本问题不可避免地与不确定性、有限预见、对意外事件的反应等问题密切相关。人们必须承认,经济学在这里只是在表面上兜圈子。然而,如果对不确定行为没有一个满意说明,我们就不能有一个完备的资本理论。"② 虽然索洛是针对产业资本来说的,但对金融资本同样是适用的。投资者的不确定性预期就是在不确定性条件下产生的。不确定性是一种普遍存在的、有着多种表现形态的事物属性。由于资本市场风险因素具有不确定性,如投资者心理上的不确定性,市场制度和政策实施中的不确定性,上市公司经营上的不确定性等,加上资本市场投资工具所引起的投机活动,由此资本市场风险的产生就具有了不确定性。这就需要我们运用现代科学分析方法去认识和度量不确定性,从确定性中寻找不确定性发生的规律,以此减少不确定性。所以,研究资本市场中的不确定性是一项摆在我们面前的紧迫任务。

---

① 梁小民、睢国余、刘伟、杨云龙主编:《经济学大辞典》,团结出版社1994年版。
② [美]罗伯特·索洛著,刘勇译:《资本理论及其收益率》,商务印书馆1992年版。

1.5 风险

与不确定性密切相联的是风险。风险现象,或者说不确定性与信息不完全现象,在经济活动中无时不有,无处不在。只要随便翻阅一下最近一时期经济报刊的目录,便可看到对风险的认识是如何影响当前经济活动的。没有它,每个时期资本市场的活动就是单纯的票据交易,信息产业就不会存在。投资银行的职能将退化为简单的记账。风险是指事物变化存在的多种可能性和未来收益的不确定性,而且这些结果事先已经全部预知,只是最后的实际结果不能事先确定,这是由概率中的分布问题决定的。与风险有关的日常英语词汇特别丰富,如 volatility, fluctuations, deviation, uncertainty, risk, hazard 等,但经济学和金融学理论研究和具体实践中一般都用 risk 表示。正是由于各种不确定性因素的影响,使得经济行为主体实际收益与预期收益目标发生偏离,产生了遭受损失或获取额外收益的可能。按照统计学的观点,风险可以表示为不利事件(收益损失)发生的概率和实际后果的函数。如果用 R 表示风险,用 P 表示不利事件(收益损失)发生的概率,用 C 表示实际发生的结果,那么,风险函数为:$R = f(P, C)$。

当然,要真正理解风险并不是容易的。"在许多文献中,人们都把风险等同于不确定性。事实上,风险和不确定性是有严格区别的两个概念。"[①] 通常,风险被定义为失去、伤害、劣势的可能性,导致危险或损失的事与人。这种对风险的理解基本上是中外

---

① 王松奇:《金融学》(第二版),中国金融出版社 2000 年版。

相近的。"风险是收益率低于预期值的可能性。"① 美国著名经济学家、诺贝尔经济学奖获得者威廉·F.夏普(William F.Sharpe)认为,"投资组合理论涉及风险条件下的决策。然而,术语不确定性含义太广泛以致不得不弃之不用。这里只在最通俗的意义上使用它,即指未来不能被确定预期的情况,它更切中要点,是风险的同义词。"② 从语言学的角度来看,不确定性与风险有很大差异,两者的混淆会使人们对这两个词的理解变得"不确定"。由于未来的不确定性而产生的实际投资收益对其预期值的偏离就是风险。在证券投资领域,不确定性常常被当作风险的同义词,往往不加以区分而运用。小阿瑟·威廉姆斯、理查德·M.汉斯对不确定性的理解认为:"不确定性是在给定情况下,一个人对风险的主观意识,它依赖于此人对风险的估计——他所确信的客观世界以及对自己的置信程度。"③ 这种观点把不确定性更多地与主观概率联系起来。我国一些学者也持这种观点。

　　风险是与预期密切相联、不可分割的。有风险,就会产生对风险的估计和判断即风险预期。风险的外延十分广泛,如政治上的风险、道义上的风险等。本书研究的主要是指经济风险。经济环境中的不确定性只是构成了风险的可能性,而人们所作的主观预期在有限信息和有限理性约束下,最终使风险变成了现实。因为预期是建立在经济信息基础上的一种计算活动,它不一定是指某

---

　　① [美]法博齐等著,唐旭等译:《资本市场:机构与工具》,经济科学出版社1998年版。
　　② [美]威廉·F.夏普著,胡坚译:《证券组合理论与资本市场》,机械工业出版社2001年版。
　　③ [美]小阿瑟·威廉姆斯、理查德·M.汉斯著,陈伟等译:《风险管理与保险》,中国商业出版社1990年版。

经济变量的一个唯一预测值,也可表现为该经济变量未来值的某个完全的概率分布。风险可能带来客观的经济损失,但是否带来损失又是很不确定的。在经济学中,风险多是一种客观存在的损失发生的不确定性的状态和可能性。所以,风险表示的就是预期收益遭受损失的可能性,是已实现的收益低于预期收益的可能性。这种可能性一旦成为现实,就被认为对投资者造成了损害即预期收益的丧失。这种损害最为直观的表现就是投资者所实现的财富比预期的减少了,从而投资者凭借原有的财富可以得到的种种满足低于以前的水平。资本市场中的风险是指证券风险,即证券投资收益预期的不确定性,其具体含义是证券投资的预期收益与实际收益之间的差额,或者更确切地说是投资的实际收益低于预期收益的可能性。产生风险的根源是投资前信息有限、方法错误、不确定性把握不准或主观臆断等造成预期收益的偏差,或者是在进行投资和取得收益间的一段时间内,各种不确定因素带来的影响。一般说来,现实的风险是上述两种原因共同作用的结果。特别是股市的预期收益要随股市价格的波动和上市公司的经营状况而变化,具有很大的不确定性,可能出现投资者亏本的现象。

存在风险的资本市场投资所带来的收益率通常包括预期收益率和无风险收益率。预期收益率是投资者担当各种风险应得的风险补偿,无风险收益率是指把资本投资于某一没有任何风险的投资对象而能得到的收益率,这是一种较为理想的投资收益。在既定风险情况下的预期收益率无疑是投资者在资本市场上进行投资考虑的主要因素。预期收益率越多,投资者越愿意投资。

可以对预期收益率进行计算。证券投资预期收益率按现值法计算如下:

$$P_t = \frac{R_1}{(1+r)} + \frac{R_2}{(1+r)^2} + \frac{R_3}{(1+r)^3} + \cdots$$
$$+ \frac{R_t}{(1+r)^t} = \sum_{n=1}^{t} \frac{R_n}{(1+r)^n}$$

式中，P_t 是证券现价，即在时间 t 的预期现金流，R_t 是证券投资年收益，r 为预期收益率，t 为到期年限。如果知道 P_t、R_t 和 t 的值，可以通过取对数计算出预期收益率 r 的大小。

若证券为股票，则 $t \to \infty$，它表示从投资发生的时间起到以后无穷期限内的所有预期现金流都要以同样的比例进行贴现以确定其现值。在投资预期收益最大化的驱动下，当投资者预期未来收益不足以弥补风险时，投资者会从资本市场撤出资本用于现时消费或者投资其他渠道。这叫作投资者在资本市场的退市。实际上，这个情况也是投资者在其他资本市场的子市场上进行投资的主要依据。在虚拟经济中，投资者过高的资本投资收益预期和过低的投资风险预期是导致其投资信心丧失、减少资本市场投资的重要原因。

资本市场投资风险是有大有小的。资本市场投资风险就是投资预期结果（预期收益损失）的不确定性，所以，对资本市场的投资风险的测量就是采用一定方法测量投资预期收益的不确定性。衡量一项经济活动风险的大小往往从发生经济损失的可能性有多大和一旦发生经济损失程度如何两个方面考虑。这些损失既包括直接经济损失，也包括进行其他经济活动所能带来的收益（即机会收益）的损失。一种风险可能发生的概率很大、但损失小或者概率小、但损失大；也可能是概率大、损失也大或概率小、损失也小。对于后两种情况判断其风险的大小相对较易，对于前两种情况则很难判断它的大小了。这样,就需要研究投资风险的大小了。一般来说,投资的实际结果与预期目标的差额是衡量投资风险大小的天然尺度。风险的大小可用 β 值分析测量。β 系数是风险衡量指标之一,用数学语言来描述 β 就是 $\Delta E(R_i)/\Delta E(R_m)$,是指证券市场投资预期收益率的变化($\Delta E(R_m)$)所引起的某一证券的预期收益率变化($\Delta E(R_i)$)。[①]

假如计算出某种股票的 β 值为 1.0,那就是说市场收益率每上升或下降 1%,这种股票的预期收益率也提高或降低 1%,其波动程度和市场情况完全一样。如果 β 值为 1.5,则说明市场平均收益率每上升或下降 1%,则该股票的预期收益率将提高或降低 1.5%,其波动幅度大于市场 0.5%。如果 β 值为 0.5,则表示市场收益率涨跌为 1% 时,这种股票的预期收益率只提高或降低 0.5%,其风险程度要小于市场平均风险。可见,β 值分析主要是用来衡量一种投资的预期收益率对整个资本市场平均收益率的敏感性和反应程度。有了 β 值,投资者对于风险的掌握就更有科学的依据了,进行资本市场投资心中就更有数了。

一般说来,如果某人将其资产全部投资于证券,那么他的预期收益和与之伴随的风险都会很大;假如某人的所有资产都以货币形式保存在手里,他的预期收益和所要承担的风险则会为零;倘若某人将资产分作货币和证券各一半,他的预期收益和风险就会处于中点。风险和收益是同方向变化,同步产生、同步消长的。由于人们对待风险的态度不同,即使面对同样的选择对象也会作出不

---

① β 系数是 1990 年诺贝尔经济学奖获得者、美国经济学家威廉·F. 夏普在 20 世纪 60 年代提出的。用 β 系数衡量证券和证券组合的投资风险,不仅容易计算,而且能够更加准确地反映资本市场投资预期收益和投资风险之间的关系。

同的投资选择决定。

1.6 其他

除了上述基本概念外,本书还有许多基本范畴需要进行科学的界定。这些范畴主要包括预期收益、股票市场、债券市场、信息成本、不确定性预期、理性预期、准理性预期或亚理性预期和孔明预期等。虽然科学地界定这些概念非常重要,但这不是本书的重点,并且没有这样做的必要。对这些基本概念的界定,在涉及此范畴时,本书只作简要的揭示就足够了。

2. 资本市场预期理论：
文献回顾与评论

预期作为经济分析中的因素由来已久。早期西方经济学者所谈到的预期更多地相当于预测等概念，他们并未涉及经济人的理性与非理性、经济的不确定性、资本市场预期等当代预期理论的主要问题。但是，他们已经看到了对未来判断的重要性以及预期对现实经济运行的影响。随着资本市场的产生和发展，国外对资本市场的研究逐渐纳入了预期因素。他们对资本市场上的投资预期心理、资本资产定价模型、利率期限结构预期理论、理性预期、资本市场效率理论等进行了广泛的研究，逐渐形成了一系列的资本市场预期理论。改革开放以来，我国经济学者也对资本市场预期问题和预期理论进行了研究，从初期在对资本市场发展的研究中引进资本市场预期理论到目前运用这些理论验证中国资本市场的预期作用和影响问题，再到将各种预期理论应用于中国资本市场预期问题的研究上都取得了重大的成果，为切实发挥预期对中国资本市场发展的作用起到了积极的推动作用。通过本章资本市场预期理论文献回顾与评论，本书由此展开了它的历史分析。

2.1 西方经济学者对资本市场预期理论的研究

预期在资本市场中有着广泛的应用。对预期理论在资本市场投资活动中的检验和运用,更是当代预期理论研究的重要方面。在理论探索和实际经济应用中,国外已经发展出了一整套的分析工具,尤其在资本市场预期问题研究中,对预期理论的应用更是建立和发展了多种分析模型。本章试图回顾国内外经济学者对资本市场预期理论的研究并进行简要的评述,为本书后面的研究和探索提供相关成果的借鉴,而这也是本书论述的历史起点。

2.1.1 马歇尔等对资本未来收益的心理预期方法分析

预期并不是一开始就同资本市场联系在一起的,但预期作为经济分析中的因素由来已久。例如,弗里希(Ragnar Frisch)和丁伯根(Jan Tinbergen)提出的"蛛网理论"(cobweb theorem)、缪尔达尔(Myrdal)建立的宏观经济模型中都包含预期的因素分析。在蛛网模型(cobweb model)中,决策者的预期是以现行变量为基础的,由于所有的经济行为主体都遵循同样的原则,这个模型就按我们所熟悉的蛛网形状循环往复。

西方经济学者早就指出,对未来经济变量的预期是影响当前经济行为特别是资本市场上的资本投资行为的重要因素。预期作为经济行为主体的特征支配着他们的现实行为。早在1890年,马歇尔所讲的"等待"就是一种预期分析,他曾使用过心理预期的方法来分析资本投资的未来收益。他说:"预期会涨价的直接结果是使人们积极运用他们全部的生产设备,在全部时间,甚或超过时间来运用他们……预期会跌价的直接后果是使许多生产设备闲置起来，同时放松其他生产设备的工作。"① 马歇尔的均衡价格理论（equilibrium price theory），将西尼尔（Nassau William Senier）的"节欲"一词改为"等待"。这里的"等待"就是在进行预期。

后来的瑞典学派在自己的动态分析中，也都非常看重预期因素的分析。在缪尔达尔看来，企业家的预期就包含着对未来收益的预期和对实际获得这种利益机会的预期。企业家正是根据自己的收益预期，参照市场利率，然后再作出如何投资的决定的。缪尔达尔后来还把收入、支出、储蓄、投资等经济变量，区分为"事前的变量"和"事后的变量"。这些都是他对预期概念和预期理论的发展。这一研究对后人产生了重要的影响，例如，现代制度经济学的某些学者就以其"预期"的概念解释了预期交易成本对产权制度变迁的影响问题，后来的人们还将预期纳入资本市场投资行为的分析，提出了增加预期资本市场投资的许多措施和对策。

2.1.2 费雪的利率期限结构预期假说

利率期限结构预期假说（expectation hypothesis）来源于欧文·费雪（Irving Fisher）的 *The Theory of Investment as Determined by Impatience to Spend Income and Opportunity to Invest It*（New York: Macmillan, 1930）一书。费雪是一位对统计学很有贡献的学者。正是因为他在统计学上的造诣使得他在经济研究中广泛地运用统计方法，他在1896年就提出以概率分布描述投资预期收益的不确定性，由此提出了利率期限结构的预期假说。利率期限结构理论又称"无

---

① A.马歇尔：《经济学原理》下卷，商务印书馆1981年版。

偏预期"理论,是最著名的、最容易应用的、定量化的期限结构理论,在资本市场上被广泛用作利率相关证券的定价依据。

利率期限结构的预期假说提出了这样的命题:即长期债券的利率等于长期债券到期之前人们对短期利率预期的平均值。例如,在当前债券市场上 1 年期债券的收益率是 10%,预期明年的 1 年期债券的收益率是 12%,那么当前市场上 2 年期债券的收益率应为

$$(10\% + 12\%)/2 = 11\%$$

预期假说是利率期限结构理论中的重要理论。它认为,任何证券的利率都同短期利率的预期有关。预期假说的假设条件是:第一,具有完善的资本市场,资金的借贷双方能够正确合理地预期短期利率的未来值。第二,不同期限的债券可以完全替代,也就是说,不同期限的债券预期收益率必须相等。否则,将不会存在期限结构的预期假说。所以,这个假说认为利率期限结构完全取决于对未来利率的市场预期。离开了这一假说,便无法理解这一理论。

从把任何一种债券的利率与较短期到期的债券的未来利率联系起来的意义上说,利率期限结构预期假说是一种"预期的"理论(劳伦斯·哈里斯,1981)。该理论用坐标系来表示利率期限预期假说,应用收益率曲线来分析利率期限对投资预期收益的影响。如果收益率曲线向上倾斜,那么预期假说表示未来的短期利率将上升。在长期利率高于短期利率的情况下,未来短期利率预期的平均值将高于当期短期利率,只有在短期利率预期上升时才会有长期利率的上升。也就是说,短期利率预期不变,长期利率也会不变。如果收益率曲线向下倾斜,那么预期未来短期利率的平均值将低于当期利率,也就是说,这暗示未来短期利率预期的平均值下

跌。只有当收益率曲线呈水平状态时,预期假说才表示未来短期利率预期的平均值不变。

短期利率的上升将提高投资者对未来短期利率的预期。由于长期利率与未来短期利率预期的平均值密切相关,所以短期利率的上升也将提高长期利率,使得短期利率和长期利率呈同方向变化。也就是说,在既定的预期之下,任何一种长期债券利率和任何一种短期债券利率之间存在着一致的关系。如果短期利率低,那么收益率曲线趋于向上倾斜;如果短期利率高,那么收益率曲线趋于向下倾斜。如果短期利率低,那么投资者一般会预期它未来将升至某个正常水平,这就导致未来短期利率预期的平均值的上升,长期利率将大大高出当期的短期利率。未来的投资收益要比现在的投资收益多,收益率曲线因而具有正的斜率。相反,如果现在的短期利率较高,投资者预期它将会回落,未来短期利率预期的平均值将低于当期的短期利率。由此可见,如果预期未来利率上升,那么利率曲线会呈上升趋势;如果预期未来利率下降,那么利率曲线会呈下降趋势。利率期限结构预期假说是最早用来解释长短期利率关系的一种理论。它对利率的期限结构在不同时间变动的原因提供了一种解释。它提出,长期债券在遥远未来的利率等于长期债券到期之前投资者对短期利率预期的平均值。需要指出的是,利率期限结构的预期假说是关于不确定性与预期的极端假设,更加精确的模型可以克服它的局限性。

这一理论构建在 N 年间有两种投资途径这一条件之上。投资者可以投资 N 年期债券也可以投资 1 年期债券,在债券到期时把所得再投资于另一种 1 年期债券,如此下去……,直到 N 年为止。假如不存在不确定性和风险,那么资本市场的投资将保证两种方法会得到相同的预期收益。利率期限结构理论预期假说是一种简单明白的理论,它对利率的期限结构在不同时期变动的原因提供了一种理论解释。该理论通过收益率曲线的研究表明:当预期未来短期利率高于当前市场短期利率时,收益率曲线向上倾斜;而预期未来短期利率低于当前市场短期利率时,收益曲线向下倾斜;而当预期短期利率不变时,收益率曲线则相应持平。

费雪的利率期限结构预期假说为后来人们研究债券市场投资者预期提供了参考思路。这一假说对政府、公司发行的长短期债券如何定价,投资者如何进行债券投资、获得可观的预期收益,特别是对于利率期限结构的纯预期理论都有一定的影响。但是,它毕竟是一种假说,如果没有完备的资本市场特别是债券市场,不同期限的债券不能完全替代,那么,费雪预期假说是很难应用于实际的。

2.1.3 托宾和马科维茨的资产投资组合理论

凯恩斯以前的主流经济学家认为,生产的诸要素是确定的,其他的相关情况也都是预知的,所以对未来的预期是可以计算出来的,风险也是可以测量而不是变幻莫测的。尽管如此,研究资本市场预期仍然存在一定的难度。

鉴于凯恩斯以前的理论局限性,詹姆斯·托宾(James Tobin)从不确定性问题开始,进一步发展了凯恩斯的思想,提出了资产投资组合的预期理论。该理论改进了凯恩斯的确定性预期利率的假定以及每个人的预期利率必须不同的限制。托宾将资本市场中的金融资产定价与实体经济的微观基础相结合,将微观层面的对象纳入宏观经济增长因素的分析范围进行讨论。在他看来,资本市场的资本资产定价技术水平的有效性并不一定真实地反映资产的基本价值,即资产所有者理性预期的收益水平。据此,他对采用理性预期的方法用预期收益率来解释资本市场尤其是股票市场的投机行为心存疑虑。他认为,资产的保存形式不外乎持币和进行证券投资两种。虽然持有货币不必承担风险,但不能获得较高的回报和预期收益,因而货币是一种低收益资产。进行证券投资虽然要承担证券价格下跌带来的风险,但可以得到较高的回报和预期收益。因此,进行证券投资是一种高收益资产投资。

托宾认为,收益的正效用会随着收益的增加而递减,风险的负效用则会随着风险的增加而增加。只有市场利率下降,投资者在不愿意承担风险时,利率与投机性需求余额间才有反向的变动关系存在。若某人的资产财富构成中只有持币和进行证券投资,为了获得预期收益,他就会用一部分货币来购买证券。但随着证券投资比例的增加,收益的边际效用会呈现递减的趋势,风险的负效用会呈现递增的趋势。当新增加证券带来的收益正效用与风险负效用之和等于零时,他就会停止进行证券投资。同理,若某人的全部资产都是证券,为了安全起见,他就会抛出部分证券来换回货币,一直到抛出的最后一个证券带来的风险负效用与收益正效用之和等于零时为止。只有这样,投资者才能实现总效用最大化。这就是著名的资产投资分离定理(separation theorem)。该定理说明了投资者在不确定性状态下同时持有货币和进行证券投资的原因,提供了安全性资产和风险性资产在数量上进行权衡和选择的依据。

现代西方证券投资组合理论的创始者马科维茨(Harry Markowitz,1952)运用相同的分析方法探索了证券投资优化组合问题,第一次把数学中复杂的二次规划方法应用于资本市场投资研究中,并在投资风险定量化方面起了先驱作用。他假设证券市场是有效的;市场风险与投资预期收益变动信息是可知的并且是已知的;只有投资预期收益和风险这两项参数影响投资者决策;投资者都是风险厌恶的,面对两项预期收益相同但风险不同的投资时,投资者选择风险较低的投资;投资者都谋求在既定风险水平上获得最高的预期收益率。他认为,对有风险的证券用某种方式进行组合,在不降低其预期收益率的情况下,可以使证券投资组合的风险低于单独持有任何一种证券的风险。研究证券投资组合方式,必须选择相应的参数。在他看来,收益和风险是影响资本市场投资者投资决策的基本因素。因此,在马科维茨证券投资预期收益和风险选择研究中选取了证券投资组合的预期收益率和预期收益率的标准方差两个基本的参数并对此进行了分析。其中,前者用以反映预期收益程度,后者用以表示风险程度。

马科维茨认为,投资者在证券市场上选出一系列可行的证券后,还要从这些组合中挑出一批有效组合并在此基础上进一步筛选出最佳组合。根据他的看法,有效组合是指其单位预期收益的风险最小或单位风险的预期收益率最大的组合。马科维茨的证券组合理论从风险与预期收益的辩证关系入手,考察了证券组合的客观基础;探讨了证券组合的条件和方式;研究了证券优化组合的途径;给出了证券投资风险的定义;提出了降低证券投资风险的方法;推动了证券理论由传统的经验分析向实证分析的转化,从而把现代西方证券投资理论研究向前推进了一大步。他提出的组合是供投资者根据自己的投资战略在面临同一风险水平时进行选择的预期收益率最高的证券组合选择。但是,他的理论没有深入分析证券投资风险的性质,没有区分证券投资风险的类型和给出相应的衡量指标,也没有进一步考察证券投资者的决策过程和市场行为给资本市场运行、证券市场价格和未来收益预期等带来的影响,从而未能描述资本市场均衡运行的实现过程。

2.1.4 夏普和林特纳的资本资产定价模型

针对上述问题,夏普(William Sharpe,1964)和林特纳(John Lintner,1965)等西方学者进一步发展了马科维茨的证券投资组合理论,提出了资本资产定价模型(the capital—asset pricing model,CAPM)。这一模型对证券组合理论和西方现代证券投资理论的创新主要体现在 CAPM 界定了证券投资风险的性质,区分了市场风险和非市场风险两种类型,给出了衡量市场风险的指标,深化了对证券投资风险形成机制的研究,丰富了降低证券投资风险的方法。他们假设在完全的资本市场上,投资者根据预期收益率即收益率的方差风险进行投资决策,各个投资者都能得到同样的经济信息,并对风险与收益的变动作出相同的预期(一致性预期)。夏普认为,证券组合的风险会随着证券组合规模的扩大而有所减少。其中,可消除的那部分风险是非市场风险,即因上市公司的决策和管理人员在经营过程中出现失误而导致公司赢利减少甚至亏损的经营性风险;或因上市公司不能支付其债务的利息和本金,导致公司遭受法律压力而清盘破产的违约风险;等等。由于这类风险具有随机的性质,因而可以通过投资多元化和证券组合方式予以消除。市场风险是指因利率变动、经济周期、通货膨胀(紧缩)以及其他社会经济因素引起的市场整体波动风险。由于市场风险影响的是所有的上市公司,因此,这类风险不能通过投资多元化和证券组合方式彻底消除。夏普进一步把市场风险定义为系数 p,用以衡量各种证券或证券组合对整个市场波动的反应程度,即某种证券或某一种证券组合相对于整个证券市场的相对变动性。非市场风险随证券数目的增加而减少,市场风险则不受证券数目增加的影响。[①] CAPM 模型表明了投资于股票的预期收益至少要等于无风险资产的报酬,股票市场整体的预期收益率相对于无风险资产有一个风险溢价,并且个别股票的 β 值(衡量投资风险大小的值)决定了该股票的预期收益。

CAPM 还描述了证券市场均衡和均衡价格形成的过程,给出了证券市场均衡和均衡价格形成的条件,分析了预期收益和投资风险与市场均衡的关系,从而把证券投资决策、投资者行为和市场均衡运行统一了起来。夏普假定投资者可以不受限制地以无风险利率借入和借出一种无风险资产,使他们能够把无风险证券和有风险证券结合起来,形成风险与预期收益有机搭配的证券组合。用公式表示:

$$E(R_O) = R_f W_f + E(R_m)(1 - W_f)$$

式中,R_O 为证券组合的预期收益率,R_f 为无风险利率,W_f 为投资于无风险证券的比例,$E(R_m)$ 为市场平均收益率,$(1 - W_f)$ 为投资于风险证券的比例。

投资者以无风险利率自由地借入和借出无风险资产,必然使证券组合中风险证券和无风险证券形成不同的比例,使预期收益和风险形成不同的搭配,从而使它的有效边界变成了一条直线。

---

① Bruno Solnik, "Why not Diversity Internationally rather than Domestically?" Financial Analysis Journal, 30, No. 4 pp48 – 54, July/August, 1974.

由此，投资者可以通过将风险资产组合 M 与无风险资产 R 结合或通过借入并将借入资金投入形成杠杆组合 M 而取得 R_fMB 线上的任何一点。R_fMB 线上的组合优点就在于曲线 AMZ 上的组合，在给定的风险水平下能取得更多的预期收益，也即 R_fMZ 上的组合优于那些仅包含风险资产的组合。可用图2—1表示资本市场线（CML）图。

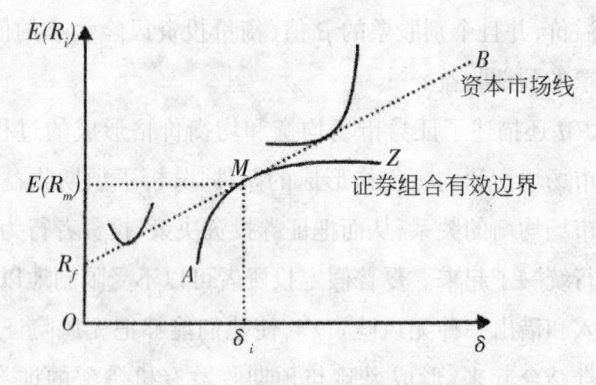

图 2—1　资本市场线（CML）图

如图2—1所示，直线 R_fMB 与纵轴相交于 R_f 点，并向右上方延伸，与有效边界 AMZ 相切于 M 点，这条直线被 CAPM 称之为资本市场线（capital market line, CML）。CML 线代表了按无风险利率进行的借贷对马柯维茨有效证券组合 X 进行购买的一种组合。直线上的任何一点都表示风险证券组合 M 和无风险证券组合形成的预期收益和风险的搭配。由于投资者具有同样的预期，所以，他们拥有相同的风险证券投资组合。

如果将上述资本市场线中的资本投资组合预期收益率表达为证券投资组合预期收益的线性函数，单个证券投资的预期收益率也存在这种关系。由此，夏普进一步把单个证券投资的这种风险

收益关系称之为证券市场线(SML)。如果用 β 值表示该线的关系式,那么其资本市场定价模型为:

$$E(R_i) = R_f + \beta[E(R_m) - R_f]$$

式中 $E(R_i)$ 为资产投资预期收益率,R_f 为无风险利率,$E(R_m)$ 为市场预期收益率,β 为市场敏感度指数。用图来表示上式,可见图2—2。

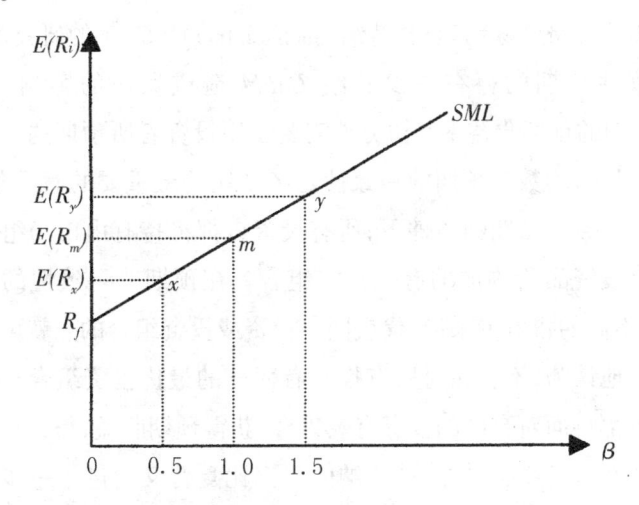

图 2—2 证券市场线图

根据图 2—2,可得出:当 $\beta > 1$ 时,证券的预期收益率高于市场预期率,即 $E(R_y) > E(R_m)$;当 $\beta < 1$ 时,证券的预期收益率低于市场预期利率,即 $E(R_x) < E(R_m)$;当 $\beta = 1$ 时,证券的预期收益率等于市场预期收益率,即为 R_m;当 $\beta = 0$ 时,证券的预期收益率就是无风险资产利率 R_f。后两种情况都是特例。

夏普的研究被投资公司广泛应用于预测某一种股票在股市上的走势情况,并据此制定投资策略。但是,它的局限性也是非常明显的。这一理论假定资本市场是完善的,并且所有投资者都具有相同的预期(一致性预期),事实上并非如此;他只强调 β 分析法,忽略了其他经济因素的影响,因而这是有争议的或是很难应用于实践的。对于我国尚未最终开放的资本市场来说,长期以来股市的主要参与者是中小投资者,投资主体多元化的格局尚未最终形成,股市一直存在短期炒作和追逐预期收益之风,以理性投资理念为基础的资本资产定价模型(CAPM)很难解释股票的价值。

美国经济学家约翰·林特纳(John Lintner)1967年的研究表明,非一致性预期的存在并没有给 CAPM 造成致命的影响,只是 CAPM 中的预期收益率和协方差需要使用投资者所预期的一个复杂的加权平均数。预期的一致性是 CAPM 的最重要的假设条件。正是在一致性预期的条件下,所有投资者都将持有由市场组合与无风险投资品所构成的有效投资组合。在预期非一致性的情况下,对不同的投资者来说,代表同一投资或投资组合的点就可能会不同。他认为,不存在对所有投资者而言的最优投资组合。每个投资者都将面对自己的投资有效集合,获得预期收益,得到自己的一条证券市场线。显然,林特纳的研究比夏普又前进了一步。他的非一致性预期条件下的 CAPM 对于投资者投资是有一定参考价值的。但是,他没有结合资本市场预期问题进一步研究资本市场的效率。

2.1.5 理性预期理论

"理性预期"这个概念是由美国经济学家约翰·F.穆斯(John F. Muth)在1961年美国《经济计量学》杂志上发表的"理性预期和价格变动理论"一文中首次提出的。他说:"由于预期是对未来事件有根据的预测,所以它们与有关的经济理论的预测,在本质上是一样的,我们把这种预测叫做'理性'预期。"[①]他假定人们在进行预测时,总是以自己尽可能收集到的信息作为依据,而不是仅仅依靠过去的回忆。穆斯从工程学文献中借用了这一概念,构造了一个假定经济行为主体在形成它们的预期时以最优化为目标并有效率地使用信息的经济数学模型。这一理论当时并未引起大多数经济学家的注意。到了20世纪70年代初,芝加哥大学教授罗伯特·E.卢卡斯(Robert E. Lucas)连续发表论文将理性预期概念应用于稳定性经济政策的争论,从而在美国逐步形成了以罗伯特·E.卢卡斯、明尼苏达大学的托马斯·萨金特(Thomas Sargent)和尼卡·华莱士(Wallace, N.)为核心的理性预期学派(school of rational expectations)。这一学派的其他著名代表人物还有普林斯顿大学的约翰·泰勒(John Taylor)、明尼苏达大学的爱德华·普雷斯科特(Prescott, E. C.)和罗彻斯丹大学的罗伯特·巴罗(Robert Barro)等人。美国的明尼阿波利斯联邦储备银行是这一学派的重要据点。

所谓理性预期,就是指经济当事人面对不确定的未来为避免风险和获得最大收益而运用过去和现在一切可获得的信息,对所关心的经济变量在未来的变动状况作出尽可能准确的预测(高鸿业,1996)。理性预期理论的主要论点是:人们在经济活动中,根据过去经济变化的资料,在进入资本市场投资之前就对经济活动作出预期,他们的预期是在利用可能得到的最新数据和可能得到的最好经济理论的基础上形成的,所以,他们的决策是有根据的。市场会出现许多不确定性情况,成为干扰因素,但可以事先计算它的

[①] J. F. Muth, 1961. "Rational Expectations and the Theory of Price Movements", Econometrica, 29, 315 – 335.

概率分布,因此可以选出最小投资风险的方案,以预防不利后果的侵害。例如在确定房租、债券利息、股票预期收益时,都可把未来经济波动估计进去,定得高一些,以防止因通货膨胀而降低实际收益。该理论还认为,无论何种决策,无论资本市场对管理者行为作出何种反应,都取决于投资者对管理者决策的未来预期。投资者在临近管理者宣布股利之时常会根据公司内部许多因素如预期利润以及外界变化等其他因素作出种种预测。当宣布股利政策时,投资者会将它与其预期进行比较。如果预期收益与实际收益一致时,资本市场不会有什么波动。相反,如果预期收益与实际收益不一致时,资本市场就会发生不同程度的波动,这就说明预料之外的股利政策包含有公司赢利和其他方面的信息。

不仅如此,由于政府对经济信息的反应不如人们那样灵活及时,所以政府的决策不可能像个人决策那样灵活,因此政府的任何一项稳定经济的措施,都会被人们的合理预期所抵消,成为无效措施。甚至政府拟要实行的政策,其意向很快被人们猜透而采取防卫性措施,迫使政府放弃实行。因此,理性预期理论认为,国家对经济的任何干预措施都是无效的。要促进经济发展,就应该听任市场经济的自动调节,反对任何形式的国家干预。

理性预期理论具有两个显著的特点:

第一,它并不认为每个经济行为主体的预期都是完全正确的并且具有与客观情况相一致的预期,而是说这些经济行为主体的预期(主观后果的概率分布)与经济理论的预测(客观后果的概率分布)是趋向一致的。人们对经济未来变化的理性预期总是尽可能最有效地利用现在所有可以被利用的信息,而不是仅仅依靠过去的预期结果代替适应性预期的结果。在理性预期模型中的经济行为主体会注意到政府宏观经济政策的变化,有时,经济行为主体将改变他们的决策,以便充分利用一项新的政策产生出来的任何有利机会。

第二,它并不排除现实经济生活中的不确定因素,也不排斥不确定因素的随时出现会干扰人们预期的形成,使人们的预期值偏离其预测变量的实际值,但它强调人们一旦发现错误便会立即作出正确反应,纠正预期中的失误,所以人们在预测未来时绝不会犯系统的错误。理性预期理论强调包括资本市场投资等经济活动中的预期作用,主张理性的经济人在决定他们未来的行动时,要考虑采取的行动对将来市场的影响,以选择效果最有利的行动,这也使政府的任何调节经济的政策和措施都达不到预期的目的。

理性预期学派提出了"理性预期假说"。从某种意义上说,"理性预期假说"(rational expectation hypothesis)在对经济行为主体预期形成过程的描述方面无疑比凯恩斯主义或货币主义的预期形成假说前进了一大步。这主要表现在它假定经济行为主体在作出他们的决策时会考虑到现有经济信息的变动在未来可能产生的影响。这就比诸如把过去作为唯一决策依据的静态预期模型和考虑到前期预期差距的适应性预期的假说更为科学地反映了经济行为主体预期形成的实际过程。

由于理性预期理论对凯恩斯主义理论所无法解释的一些现代经济现象提供了某些貌似合理的解释,以致有些学者把理性预期理论称为"切合实际的新经济学"。但是,理性预期的经济理论却缺乏具体的可操作性,因为它是建立在非现实的假设条件基础上的,因而是非常不切实际的。例如,它把每个人都当作理性的经济人看待,认为他们能够掌握充分的信息,经过深思熟虑,能对经济变动作出明智的判断。事实上,这是很难做到的。这只有极少数能够进行孔明预期①的人才能做到。这是因为:第一,经济活动中充满了不确定性,它不是按照个人设想的那样进行,完全重复发生的事件的概率很小,不易作出准确预测。第二,在理性预期假设下,经济行为主体具有相同的信息集和预期规则,认为经济变量具有相同的行为过程,因此在预期形成上经济个体之间没有本质区别。这是不符合实际的。事实上,人们预期的形成是一种心理过程,它受到多种因素的影响,很难把预期研究建立在抽象逻辑或理性思考的基础上,因而也不可能作出整齐划一的预期。第三,政府拥有和使用的信息比私人的要多得多,而且相对说来更精确些,因此不像理性预期学派所说的那样是私人比政府更准确。理性预期理论提出放弃国家干预的政策观点是不切实际的幻想,因为战后没有一个国家对包括资本市场运行等在内的经济活动是没有国家干预和调节的。

当然,我们也不能否认理性预期理论的某些积极意义,其表现在:第一,它提示人们注意,人的心理预期是客观存在的,而且对经济活动的变化发生着影响,这一点决定了任何经济政策都有一个时滞和时效性问题,政府在制定和实施某项政策时应加以考虑。它对国家干预和政府某些政策的抨击,对市场经济的崇尚,有助于人们认识国家干预的弊病,改善国家干预并主要运用市场机制来调节经济。第二,它迫使政府在制定经济政策时,应当充分考虑投资者的状况及其可能对之作出的反应。它的理性预期分析,不仅提供了一种新的分析方法,而且迫使政策决策者充分考虑投资者

---

① 关于孔明预期的定义,可参见本书 9.2 尚待研究的问题部分。

的心理预期对经济政策效应的实际影响,以避免产生政策失误,同时也能迫使决策者在制定和实施一项政策时考虑得更周全,等等。很显然,由于人们掌握信息的速度加快,并不断地参照过去来修正和调整自己的行为,因而昨天的经济政策措施就不一定能适应今天的情况,政府应当重新考虑政策的效应和适应性。第三,它把预期因素引入资本市场问题分析,考察了微观因素变化对资本市场变量的影响,即建立所谓资本市场预期问题的微观基础,这种总量与个量相结合的分析方法值得我们在研究资本市场预期问题时加以参考借鉴。理性预期学派所引起的"理性预期革命"不仅在理论(预期理论)上而且在实践(实际预期问题)中都具有重要的意义。

2.1.6 预期与不确定性的关系理论

由于经济活动中出现的不确定性对人们投资活动特别是资本市场投资活动的影响,所以,经济学家渐渐地开始了不确定性与预期关系的研究。正是由于有不确定性,才引起了人们的预期。在20世纪30年代,奈特(Knight,1928)、缪尔达尔(1930)、凯恩斯(1936)、希克斯(Hicks,1938)等经济学家分别研究过不确定性与预期的关系问题。其中,凯恩斯对预期与不确定性的研究尤为引人注目。"所谓'不确定的'知识,让我来解释,我并不仅仅是要区分那些已知的东西与仅是可能的东西。在这种意义上说,轮盘赌游戏并不具有什么不确定性……我是在这样一种意义上使用不确定性这个词的,即欧洲战争的前景是不确定的,20年后的钢价和利息率,或某种新发明将在什么时候过时是不确定的……关于这些问题,没有任何科学基础可借以形成任何可计算的概率。我们干脆什么也不知道。"① 凯恩斯认为,预期与不确定性密切相关,预期具有极大的不确定性。在凯恩斯的经济理论体系中,预期与不确定性均是核心变量。"总的来说,凯恩斯的主要观点是不确定性预期。"② 他认为,未来是如此的不确定,经济行为主体在作出影响未来的决策时,不管这种决策是个人的、政治的或经济的,他们都不能完全依据严格的冷静盘算。事实上,他认为,根本就没有方法做此种计算。对于这样的"不确定预期",凯恩斯只能用类神秘主义的极端主观性来分析投资者的长期预期,从而难以把预期放入模型内部。但是凯恩斯并没有说明预期是如何形成的,预期和不确定性不是在理论模型中内生的,而是外生变量。凯恩斯以后,经济学家们把预期和不确定性分割开来进行研究,并在这两个领域里取得了重要进展。卡甘(Cagan,1956)的适应性预期和穆斯(1961)的理性预期,对现代经济理论发展起到了重要作用。托宾(1958)对资产组合理论的研究,卢卡斯(1973,1975)对信息混淆与滤波的研究,巴罗(1976)对信息不完备条件下理性预期的研究,均推进了对不确定性的认识。但是,凯恩斯以后把预期和不确定性分割开来进行的研究,降低了不确定性在预期中的重要地位,忽视了不确定性与预期的联系。之所以在现实经济活动中存在预期,根本原因就在于未来的不确定性存在。正是由于未来的不确定性,人们才有必要对未来进行预测或预期,以确定其经济决策。

上述诸多经济学家的预期与不确定性关系的理论,为我们研究引起资本市场预期问题的一个重要影响因素——不确定性与预

---

① [美]斯蒂芬·罗西斯著,余永定、吴国宝、宋湘燕译:《后凯恩斯主义货币经济学》,中国社会科学出版社 1991 年版。

② 布赖恩·斯诺登等:《现代宏观经济学指南》,商务印书馆 1998 年版。

期的关系提供了有益的参考价值。为了研究资本市场预期问题，我们只有将二者结合起来研究才能更有意义；为了深入研究不确定性对资本市场预期问题的影响，我们只有避开预期因素、从各种不同角度研究不确定性。这样做的目的是为了获得更深刻的认识。所以，虽然凯恩斯以后的经济学家深入研究了不确定性，但是，他们没有同预期结合起来进行研究，这不能不说是一个缺陷。

2.1.7 法玛的预期与有效资本市场理论

1965年，尤金·法玛博士在《商业杂志》上发表了题为"股票市场价格的行为"的文章，在许多学者研究证券市场定价模型的基础上对证券市场定价效率问题进行了创新性的研究。他认为，由于有众多的专业投资者在寻求错误定价的证券，并通过积极交易从而影响到证券价格，所以在任何给定的时间点，证券价格已经反映了投资者的预期和判断。由于信息能够迅速、高效地影响证券投资的预期收益，因此，通过任何形式的证券分析都不可能"击败"市场。法玛的这一理论被称为有效市场理论。对这一理论的争论引发了影响证券价格的信息数量、质量的实证研究，初始的实证结果大体支持了资本市场有效市场理论。1970年，法玛关于市场效率理论的一篇经典论文"有效资本市场：理论和实证研究回顾"不仅对过去有关资本市场效率的研究作了系统的总结，还提出了研究资本市场效率的一个完整的理论框架。在众多研究市场效率的金融学家中，法玛对市场效率理论的最终形成和完善作出了卓越的贡献。1992年，他发表在《金融学》杂志上的论文"预期股票收益的交叉部分"获得了史密斯—布雷顿奖。该文对预期与资本市场效率的理论作出了重要贡献，在研究资本市场预期问题时同上述两文具有同样的理论意义。

法玛将资本市场划分为弱型、中强型和强型三种不同的市场（第5章将详细分述）。信息和预期都对资本市场效率产生不同程度的作用和影响。资本市场效率随信息的不同而有所区别，他将信息分为历史信息、公开信息和内部信息。证券投资的实际收益率与市场估计的预期收益率一致，这说明信息在公开后，已引起价格的波动，以后对市场价格变动不存在任何影响，也不会带来超额的预期收益。所以，基于历史信息的预期收益率与均衡定价模型的预期收益率相等说明了资本市场的弱型有效。投资者通过已经公开的信息，不再能获得超过均衡预期收益以外的收益说明了资本市场的中强型有效。当公开的内部信息对市场价格变动收益预期没有任何影响说明了资本市场的强型有效。

尽管法玛的预期与资本市场有效理论在研究资本市场预期问题上具有重要的理论意义，但是，他仅仅是从信息方面来研究预期对资本市场效率的影响，对于不确定性和风险因素，他是没有纳入进预期与资本市场有效理论分析的。尽管信息是预期形成的基础，是决定资本市场有效的基础，但是，忽略不确定性、风险对资本市场投资者预期和有效市场的影响不能不说是存在缺陷的。

2.1.8 马克思的计划预期理论

资本市场预期理论探索虽然并非是马克思主义经典著作研究的出发点和归宿，也非重点，关于这方面的研究散见在股份制、股票市场、虚拟资本等方面，但是马克思的计划预期理论在马克思主义经济学理论的发展中一直占有很重要的地位并对现实经济问题有很强的指导意义。马克思一般只研究人、财、物的经济运动，较少研究人们有关经济生活的心理预期活动和行为。它强调研究人的生产关系,不过这种生产关系却是抛掉了人们的心理活动及其所支配的人的行为关系,所以作为经济行为主体心理活动的预期不是马克思研究经济发展规律的重点。尽管马克思在讨论经济问题时没有明确使用预期概念,但是,这并不是说马克思不重视对预期的研究。尽管马克思在讨论经济问题特别是在分析资本主义股份制时没有明确使用"预期"这一术语,但对许多问题的探讨已经涉及了预期的实质,如对社会生产实行计划管理等。他不仅研究了不确定性对经济活动的危害,也提出了现代经济社会中克服不确定性危害的方法,即计划方法。

马克思关于计划理论的阐述涉及预期问题的本质,计划就其本身而言是生产者对未来生产数量的一种预期。计划过程是对经济运行态势和资源配置进行合理的规划与预测。马克思认为,资本主义社会存在着三大矛盾,即生产社会性和资本私人占有之间的矛盾;企业内部有组织的生产和社会盲目性生产之间的矛盾;生产无限扩大趋势和工人阶级消费不足之间的矛盾。这三大矛盾使供需脱节和两大部类脱节,这对商品生产者而言是很不确定的,是难以预知和不能掌握的。它必然导致资本主义的经济危机,最终导致资本主义灭亡。社会生产的盲目性是三大矛盾中的一个重要因素。这种盲目性实际上就是生产和交换中的不确定性。只有用预先的计划才能解决这种不确定性。

在马克思的视野里,预期就个人而言是一种"预先计算",就宏观经济而言是一种"计划"手段。他的研究与缪尔达尔的事前分析与事后分析是很类似的。事前分析是分析期初经济行为主体的经济活动动机、意愿、计划和预期,是一种对未来的展望。而事后分析是分析期末经济行为主体所得到的实际收益和效果。当处于均衡状态时,事前计划的目标与实际的结果是趋于一致的。无论对于投资者还是政府,预期都因未来经济活动的不确定性存在而产生作用和影响。马克思有关预期的思想主要集中于对资本主义宏观图景的描述上,对单个个体的预期描绘却有所缺失。尽管马克思论述了资本主义经济运行中单个企业的生产是有组织、有计划的,但对单个企业的预期形成、影响预期的主要因素等都未能作深入的系统分析。这是由于,马克思的计划理论从本质上讲是一种宏观经济理论,不可能也没必要详细分析单个经济行为主体的预期对整个经济活动的作用和影响。在对计划理论的论述中,马克思忽视了计划者自身的利益问题。计划过程是对经济运行态势和资源配置进行合理的规划与预测,但实际上计划制定者有着他们自身的预期经济利益要求;而不同利益的经济行为主体利益差别在预期的形成过程中是有很大影响的,这一点在股民的预期形成过程中显得尤为突出。

在马克思看来,在资本主义生产条件下,单个企业的生产是有组织、有计划的,但整个社会经济活动表现出盲目性(无计划性)。在资本主义私有制下,单个企业的生产活动受到投资者对未来收益预期的作用和影响,他们总是在竞争的压力下不断进行创新,而有计划地安排企业的生产是取得预期收益的重要因素。企业主组织生产的依据是市场商品价格的变化,但仅以价格波动引导投资容易引起单个企业的生产波动,因为单个企业对未来价格的预期并不一定符合客观实际,因此投资者的投资会使全社会的生产经常处于剧烈波动之中。要克服这种状态,必须要改变资本主义私有制。只有私有制改变了,投资者的预期才会改变,才能发挥积极预期的作用,克服消极预期的影响。

马克思对不确定性和计划的分析,使预期的思想实质得到了明确的表述,大大丰富和发展了预期理论。虽然它不是纯粹关于资本市场预期理论的研究,但是,它对虚拟经济中投资的不确定性和预期的相关分析,可以说是一种科学的资本市场预期理论。它对于理解和分析资本市场投资者预期的不稳定性是有相当借鉴参考意义的。

2.2 我国经济学者对资本市场预期理论的研究

在我国传统的经济理论研究中,从未涉及对预期的分析。"可以说,我们在经济理论中引入预期因素,不是向西方经济学学习的结果,而完全是在解决中国经济所面临的实际问题时逼出来的,是实践千呼万唤始出来的结果。"[①] 最初,将预期应用于中国实际问题的分析和研究并不是开始于中国资本市场,而是对通货膨胀加剧现象的原因解释。随后的投资膨胀预期、居民收入预期、支出预期研究开始活跃起来,并进而探索资本市场上的预期问题,主要是投资风险预期和投资组合预期收益等。可见,对预期的研究"导致预期理论在中国这块土壤上产生,尽管现在预期理论还显得弱小,但它必定会逐渐成长起来,并导致中国经济理论的深刻变革"。[②] 实践的发展也证实了中国通货膨胀预期问题研究的开拓者李拉亚博士的预见。

---

① 李拉亚:《通货膨胀机理与预期》,中国人民大学出版社1991年版。
② 同上。

由于中国资本市场发展的时间远不如西方国家久远,而且预期对经济活动的作用和影响也没有西方那么大,所以,我国还没有形成成熟的资本市场理论和预期理论,对于资本市场预期问题的研究远远不如西方成熟和完善。随着中国资本市场及其预期问题的产生和发展,预期对中国资本市场的作用影响的加深,我国理论界和实际工作部门对资本市场预期理论和实际问题的研究也逐步地活跃起来。起初,多是介绍西方的资本市场预期理论研究,包括资本资产定价模型等等。到目前,人们更多关注的是运用西方资本市场预期理论研究的成果于中国资本市场预期问题实际,引导投资者形成恰当的资本市场投资预期。随着中国资本市场的发展和预期作用的加深、影响的扩大,我国经济学者对资本市场预期理论的研究也取得了可喜的成绩。其中,比较具有代表性的人物是施东晖、陈国进、申海波和刘志阳等。下面将一一分别介绍。

2.2.1 施东晖等的风险与预期收益实证分析

1990年以来,随着中国资本市场的发展和壮大,国内有些学者开始了 CAPM 对于中国证券市场的实证检验。CAPM 的核心作用在于研究证券组合和估价、证券投资的风险构成和风险——预期收益关系。在1996年施东晖所作的风险与预期收益分析中,他以1993年4月至1996年5月上证50种股票为样本进行分析,发现系统性风险与预期收益呈现出一种负相关的关系;非系统性风险对股票预期收益有重要的作用和影响;系统性风险与预期收益不存在明显的线性关系。通过验证,得出了上海股票市场上的风险—预期收益关系并不符合 CAPM 的有关结论。

2002年,他与孙培源同志基于 CAMP 对中国股市的羊群行为进行了研究,与宋军和吴冲锋的"基于股价分散度的金融市场羊群行为研究"一文展开了讨论。他们根据资本资产定价模型建立了检验羊群行为的回归模型,并据此对中国股市进行了验证,分析了中国股市中的预期问题。他们得出的结论是:在政府干预频繁和信息严重不对称的市场环境下,中国股市存在一定程度的羊群行为,并导致系统风险在总风险中占有较大比例。① 施东晖等的风险、预期收益与宋军等的股市羊群行为的研究初步得出了中国资本市场预期的一般理论,为研究中国资本市场预期问题提供了基本的思路。尽管只是提出了问题并进行了初步的分析,并且仅是对股市进行的预期研究,但是,它对于我们研究中国资本市场预期问题仍然具有参考价值。

2.2.2 陈国进等的资本市场预期理论与现代投资分析

陈国进同志于1997年在中国金融出版社出版了《资本市场理论与现代投资分析》一书。该书概述了现代投资理论的发展历史,对不确定性状态下的投资决策进行了规范分析,探讨了当资本市场投资供求处于均衡时,风险资产投资的市场定价问题。他进一步证实了当资本市场处于均衡时,风险资产的预期收益是其 β 值的线性函数即:

$$E(R_i) = R_f + \beta_i [E(R_m) - R_f]$$

针对中国资本市场现状,分析会计信息如何影响股价及股票

---

① 参见 1. 宋军、吴冲锋:"基于分散度的金融市场羊群行为研究",载《经济研究》2001年第11期;2. 孙培源、施东晖:"基于 CAMP 的中国股市羊群行为研究——兼与宋军、吴冲锋先生商榷",载《经济研究》2002年第2期。

投资预期收益率的实证研究的文献较少,赵宇龙(1998)采用鲍尔(Ball,1968)和布朗(Brown,1968)的方法,按未预期盈余(unexpected earnings, UE)的正负将1994—1996年度上海股市的123家A股上市公司分为两个投资组合,计算每年度年报公布日前后各8周内投资组合的"累积非常报酬率"(cumulative abnormal returns, CAR),观察年报公布日前后每一周累积非常报酬率值的变动,分析宣告的会计盈余是否有信息含量,认为从1994至1995年,股票市场对年报披露的反应逐步趋向理性,1996年度会计盈余披露具有明显的信息含量和市场效应。在"混合样本"的分析中可得出这样的结论:未预期盈余UE为正的投资组合可获得高于未预期盈余UE为负的投资组合的累积非常报酬率CAR,说明"市场能够区别对待不同性质的会计盈余数据";两投资组合在会计盈余宣告日后一周都有负的CAR,最好的解释是"市场对好消息的预期存在反应过度而对坏消息的预期存在反应不足的情况"。他的这些研究结论说明了我国资本市场上的公开会计信息具有投资决策有用性,且市场对公开会计信息有一定程度的正确认识,是投资者在资本市场上进行投资决策的重要依据。

2.2.3 申海波对预期理论与资本市场关系的分析

对中国资本市场预期问题研究的集大成者是我国的青年经济学者申海波博士。他于2000年在上海财经大学出版社出版了他的《预期理论与资本市场》一书。他认为,"在既有的对资本市场问题的探讨中,理论界因种种原因忽视了预期对投资者的影响。其实,投资者的预期对资本市场具有很大意义。无论从资本市场的交易主体还是交易对象来看,资本市场中预期的作用和影响都是很大的。"① 该书包括七章内容,即预期理论史的考察、有关预期的基本理论、影响预期的基本要素、资本市场中的预期、居民的投资预期与资本市场问题、政府的预期目标与资本市场发展、稳定预期与发展资本市场。书中谈到,"近几十年来,由于理性预期及新古典宏观经济学的兴起,预期问题日益成为现代宏观经济学的主要研究课题,它与信息、不确定性、知识及博弈等问题成为当前经济研究的主流及前沿。资本市场中投资者的预期行为,对个体的投资选择和市场波动都有明显的影响,因此,预期理论对资本市场的理论与实践都有很强的应用价值。"②

从理论上看,中国资本市场难以发展的关键原因是投资者预期的高度不确定,市场投机气氛太浓,使市场充满风险,从而降低了投资者的预期收益,导致投资退出。引入利益因素分析预期理论,同时紧扣预期利益,用预期理论分析中国资本市场的发展问题,既是他的新的理论尝试,又是他研究中国资本市场预期理论的丰硕成果。从预期角度分析中国资本市场的发展,为这一问题的进一步理论研究提供了新的视角,也为实践提出了一个新的思路。虽然他对预期理论应用于中国资本市场预期问题的研究还不很成熟,但是应该说,他关于中国资本市场预期理论所取得的成果是具有积极参考意义的,为解决中国资本市场不稳定的预期提供了决策的参考依据。

2.2.4 刘志阳、郑文谦的预期理论框架下的股民预期分析

刘志阳、郑文谦两同志在《当代财经》2002 年第 7 期上发表了

---

① 申海波:《预期理论与资本市场》,上海财经大学出版社 2000 年版。
② 同上。

"预期理论框架下的股民预期"一文。该文分析了马克思关于不确定性和计划的基本思想,展示了西方预期理论,深刻揭示了中国资本市场股民预期的性质既不是适应性预期,又不是理性预期,而是准理性预期。

在该文中,作者认为马克思关于不确定性和计划的思想使预期的思想实质得到了明确的表述,对理解股民预期的不稳定有相当的借鉴意义;而西方预期理论主要集中在外推性预期和理性预期方面,尤其是理性预期理论影响广泛,但它不适合分析中国股民的预期行为。因为这一理论具有许多明显的不足,如经济人不一定了解真实的经济模型结构,也不一定能收集到他所需要的信息,更何况还有信息的利用、不确定性和风险的存在等问题。因而,需要对中国资本市场的性质进行新的分析和研究。为了深刻分析中国资本市场的性质,作者引入了准理性预期(即介于适应性预期和理性预期之间的预期)概念,并由此形成了他们的中国资本市场预期理论。准预期理论既可以克服适应性预期过于简单的缺点,又可以克服理性预期过于理性而不符合实际的不足。这为我们运用资本市场预期理论研究中国资本市场预期问题提供了重要的启示。当然,他们的分析还不系统,还不够深入,还有许多问题有待作进一步的研究。

除了上述研究外,国内还有许多经济学者从各种不同角度对资本市场预期理论进行了探讨,并运用所获得的认识结合中国资本市场预期问题的实际进行了检验。这为中国资本市场预期理论与预期问题实际的结合提供了许多有益的参考经验。

2.3　各种不同的资本市场预期理论

预期自产生后,心理学家、经济学家和金融学家就对它进行了研究,形成了各种不同的预期理论。随着资本市场的形成和发展,他们又结合资本市场预期问题进行了广泛的探索,逐渐形成了各种不同的资本市场预期理论。主要包括稳固基础理论、股价阻碍反应理论、空中楼阁理论、随机移动理论、心理预期理论和有效市场理论等各种不同的资本市场预期理论。参见表2—1。

稳固基础理论(stable and basic theory)认为,每一种投资对象——无论是普通股票还是不动产,都有某种"内在价值"的稳固基点,可以通过仔细地分析现状和预测未来而确定。当市场价格高于或低于这一内在价值的稳固基础时,就会出现卖出或买进机会,因为这一波动最终会被纠正。这样,就不需要投资者进行复杂多变的投资预期和决策了,因为投资只是将某物的实际价格与其内在稳固价值进行比较的简单经济行为。稳固基础理论特别强调股票的内在价值。对于如何形成内在价值预期,它提出了利用成长性预期、投资收益预期、风险程度预期和利率水平预期作为依据。当然,在实际操作中并非如此简单。

股价阻碍理论(blocking stock price theory)认为,进行资本市场证券投资的投资者有两类。一类具有丰富的知识和背景,投资经验也非常丰富,他们从可靠的咨询等信息中可获得证券投资的实际价值,可以观察和预测它的预期收益和价格走势。这类投资者通常会抓住投资机会进行投资,常常会获得较多的预期收益,因而这类投资者通常被称作专业投资者或投资老手。另一类则不具有

表2—1 各种不同的资本市场预期理论

资本市场预期理论	稳固基础理论	该理论认为在资本市场上,每一种投资方式均有某种"内在价值"的稳固基础,投资者可以通过分析公司现在的经营状况与未来的投资前景而获得预期收益。
	股价阻碍反应理论	该理论认为股市中的正常投资行为一般与非专业投资者的市场行为相背离,为了获得较高的投资预期收益,非专业投资者只能追随专业投资者。
	空中楼阁理论	该理论认为股票的价格是难以确定的,由于上市公司和股票市场本身都处于变化之中,因而无法准确地预期股票的真正价值。
	随机移动理论	该理论认为股价的市场表现并无规律和秩序可言,不可凭借最近的股价变动形态来预测其未来的变化方向与幅度,预期是变动不拘的现象。
	心理预期理论	该理论认为投资是由投资者心理预期作用决定的,预期乐观使资本市场投资增加,预期收益大于实际收益,经济繁荣。预期悲观使资本市场投资减少,预期收益小于实际收益,经济萧条。要发展资本市场,必须调整投资者的心理预期。
	有效市场理论	该理论认为股票市场效率极高,所有关于某投资者收益预期的一切信息都将即时反映在该投资者购买的股票价格上,以致无人始终能迅速地买进或卖出股票以获预期收益。

或较少拥有专业知识和背景,常常是盲目跟风,因而被称作非专业投资者或投资新手。当资本市场上出现因投资者预期乐观而抢购证券或因悲观而退市导致对市场产生阻碍反应时,投资老手则逆投资风向行事导致股价避开阻碍,从而形成股市避开阻碍的反应;而投资新手是在预期乐观与悲观之间为了获得更多的预期收益而

进行盲目的跟风,十之八九均以失败而告终。

　　空中楼阁理论(castle-in the air theory)主要从心理因素角度出发,强调心理预期在投资者投资决策中的重要性,认为大多数投资者并不愿意把精力花在内在价值的估算上,而愿意分析大众投资者未来投资行为的艰难决策,以及在景气时期他们如何在空中楼阁上寄托希望。没有人能确定什么将影响未来收益前景和股息支付,因此,大多数投资者主要关心的是抢在公众之前预测到价值常规基础的变化,而不是对一笔投资在其投资期间的可能收益作出准确的长期预测。在该理论看来,决定投资者行为的主要因素是合理因素,投资者是非理性的,其投资行为是建立在所谓"空中楼阁"之上,证券投资预期收益决定于投资者心理预期所形成的合力。这一理论更多地运用心理原则而不是金融估计来研究股票市场。

　　随机移动理论(random walk theory)揭示了资本市场投资者一边倒的心理走势,这种心理走势会进一步加剧股价的动荡,往往管理层用心良苦也难以达到其目的。投资者顺势而为,游走不定。理论上股价波动的无规律称为"随机漫步",即使投资者可以建立反映现实世界迄今为止的所有事件的方程,他也永远无法确知未来事件,预测往往与现实南辕北辙。该理论认为,不可凭借最近的股价变动形态和投资收益来预测其未来预期收益的多少,这是由于各种影响股价的经济、政治、心理等因素都无法事前预知。所以,资本市场特别是股票市场是没有规律可循的。昨天股价的下跌并不意味着今天仍然会下跌。这一理论摧毁了投资者依据投资组合进行决策的基础。它的积极意义在于承认股价随机波动的前提下,认识到了信息与股价的相关性。

心理预期理论(psychological expectation theory)是一种强调心理预期对经济周期各个阶段的形成有决定作用的理论,其主要代表人物是庇古和凯恩斯。该理论说明,当任何一种原因刺激了投资活动,引起经济高涨后,投资者对未来的乐观预期一般总会超过合理的经济考虑下应有的程度,这就导致过多的投资,形成繁荣;相反,不合理的过度悲观预期也会导致萧条,萧条的产生是由于资本边际效率的突然崩溃,而造成这种崩溃的正是投资者对未来悲观的预期。心理预期理论还认为心理预期是一种风险因素,理性的心理预期将会对市场正常地发挥作用,非理性预期则是心理预期这一风险因素的非正常非合理的变异。特别是在资本市场发展时间不长、发育很不成熟的条件下,随时都会有风险因素的非正常、非合理的变异。

　　有效市场理论(effective market theory)是在有效市场假设基础上的资本市场预期理论。所谓"有效市场"是指市场中的所有信息均能充分地反映在股价上,市场具有价格调整功能,任何时间都能对广泛的具有投资价值的信息给予正确评价与反映。在一个有效资本市场中,证券价格应能即时对任何市场信息作出反映。所有关于某公司投资收益预期的信息都将即时反映在该公司证券价格的涨落上。有效市场理论较完全资本市场纯预期理论更接近现实,为资本市场的运作提供了新的依据,信息的充分公开可以促使股价向股票的内在价值回归,这就是最优契约的设计所要证明的,也是证券信息披露的理论起点。所以,有效市场理论认为股票市场效率极高以致无人始终能迅速地买进或卖出股票以获得预期收益。

2.4 简要的评述

从上面的阐述可以看出,国内外学者对资本市场预期问题是普遍关注的。可以说,从资本市场产生以后,自从有了预期理论,就有了对资本市场预期问题的研究,由此逐步获得了各种不同的资本市场预期理论。在西方,形成了比较成熟的资本市场预期问题研究,主要包括对资本市场上投资者预期收益、风险预期、预期收益率、均衡的预期收益率、资本资产定价模型、资本市场有效性、资本市场博弈预期等的分析。这些研究为中国资本市场预期问题研究提供了许多有益的参考经验。

丹尼尔·卡勒曼(Daniel Kahneman)将来自心理研究领域的综合洞察力应用到了经济学当中,他发现了人类投资决策中的不确定性,即发现他们的投资决策常常与根据经典经济学理论作出的预测大相径庭。目前,在我国关于预期理论的研究较多,但将其与资本市场结合起来的研究还仅仅是开始,对中国资本市场预期问题系统的量化研究尚不多见。这就为本书的研究提供了巨大的空间。

改革开放以来,随着我国市场经济的发展,资本市场从无到有,预期问题逐步显现并产生影响,越来越多的人们开始关注这一领域。实践的发展逐步提高了人们的认识。从将预期引入资本市场发展的研究、介绍凯恩斯的心理预期理论(1936)和小卢卡斯的理性预期理论(1968)逐步提高到应用预期理论检验中国资本市场的预期的作用和影响问题。

虽然他们对中国资本市场预期问题研究取得了很大的成绩,

对解决中国资本市场预期存在的问题,克服消极预期的影响,发挥积极预期的作用起了重要的参考作用,但由于现实的经济活动特别是资本市场投资活动中充满了"不确定性",他们在研究资本市场预期理论和问题时一般也都没有将不确定性这一因素纳入分析框架中,投资风险的存在,更是使投资者难以形成十分准确的预期,因此这些专门从事预测的专家和研究机构运用先进的数学工具所作出的预测不可能那么准确无误,投资者也就不可能按照他们的思路行事。他们对信息的形成和利用过程,预期学习过程和理性预期机制是否与实际相符等问题没有给出明确的回答。特别是他们没有沿着信息、不确定性和风险的思路逐一研究下去,揭示信息、不确定性、风险与资本市场预期之间的内在密切联系。这些研究更像是有限理性和渐近理性等关于经济行为个体理性行为的研究,使得理性预期不再是唯一的预期形成方式。不仅如此,他们没有一个人认真研究过比理性预期还要更高一级的孔明预期,没有揭示孔明预期与诸如适应性预期、准理性预期(亚理性预期)和理性预期之间的关系,没有系统地总结有关资本市场孔明预期理论和准理性预期理论,更没有应用这些理论来验证资本市场预期的作用和影响问题。

2.5 前人研究的启示和意义

前人对资本市场预期问题的研究提出的诸多观点和建议,对资本市场预期理论获得了初步的认识,对于加快我国资本市场的建设,解决市场发育和市场投资过程中出现的消极预期问题,了解资本市场规范化的标准,掌握成熟的资本市场应该具备的性质和条件,预见中国资本市场的预期发展趋势,均具有一定的借鉴参考意义。

应该说,如果没有他们对资本市场预期理论和实际问题的探索,就没有今天的资本市场预期问题研究。如果没有对资本市场预期问题的实证分析,那么预期理论就没有它的应用价值。尽管他们的探索具有这样那样的缺陷,但毕竟给我们提供了基本的研究思路、方法和一些可供借鉴的重要参考文献。

无论是西方经济学者还是中国经济学者对资本市场预期问题的研究,其所作的假设、建立的各种数学模型和提出的对策建议都是为投资者投资利益服务的。资本市场的繁荣发展既有利于政府调控经济又有利于保护投资者的利益。由于发展的条件不同,发展的历史不同,尽管西方资本市场预期理论和研究对于调控经济发展提供了许多成功的经验,我国发展资本市场也不能照搬,但可以广泛借鉴。

本书通过建立中国资本市场预期问题的数学模型进行量化研究,着重从宏观角度探讨如何认识、分析和量化中国资本市场的预期问题,并由此提出一系列政策建议,力图为解决中国资本市场预期问题提供一套科学、系统、实用的预期分析思路和方法。

3. 预期问题的一般理论分析

预期作为一种经济行为和心理现象,是人们在进行经济行为活动之前对经济变量的一种估计和主观判断。它不是自古就有的,是经济发展到一定阶段的产物。随着经济的发展和市场变化的复杂性,预期已广泛地存在于人们的经济活动中。它的发展经历了静态预期、外推型预期、适应性预期和理性预期等阶段,并将要经历孔明预期这一阶段。人们在经济活动中逐渐形成预期,在传导过程中又不断修正和调整预期,使之不断适应变化了的经济环境和条件。预期一旦形成,就会对人们的经济行为活动起加速或延缓的作用。预期行为本质上是一种博弈行为。在投资活动中,不同的投资者是否进行投资、投资多少、怎样进行投资,投资者会形成预期。预期的过程实际上就是一种博弈过程。预期的形成受许多因素的制约,它对经济活动产生着广泛的影响。可以通过预期作用率法、时间测定预期法和预期指数法等方法对预期的作用和影响进行测定和检验。

3.1 预期的产生及其发展

3.1.1 与预期相关的预报、预测和计划

预期是一种心理现象和心理范畴,它几乎影响到人类行为的

一切领域。这一概念最早是由缪尔达尔(1963)提出的。① 他认为,人们的决策行为发生在一个经济活动初期,但据以决策的经济信息中的一部分是属于未来的,人们在对产量作出决策时,必须知道他将来将产品提供给市场时的价格、市场需求、产品成本和赢利等方面的信息。但他不可能确切地洞悉未来变动不居的情形,最多只能近似地加以估测。这种对未来条件的估测就是预期。

预期概念是宏观经济学的重要范畴之一。在经济学上,预期有狭义与广义之分。一般说来,狭义的预期,是指人们对未来商品市场价格波动的预测;广义的预期是指包括投资者、消费者等经济行为主体在作出行动决策之前对未来经济形势或某一经济变量所作的估计、判断或预测。在没有对预期进行严格的模型化之前,经济学和经济心理学中使用的预期是指经济当事人或经济行为人对经济变量(如价格、利率、利润、收益或风险等)在未来的变动方向和变动幅度的一种事前估计。在某种意义上,经济过程即人的经济行为过程,而预期作为经济当事人活动的特征与前提,无疑支配着他们的现实经济行为。"所有的决策都具有时间性,都是在时间中发生的,都是以预期的未来为基础而作出的。"② 在市场价格变动的动态市场环境中,作为一个在市场经济中活动的经济人会对市场价格的变动趋势作出不同的预期,根据这种预期作出适当的经济决策,以实现其经济行为(效益或效用)的最大化。"在一个不确定的世界和历史的时间中,决策是事先作出的,结果是事后得到

---

① 参见缪尔达尔:《货币均衡论》,商务印书馆 1963 年版。
② [美]斯蒂芬·罗西斯著,余永定、吴国宝、宋湘燕译:《后凯恩斯主义货币经济学》,中国社会科学出版社 1991 年版。

的。"①

由于基本概念运用上的问题,虽然在本书第 1 章已对其作了科学的界定,但在此我们仍有必要将"预期"、"预报"、"预测"和"计划"的用法区分一下,只不过这里是从与之相关的概念来分析的。"因为词语的共同使用常常使它们的意义变得含糊不清,所以一开始就在预期、预报或预测以及计划或打算这几个词之间作出区分是有好处的。"② 在语义学上的解释,预期是对未来事件的一种期待和判断。预期含有期待和希望的意思。它实质上同有关经济理论的预测是一样的,因为它们都是对未来事件的有根据的预测。放到经济中,预期是涉及未来经济活动的,并且如果把预期放在与自己经济生活相关的范围内,那么这样的预期往往与经济行为主体的经济计划或经济行动有很大关系,它往往会影响经济行为主体的经济计划制定或执行,影响他们的经济决策和行动。它不可能像商品的价格和数量那样可以直接观察到。"它同预报或预测只有细微的差别。预报可以看作是更为精确的预期;它是显示化和格式化(绝大多数是数量的)的预期形式。"③ 预测就是对有关经济变量的变动所产生的后果进行预期,它是根据假说对未来进行预期的。科学的预期是一种有条件性的说明。在预期形成过程中,首先要明确预期的对象,然后在一定的假设条件下提出假说,并根据这一假说对未来进行预期,最后用经验事实来验证预期。如果预测是正确的,那么这种预期就是正确的。如果预测是错误

---

① [美]斯蒂芬·罗西斯著,余永定、吴国宝、宋湘燕译:《后凯恩斯主义货币经济学》,中国社会科学出版社 1991 年版。

② [奥]赫尔穆特·弗里希著,费方域译:《通货膨胀理论》,商务印书馆 1992 年版。

③ 同上。

的,那么就不会形成正确的预期,这就需修正和调整。所以,预测可以被看成一种更加精确化的预期,它是一种较为清晰的、通常是以数量化为表现形式的预期,带有测定的性质。可见,预测更偏重于测定,是利用技术手段的测定。区分它们的困难,是与它们相互的密切关系甚至交融关系是分不开的。预期要利用预测的手段,预测也要利用预期的理论。因此,在很多场合,对预期定义是在预测前加若干的限定;反过来,对预测的定义也可以在预期前加若干形容词。

既然如此,我们对预期的定义和实质的确切把握,将以对其理论的全面阐述为基础,尤其以"理性预期"的概念为预期理论的中心内容去与预测加以区分。当一变量 Y 是未知的,这时可以寻找近似值 Y'。这些近似值就被称为预测值或预期值。它们一般是使用其他变量 X 的预备信息而确定的。那么 Y 的预测可以记为下列形式:

$$Y' = f(X)$$

其中 f 表示 Y 的近似值 Y',是观测值 X 的函数形式。如果给出一个信息集合,利用这个信息集合进行预测,那么通常把这种预测过程称为预期。根据 H. 泰尔的说法,预测和预期是指预测者所不能控制的未来事件。它们是由未来经济的不确定性引起的。相反,计划除了有预期、预测等意义之外,还加上人们能够控制的工具变量。是否可以加以控制是它们的一个区别标志。由此可见,预期与预报、预测和计划等概念是既有联系、又有区别的。

3.1.2 预期的产生

"在经济和金融研究中,如何形成预期一直是个很重要的话题。"① 预期不是主观臆想的结果,没有一定的客观条件是不能凭空产生预期的。它的产生需要两个条件:一是经济处于相对混乱状态,经济环境对经济行为的影响日益增强,人们对经济发展前景高度重视。二是对经济环境变动的觉察。这主要是指对那些看得见、摸得着的,与生产、消费、交换、分配和投资紧密相关的物价、供求、借贷收益、风险和收益关系等经济要素直观的感觉。凭空想像的预期是不存在的。

首先,预期的产生是以反映客观经济现实的各种信息为依据的。预期是与信息密切相关的,人们对经济形势或经济变量的未来状况的预测或估计,是人们进行心理活动的一种结果。人们无论是有意识地还是无意识地产生这种心理活动,都是在占有并使用了反映一定经济现实的信息基础之上来作出和修正自己的预期。预期的形成过程,也就是人们对重要经济信息的采集、分析和利用并以此形成判断推理的过程。在这一过程中,是否掌握信息、掌握信息的多少、信息拥有的真实性是一个非常重要的问题。没有必要的信息作为依据,预期就无法产生和形成。

其次,已形成的预期会通过影响经济行为主体的经济行为进而影响社会经济的运行。社会的经济活动是由各经济行为主体的活动及其相互间的有机联系构成的。在这种相互联系的经济活动中,各经济行为主体的经济行为对整个社会经济的运行都会产生一定的作用和影响,特别是在相当数量的经济行为主体的经济行为方式和行为目标趋于一致时,所形成的合力将对社会经济的运行产生重大的甚至是决定性的影响。在整个社会有了相同的预期

---

① 高峰、宋逢明:"中国股市理性预期的检验",载《经济研究》2003年第3期。

时,这种预期往往很难改变。

因此,预期的形成暗含着经济行为主体会充分利用在他看来值得收集的所有能够得到的信息。也就是说,预期的形成不光靠以往的经验,如果认为现实值得考虑的话,他还要考虑当前现实的情况。它的形成还暗含了经济行为主体能够进行某种形式的成本收益分析,以决定是否值得将某些形式的信息考虑进去。当然,在许多情形下,获得当期信息的成本是零或者极小,这些信息在形成预期时将被充分考虑进去。只有在这种情况下,预期才肯定要比不预期更加优越和有利。假如经济行为主体在形成预期时,会用有效率的方式对他们认为值得考虑的信息进行处理,那么,他们的预期往往同现实是一致的。换句话说,经济行为主体必须拥有关于现实经济行为的有效理解,即他们必须对支配经济运行的各种模型进行深入的研究,以得出有效的预期。

预期,有的产生于在商业中心和交易场所对经济变化反映迅速的消费者或消费者群体;有的产生于对收益有所渴求的投资者或投资者群体;还有的产生于对市场变化敏感的消费者群体、投资者群体和对经济发展有独到见解的专家学者。也就是说,不同的经济行为主体会产生出不同的预期。预期并非来自于某一专有的预期主体。如同茫茫草原上时隐时现的点点灯火,正在形成的预期只是分布在少数人中间不太明确的一种朦朦胧胧的感觉,或者说只是引起了人们共鸣的一种心理行为倾向。在有意或无意的交流和传播中,人群中占主导和优势的一些倾向或判断就逐渐形成了预期。一般说来,预期形成是由于人们对经济发展前景的判断过低或过高并趋于明晰化的过程和结果。

一个完整的预期包括以下五个要素:(1)某些处理信息的个人

具有可得到的信息;(2)对信息进行观察、筛选;(3)对选出的信息进行加工和处理;(4)利用信息进行预期;(5)预期的最终形成。预期是个人加工处理信息的过程和结果。也就是说,它既是信息加工的过程,又是信息加工的结果。连续的预期可以看作一个不断的接受和加工、处理信息过程的结果。

需要说明的是,预期的产生与预期是否正确是性质不同的两类问题,后者不仅取决于经济行为主体占有并使用的信息的准确、完备与及时程度,而且取决于经济行为主体的分析能力和认识水平,取决于人们主观意识对客观事物反映的正确程度。

在一个现实的充满不确定性的市场经济运转体系中,投资者的投资决策,除了以预期作为依据外,别无他法。他们只能根据自己的预期状况来进行经济决策。投资者在进行投资决策时,面临着未来不确定性的前景,常常是既没有任何实际的客观基础用于预期可能出现的结果,又没有任何手段和方法保证不出现并不想要的结果。在这种情况下,长期投资开始受有关投资者难以捉摸的想法和意气用事的支配,根本不可能使目前对预期收益的评估与资本资产投资的真实客观价值之间具有任何实际的联系。在这样的不确定性条件下,没有任何理由假定出现的实际资本投资量与对社会有利的投资量相一致。投资者对自己的预期也捉摸不定。

随着社会分工和生产迂回程度的发展以及市场的空前壮大,银行体系和有组织的证券交易市场的业务活动向经济生活各个领域的渗透不断扩展和加强,人们所拥有的各种资产,不论是机器、设备或其他耐用品等物质资产,还是货币、债券和股票等金融资产,都成了现在与未来的联结物。为了自身的经济利益,他们会进行一定的选择。这就是说,人们在得到一笔收入之后,首先要考虑如何在它的各种用途之间作出安排和选择,以何种形式来持有他们的资产,是持有货币还是进行资本市场投资,以及各种资产之间的分配比例怎样等等,只有这样才能避免将来遭受各种可能的损失和获得可能的最大总效用或总收益。由此,预期就不能不闯入每个经济行为主体的心灵,形成他们的各种心理活动,成为他们作出当前经济决策的决定性因素。可是,人们对于未来事件既不可能像新古典理论假定的那样计算出一个确定的风险概率;对未来的预期也不与现在的任何事件之间存在任何确定的相互联系。换言之,在一个动态的不确定的未来经济环境中,不能把各种经济活动未来发生的损益视为是现在的损益;否则,就会断送现在与未来的经济联系。虽然未来与现在的经济联系维系于预期,但任何预期都包含着人的任意猜测、一时冲动、投机心理以及其他种种心理因素,亦即预期本身是不确定的和不稳定的。

心理学家和经济学家都对经济行为主体如何形成预期进行了大量研究。他们有时是缺乏远见的,或者说是短视的。预期今天正确的东西未必明天也是正确的。有时他们过分乐观,有时他们过分悲观。现实的经济运行状况并不像他们所预期的那样乐观或悲观,不要说有些偏离,甚至有时恰恰相反。尽管在作出决策时,他们可能意识到了这种可能性。

人们的预期主要受其知识水平、信息多少及准确性、分析判断能力、所处经济环境和个性等的影响。知识丰富,富于理性,信息来源正确、全面并且准确,分析判断能力强,分析方法得当,人们就能正确全面地估计未来经济前景,往往会形成正确的预期。人们的预期还受周围环境的影响,易从众的人也易受到别人预期的影响。知识缺乏、对非正当途径得来的不全面的信息不加客观分析，盲目从众，人云亦云，往往会形成错误的预期。此外，人们的预期方式也是影响他们的预期形成的重要因素。这种方式是通过预期机制来表现的。预期机制的发展经历了静态预期、外推性预期、适应性预期和理性预期阶段，并将发展到孔明预期阶段，不同阶段的预期机制是不同的。在充满预期因素作用和影响的现实资本市场中，市场投资者由于获得信息、信息处理能力和时间区间偏好的差别，其采取的预期方式是不同的。例如市场中存在图表技术分析法，其核心便是适应性预期，通过过去的数据来预期未来的市场走势；而基本因素分析法的核心就是理性预期，获得一切能获得的信息来预期未来的变化。显然这两种分析法所得出的关于未来经济变量的预期是不同的。可见，预期的最终形成受到人们采用的预期方式的影响。

预期根源于社会产品的有限性和人类需求的无限性，是货币信用经济条件下的一种特殊心理。人们预期的形成有两个条件，首先是主观条件或称内因，即预期行为的主体——人们有自己的经济利益和追求保护经济利益的动机。其次是客观条件或称外因，即人们追求经济利益受物资有限、货币收入有限的硬性约束；另外，影响人们未来经济利益的因素也具有不确定性。上述条件缺一不可，如果没有内因，人们没有追求经济利益的动机，也就没有必要去关心未来的经济利益；如果有内因而追求经济利益不受限制，也就不会担心经济利益受损或变化；如果既有内因，但影响未来经济利益的因素是可知的、确定的，那也没必要去估计判断未来了。所以，人们预期的形成，既有主观原因，也有客观条件，是诸多因素综合作用的结果。

3.1.3 预期的发展

预期在经济生活中是普遍存在的。例如,企业定价、销售、投资决策;消费者消费支出;资本市场投资者的投资选择;金融市场和货币、保险以及寻利行为、信号、代理、投标;等等。预期一旦形成以后就会对人们的经济行为产生或多或少的作用和影响。但它却不是固定不变的。原先错误的预期经过人们的修正和调整会变成正确的预期,并且预期会由简单到复杂、由低级向高级发展。

预期作用于经济活动的所有参与者,并对经济活动本身有着重要的作用和影响。对未来市场行情预测乃是投身于变幻莫测的市场的人们必不可少的心理活动,因此对经济预测的研究,不论中外,自古有之。据记载,远在公元前7世纪至公元前6世纪,古希腊哲学家塞利斯即曾进行过市场预测。他通过对气象条件的研究,预测到油橄榄将要获得大丰收,因而预先购买和控制了米利都和开奥斯两城市的榨油机,等到油橄榄收获后,需要榨油时,再用高价出租榨油机。实际上,这种市场预测就是早期的一种预期。在我国,早在《诗经》中就有了"未雨绸缪"的记载,未雨绸缪即是一种预期心理萌芽。而在春秋末年,孔子的学生子贡善于经商,也使用了经济预测的方法。孔子夸他:预测"屡中",即说子贡对市场行情每次都预测得准确。这大概也就是他预期正确、善于经商的一个原因。生活中也有像"居安思危"、"常备不懈"、"积谷防饥"、"有备无患"等成语,实际上是倡导人们发挥预期的积极作用,克服其不利影响。经济学对预期研究的历史表明,单纯地研究经济而不考虑人的心理因素是不能正确描述和解释经济现象的,也是得不出正确结论的。一个下岗失业者拒绝一个工作机会,可能是由于他认为该报酬没有达到他的预期,在其他某个地方他会获得更好的就业机会,于是他在找到这个就业机会的激励下继续他的寻找行为。从美国兴起的心理经济学,同时运用心理学与经济学理论研究经济生活中人们的预期心理行为规律,可以说是经济学发展的必然结果。

我国过去由于实行计划经济,预期问题几乎可以忽略不计。在这种体制下,人民长期生活在微观风险①几乎为零的环境下,个人的所有社会保障统统由国家包下来。对于绝大多数的人们来说,基本上不存在未来收入和支出的不确定性,也不存在风险的预期或者说预期较弱。改革开放以来,随着经济中不确定性因素的增加和信息的不完全性,各种预期问题逐渐产生、发展并发挥作用。体制转轨时期所进行的各项改革都会给经济活动带来一定的不确定性,这种不确定性必然带来未来收入和支出的不确定性、政府提供社会保障福利多寡的不确定性。而且,随着我国经济体制市场化改革的深入,人们的预期对经济运行的作用和影响越来越大,已经达到了非重视不可的程度。

既然经济行为主体总是力图寻求最大化的利益,所以在信息充分的条件下,他们就不仅有可能对未来的经济形势作出正确的预期,而且也有必要去尽力作出正确的预期。改革开放二十多年来,预期在我国经济活动中的作用和影响逐渐凸现出来。它不仅影响了生产、交换、消费和分配,而且直接影响了投资,特别是资本市场投资。这也正是本书进行资本市场预期问题研究的必要性。

---

① 这里将未来个人情况的不确定性称为微观风险。

3.2 预期的种类和发展阶段

预期可以从不同的角度进行划分,得出不同种类的预期。如有心理预期和经济预期,有一般人的日常生活预期和专家预期,有机械预期和理性预期,有抽象预期和数学预期即数学期望等。从预期主体来划分,则包括居民预期和政府预期。居民预期即大众预期,一般都是对主要的宏观经济变量在下一时期变动的方向作出某种猜测,而不是对这种变动的范围作出某种数量估计。由于不同的人们对经济、货币的认识是不同的,各人获得信息的方式和多少是不同的,特别是个人的经历是不同的,所以,居民预期是极不相同的。同一个人在不同时间、不同地点,其预期也是不同的。政府在实施政策时也要进行预期,是进行宏观经济政策制定和实施的预期,但政府要想搞清楚各个居民的预期究竟是什么几乎是不可能的,甚至在一部分人的预期未搞清楚之前,原来认为已搞清楚的那一部分人的预期又改变了。他们会随着未来经济环境和条件的变化而修改与调整他们的预期。政府预期不一定比居民预期更为合理,因为政府掌握的信息也不一定比公众所掌握的信息更为充分。政府预期有时落在居民的后面,政府打算采取的经济政策常能被居民预测到并采取相应的对策所抵消。

按照理性预期学派代表人物卢卡斯的观点,预期主要有静态预期、外推型预期、适应性预期和理性预期四种,也可以说是它发展的四个不同阶段。

静态预期假定经济行为主体完全按照过去已经发生过的情况来估计或判断未来的经济形势,它是在蛛网理论的基础上提出来的。它的一般形式是：$P_t^e = P_{t-1}$。由于它没有考虑市场价格的动态变化,只是简单地把前一期的市场价格作为本期的市场价格,因而被称为静态预期。但事实上,市场价格会受供求的影响而经常发生变化,商品生产者在遭受多次挫折后会总结经验教训,修正以前对市场价格的预期。

外推型预期,又称推断性预期。它的一般形式为：$P_t^e = P_{t-1} + a(P_{t-1} - P_{t-2})$。式中 a 为人们预期价格变动的趋势,一般有 $a<0, a=0, a>0$ 且 $a \neq 1, a=1$ 四种情况。这种预期受经济当事人乐观或悲观情绪的影响很大,其数值的大小与预测者情绪有关,乐观的估计 a 值偏大,悲观的估计 a 值偏小。该式表明,本期的预期价格 P_t^e,不仅要考虑前一期的实际价格 P_{t-1},而且还要考虑前两期的差额 $(P_{t-1} - P_{t-2})$以及这种差额变化的趋势 a。当 $a=0$ 时,外推型预期的公式就演变为静态预期公式 $P_t^e = P_{t-1}$,它是一种特例。很显然,外推型预期的形成缺乏可靠的基础,因而易受情绪和心境支配；这种预期被作为一个外生变量来对待,从而被排除在模型的分析范围之外,即"把预期主要看作外部变数,因而同任何模式中的现行变数无关"；并且,外推型预期仅仅以过去的经济变量水平为基础,不考虑未来的经济变量变化趋势,导致它的判断往往缺乏准确性,因而又出现了一种适应性预期。

适应性预期是指假设投资者的预期要适应于他们的实际经历。适应性预期的一般形式为：

$$P_t^e = P_{t-1}^e + \beta(P_{t-1} - P_{t-1}^e)$$

式中的 β 为预期价格变动的幅度,其取值为：$0 < \beta < 1$。乐观的预期使 β 值偏大,悲观的预期使 β 值偏小。适应性预期认为,经济行为主体在形成预期时,不仅要考虑历史上的预期值,还要考虑

以前的预期在多大程度上被证明是不正确的,即经济行为主体会根据前期预期的误差来调整其当期预期值,因而它是一种反馈型预期。也就是说,它的产生和形成一般要经过一个"错误—学习"的过程,即从过去预期的错误中进行学习,总结经验教训并运用在本期的预期形成过程中。如果以前每次估计都稍微偏大一点,那么,再作同样的估计时通常会把原来的估计值降低一点。可见,这种适应性预期特点是本期的预期价格不仅要以前一期的预期价格为依据,同时,也要考虑到前一期的预期与实际值的差距($P_{t-1} - P_{t-1}^e$)。它易于与人们的经验研究相结合,比较容易被人们接受。

虽然这种预期认为各个经济行为主体总是能够一步步地纠正自己过去的错误,但其形成机制有一个很大的不足之处,即它在讨论预期形成时只注意到了人们受过去经验和经济变化的影响,而忽略了其他方面的信息来源,尤其是没有考虑到政府的经济政策因素对预期的作用和影响。因此,适应性预期在政府经济政策变化时,便会失去其预期的准确性。换言之,如果人们不去利用与他们有关的政府当局所制定的经济政策,那么就会在纠正自己过去的错误时不断地犯新的错误,或者说系统地犯错误。

上述三种预期都有一个共同的缺陷,即它们没有建立在对预期心理充分考虑的基础之上,即使是较先进的适应性预期也只是依据对被预期的变量的过去数值来进行预测,而不能充分利用与预期变量相关的其他变量提供的有用信息。按照适应性预期行事,经济行为主体不断调整自己的预期。但是,适应性预期只利用了过去的信息,没有利用现在的信息,并且只利用了单一的信息,没有利用其他经济变量的相关信息。这不符合经济行为主体追求预期收益最大化的本性。他们应该充分利用已知的全部信息,作出最佳预期。因为人们在对未来预期时,其可以利用的信息显然不仅仅是过去的数据,当他们遇到新的信息时常常会很快调整和改变自己的预期,这就出现了第四种预期即理性预期(约翰·穆斯,1961)。

理性预期指经济行为主体为了避免经济损失和谋取最大化利益,会设法运用一切可以利用的信息,对所关心的经济变量在未来的变动状况作出尽可能准确的估计和最佳预测。它是事先根据各种资料、信息,运用有关的理论和知识作出合乎实际的预测。按这种预测所得到的结果与实际发生的结果是基本一致的。一旦他们发现错误就会立即作出正确的反应,把他们的预期很快地调整到与有关变量的实际值相一致的水平。换言之,除非发生反常的扰动,经济行为主体的主观概率分布的期望值与客观概率分布的期望值都是一致的。因此,人们在预测未来时决不会犯系统性错误。这样,每个经济行为主体都按照理性的方式行事,即都将有效地利用他所能获得的一切信息以谋取预期收益最大化或效用最大化,按照理性预期行事的结果往往和预期的结果相一致。

理性预期学派将理性预期引入宏观经济模型,特别强调他们的这种预期概念在整个经济理论中的作用,其目的在于说明人们既然能够进行理性的预期,那么他们也就能够根据可能得到的全部信息来进行决策。实际上,它强调了预期在经济模型中所起的重要作用,并且他们也开创了在技术上将预期因素引入经济模型的一种更好的方法,因为它考虑到了在经济行为主体的决策过程中,现有的经济信息对未来的经济变动可能产生的作用和影响。由于预期是个人对未来经济发展情势的一种主观判断和估计,因而它是主观的,不能脱离进行预期的个人而独自存在。当然个人不能凭空进行预期,他总是根据一定的信息,例如过去的经验、现已掌握的数据和获得的信息来进行预期。就此而言,预期又是客观的。关于某个特定经济变量的预期,并不一定是指某个单独的预测值,一般是指该变量未来值的概率分布。

理性预期被认为是在一切可能获得的信息基础上的最优预期。但是,它排斥了经济中的不确定性,导致了对预期的不现实的看法和对积极的稳定性经济政策的放弃。由于信息的不完全性和不对称性,更因为资本市场中存在非信息驱动的交易,理性预期近年来在资本市场的前沿研究中已经受到了严重的挑战。行为金融学(behavioral finance)的兴起,特别是资本市场预期问题的研究就是对理性预期的挑战(李心丹,2004)。这是因为资本市场供求价格的均衡是理性预期均衡,所以这种均衡一定是建立在当时完全信息结构基础之上的。当资本市场有新的信息并且信息结构发生变化时,原有的理性预期均衡就会被打破,将在新信息结构基础上建立新的预期均衡。由此看来,提出孔明预期概念、结合经济活动实践经验进行总结并将其运用于资本市场预期问题等的研究中去就显得非常必要了。所以,我认为孔明预期也是一种预期,是预期将要经历的又一个阶段。

3.3 预期的传导机制和调整

预期可以在不同的个人之间传递,以形成一个绝对优势的预期主流,这就是预期的传导机制。股市上传言一起,很快一传十,十传百⋯⋯电视发布的预测结果很容易左右大多数人的预期;专家们对前景的判断和估计,也在个人的预期形成中起很大的作用和影响。预期一旦形成后就会通过一定的传导机制对经济活动产生一定的作用和影响。"任何这些预期机制,在一定的特殊情况下,会同未来变量的最佳预测相一致。萨金特(Sargent)和华莱士(Wallace),1973年,希勒(Shiller),1978年。"[1] 预期是由单个经济行为主体形成后影响其微观决策的。这种单个经济行为主体的预期,通过一定的途径会形成整个社会的预期,由此影响宏观经济运行和国家宏观经济政策。其传导机制如下图所示:

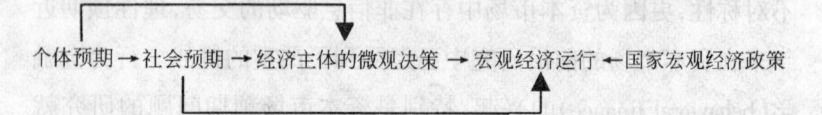

个体预期 → 社会预期 → 经济主体的微观决策 → 宏观经济运行 ← 国家宏观经济政策

图3—1 预期的传导机制图

由图3—1可以看出,预期最初由个体形成,从而影响到他的微观决策。由个体预期经传播逐渐形成大多数人的社会预期。社会预期影响宏观经济的运行,从而强化或弱化国家宏观经济政策的实施效应。预期在传导过程中有放大、缩小从而使信息失真的可能。预期在传导过程中的信息放大、缩小等信息失真现象,很容易对经济波动产生推波助澜的作用。在经济的扩张阶段,乐观预期的放大可能导致经济更急剧的扩大;萧条时期,悲观预期的放大将导致经济更严重的萧条。反过来,预期的收缩有利于抑制经济的过热,或促使经济尽快复苏。预期还同通货膨胀或通货紧缩一样会跨越国界,通过预期的国际传导机制进行传导。

在预期的传导过程中,本可以滤掉一些错误预期,修正原来的

---

[1] 《新帕尔格雷夫经济学大辞典》,经济科学出版社1992年版。

预期,这就是预期的调整。可是如果出现某种谣传和亦真亦假的小道消息后,错误的预期可能会取代正确的预期,结果错误的预期影响了现实经济活动。这种谣传和小道消息可以带来预期突变。当然,如果在预期的传导过程中,加进了某些新的重要消息时,这些消息在传播过程中会广为流传,从而也可能导致预期突变。例如,20世纪30年代世界经济出现大萧条时,攻击性事件形成的预期突变对经济产生了巨大的作用和影响,严重地影响了资本供给和投资预期收益等,进而影响投资总量和消费总量。经济大萧条是经济活动中预期突变的一个典型例子。预期突变实际上也是一种预期的调整。

下面通过建立修正预期模型来说明人们的预期是如何修正和调整的。某些经济变量的变化会或多或少地受到另一些经济变量预期值的影响。例如,由于一个新的经济政策可能会改变预期的形成方式,因此,有必要认真考虑政策本身对预期的作用和影响。为了处理这种经济现象,我们可以将解释变量预期值引入模型建立"预期模型"。包含一个预期解释变量的"预期数学模型"具有如下形式

$$Y_t = \alpha + \beta X_t^* + u_t$$

其中,Y_t为因变量,X_t^*为解释变量预期值,u_t为随机扰动项。

在回归分析中,如何获取解释变量预期值是建立上述模型的重点和难点。在大多数情况下,预期是人们对未来的判断和估计,预期值是很难观测的。所以,实际应用中人们往往对预期的形成机制作出某种假定。

现假定经济行为主体会根据自己过去在作预期时所犯错误的程度,来修正和调整他们以后每一时期的预期,即按照过去预测偏

差的某一比例对当前期望进行修正,使其适应新的经济环境。当期的信息如舆论导向和政策的变化,就会对经济行为主体的预期形成产生重大的作用和影响。在不确定性条件下,经济行为主体不具有对经济未来状态进行预期的完全信息。他们在预期的渐进调整中,只能部分性满足渐进理性或者序贯理性条件。他们是根据未来经济环境随时间的推移一步一步地修正和调整预期的。用数学公式表示就是

$$X_t^* = X_{t-1}^* + \gamma(X_t - X_{t-1}^*)$$

其中参数 γ 为调整系数或变动幅度。也就是说,本期预期值 X_t^* 等于前一期预期值 X_{t-1}^* 加上一调整量,该调整量 $\gamma(X_t - X_{t-1}^*)$ 是本期实际值与前一期预期值之差 $(X_t - X_{t-1}^*)$ 的那部分乘以一个调整系数。则有

$$X_t^* = \gamma X_t + (1-\gamma)X_{t-1}^*$$

上式表明本期预期值是本期实际值和前一期预期值的加权平均,其权数分别为 γ 和 $1-\gamma$。在一般情况下,$0 < \gamma < 1$。如果 γ 等于零,说明实际值被忽略,预期没有进行修正和调整。如果 γ 等于1,则以本期实际值作为预期值,本期预期与前一期预期无关。

通常,将解释变量预期值满足适应调整过程的预期数学模型,称为修正预期模型(adjustment expectation models)。

根据 $Y_t = \alpha + \beta X_t^* + u_t$ 可得

$$Y_t = \alpha + \beta[\gamma X_t + (1-\gamma)X_{t-1}^*] + u_t$$

再将 $Y_t = \alpha + \beta X_t^* + u_t$ 式前推一期,并乘以 $1-\gamma$,得

$$(1-\gamma)Y_{t-1} = \alpha(1-\gamma) + \beta(1-\gamma)X_{t-1}^* + (1-\gamma)u_{t-1}$$

整理上两式可得

$$Y_t = \gamma\alpha + \gamma\beta X_t + (1-\gamma)Y_{t-1} + [u_t - (1-\gamma)u_{t-1}]$$

如果令 $h = \gamma\alpha, i = \gamma\beta, j = 1-\gamma, \varepsilon_t = u_t - (1-\gamma)u_{t-1}$

则有 $Y_t = h + iX_t + jY_{t-1} + \varepsilon_t$

这是一个一阶回归模型。如果能得到该模型参数 h、i、j 的估计值,即可求得预期模型式 $Y_t = \alpha + \beta X_t^* + u_t$ 的参数估计值,也就可以知道人们的预期在传导过程中是如何修正和调整的。

3.4 预期对经济运行影响的性质

人们不仅根据过去的经济行为而且还使用其他方面的一些信息来形成预期。过去的经济行为影响着人们对未来经济的预期;同样预期也影响着未来的经济运行。经济行为主体有时也在尽可能地使用过去运行以外的一些信息来预测未来的经济运行。通过研究发现,联结现在和未来的纽带是预期,预期是决定经济稳定和波动的控制阀。预期毕竟只是一种社会心理行为,它对经济行为活动只是起加速或延缓的作用。从长期过程来看,它对经济活动不会起到实质上的影响。但在短期内,预期又对经济行为活动产生着重要的作用和影响。预期与实际情况的偏离是导致短期内经济波动的重要因素。预期围绕着具体情况而对供求均衡产生作用和影响并导致经济运行的波动。

预期本身对经济运行会产生不同的作用和影响,与其他社会经济行为比较起来更难于把握它的影响性质。对厂商来说,经理们的职责和目标是追求利润最大化,它的预期利润通过一系列的经济行为来实现,其经济活动是一定的,无非是扩大规模,提高市场占有率,降低成本,少投入,多产出,追求经济效益等。心理预期行为则不然,它没有一个确定的主要导因:一时可能由于物价上涨过高,担心货币贬值受损而出现持币变为储物;一时也可能由于物资供应紧缺,出于对未来生活的考虑而出现持币变为储物的经济行为现象。因此,同一经济行为可能由多种因素影响而形成,在预期目标一定的条件下不像经理们那样的经济行为几乎是大致相同的,或者说是没有多大差别的。这是从广泛意义上去讨论的。对此,本书提出了这样的问题,以什么作为衡量预期正确的标准呢?能不能简单地说预期实现了就说明预期正确呢?一句话,预期对经济运行影响的性质是什么?问题显然是很复杂的。

资本市场对市场信息的反应不是取决于这些信息是好还是坏,而是取决于这些信息比预期更好还是更坏,预期到的信息已包含在现在的资本市场价格和投资预期收益中,资本市场价格和投资预期收益只随未来预期到的信息而发生变化。预期对经济运行的影响可以划分为两个方面:一种是积极的正面影响;另一种是消极的负面影响。相应地,本书也可以区分出两种预期:积极的预期和消极的预期。积极的预期是指与经济发展的愿望和人们的根本利益相一致的预期。投资者的投资决策大多是根据油然而生的乐观情绪而不是根据数学期望来决定的。在不确定性条件下,往往乐观预期使投资者易于"冲动"和"热情",它们常决定着投资多少和投资方向的变化。与之相反的则是消极的预期,它是指与经济发展的愿望和人们的根本利益相反的预期。它是相对于积极预期而言的。消极的预期使人们对经济发展前景悲观失望,人们会减少消费和投资,更多地增加预防性储蓄。在经济活动中,同一个人在不同时间既有积极的预期,又有消极的预期。在相同的时间,有的人的预期是积极的,有的人的预期是消极的。从来就没有一成不变的预期状态。积极的预期可以转化为消极的预期,消极的预期也可以转化为积极的预期。积极的预期与消极的预期通过改变投资与储蓄的比例关系而影响经济运行的波动。假如一投资者的财富为 W(W 为一常数),他将这些财富用于消费 C、投资 I 和储蓄 S,即 $W = C + I + S$。在积极预期条件下,消费 C 和投资 I 都会增加,减少的是储蓄 S。如果不考虑消费 C 的变化,那么投资 I 与储蓄 S 之间就存在一个此消彼长的关系。即:

$$I = W - S$$

由于 W 是一个常数,那么投资 I 受积极预期的影响就会增加,储蓄 S 则会减少。增加的投资 I 是由预防性储蓄 S 的减少而带来的。

在消极预期条件下,消费 C 和投资 I 都会减少,增加的是预防性储蓄 S。如果不考虑消费 C 的变化,那么投资 I 与储蓄 S 之间也存在一个此消彼长的关系。即:

$$I = W - S$$

由于 W 是一个常数,受消极预期的影响,投资 I 会减少,储蓄 S 会增加。预防性储蓄 S 的增加导致了投资 I 的减少。

可见,积极预期和消极预期对经济运行的影响是不同的。预期对经济运行的影响像一把双刃剑:积极预期使投资者大量投资、消费者广泛消费,从而将导致经济的繁荣,推动经济自主增长能力的恢复和发展;消极的预期有时却会引发大规模的灾难,泛化为一种盲目的力量,造成社会经济波动,即预期的恶化。预期恶化对经济的破坏性不可低估,尤其是对资本市场投资有极大的危害。

3.5 预期的特征

预期既不同于日常的经济活动，又不同于一般的心理行为。它是人们对客观经济活动的一种主观判断和估计。正因为如此，预期具有许多特征。

3.5.1 主观性

预期本身是一种心理现象。虽然这种心理现象并不是凭空产生的，也不是先验的，而是客观经济活动的反映，它的形成过程也是一种客观过程，但是预期不能脱离作出预期的个人或决策者而独立存在。从这点上来说，预期是主观的，它是某个特定人物所作的个人判断，是很难对此进行直接度量的。实际上，人人都有预期，人人又不可能全部正确地进行预期。预期首先是一种"经济人"[①]的条件反射行为，都是以"自我"为中心，从自身经济利益出发，对某种经济行为存在着于己有利的希望、幻想甚至预测。这种希望、幻想、预测，会由于各个"经济人"的立场、地位、目的各不相同而千差万别。预期是经济活动中人的意识的一个组成部分，并

---

① 所谓经济人是指在市场经济活动中，从利己主义本性出发，追求自己最大经济利益的具有理性的经济当事人。也就是说，会计算，有创造性，能获取最大利益的人。这是由英国古典经济学家亚当·斯密(Adam Smith)最先提出，而后由约翰·穆勒(John S. Mill)和新古典经济学派一贯信奉并愈益明确深化的一个概念。斯密的整个经济理论体系就是从"经济人"出发建立起来的。他认为每个人都只考虑自己的利益(在《道德情操论》中，斯密把人的这种基于个人利益的利己主义称为自爱)，但又需要取得他人的帮助。然而任何人都不会白白地帮助他人，只有在互惠的基础上互相帮助，从而产生了交换，由交换又产生了分工，以至其他所有一系列的经济范畴和经济规律。"经济人"在市场经济活动中的作用，最后集中表现为"看不见的手"即市场机制的作用。

且是一个重要的组成部分,是人们对未来经济活动的一种估计和主观判断。人们的估计和主观判断基于其既有的经验、知识及能力,在收集影响预期变量的诸多信息时,这些因素都会左右决策人对信息的取舍。由于大量的信息是分散化的,不同人们的世界观、价值观是不同的,尽管采用相同的预测技术、得出相同的预期变量值,但由于个人价值观的不同,对同一个结果的解释每人也不尽相同。在此意义上,预期具有主观性。正如有的学者所说的,"预期从本质上说是主观的,它是某个特定人物所作的个人判断。"[1]

预期的主观性还表现在,同样的预期目标对不同的人来说有不同的形式。预期作为一种"经济人"的条件反射行为,一方面要受到自身立场、观点、方法、地位、经验、所掌握的信息资料以及判断分析能力的制约;另一方面要受到其他各种各样的因素,如宏观经济条件、政治环境、社会心理、道德、宗教甚至传统习惯等的影响。人们在形成预期时,不仅自身条件是极不相同的,而且还会受到不同因素的影响,就是相同因素带来的影响也是有差异的。所以,不同人对同一预期对象会有不同的预期。这是符合经济生活中的一般事实的。实际上,绝大多数人对预期目标的预期准确程度是极不相同的,严格的理性预期也许存在,但人们能捕捉到的信息和抓住的机会恐怕不多。在现实经济活动中,大量的是非理性的预期、准理性预期或亚理性预期,有些甚至是完全错误的预期。人们的预期行为想近似地接近理性预期值是非常困难的。要达到孔明预期,更是难上加难。

---

[1] 卡特等:《合理预期》,中国金融出版社 1988 年版。

3.5.2 动态性和时效性

预期通常是经济行为主体对同当前决策有关的经济变量的未来值所进行的预测。预期概念具有很强的时间性,它是在时间进程中作出的,是一个周而复始的变化过程。个人与组织过去的经验以及对同一预期变量的过去预测,都会影响到当前的预期行为,所以,预期过程是过去、现在与未来的统一。"预期必须保持一贯;因而不必在一个'短'时期和下一个'短'时期间的联结点上修改预期。体系在每个这种联结点上都处于存量的均衡中;而且是伴有连贯预期方面的存量均衡。但只有预期(对'长'时期内产生的需求方面)是正确的,这才有可能。所以,时间上的均衡意味着在时间内预期和实现的一致性。然而,这种对更远未来的预期恰恰不可避免地是任意的(外生的)。"① 不仅如此,人们对预期变量的预测是动态变动的。影响预期变量的未来经济状况在不断变化,信息不断更新,新的预测技术也不断出现。在这种情况下,对预期变量的预测就不会一成不变,而是在时间过程中不断作出调整的。当代新科技革命特别是信息技术的不断发展,更加大了预期调整的频率。随着经济全球化趋势的发展,影响预期变量的因素越来越多,而信息产业的发展使信息交流更为方便,预期主体更容易获得信息,对信息的加工也会不断调整。所以,人们"在某一特定时期所制定的计划,难免有彼此矛盾的地方,也难免与客观形势有矛盾的地方。因此这些计划必须时时修改。"② 这就需要对计划不

---

① 希克斯:《资本与增长》(1965),商务印书馆 1986 年版。
② 林达尔:《货币和资本理论的研究》第一篇,商务印书馆 1963 年版。

断作出调整。林达尔在这里所讲的计划改变也就是指人们的预期调整。也就是说,人们对预期不断地进行动态调整,在时间进程中形成动态预期,预期具有动态性。其实质在于不同决策者以相关决策者的行为判断自身行为的正确性,他们不断修正自己的预期,不断调整自己的行动策略,以期取得最大的预期收益(申海波,2000)。

如果投资者能掌握充分信息,作出正确的预测,并根据这种预测作出反应,这当然是好的。问题是投资者是否能根据变化了的情况调整和改变自己的预期,这就出现了预期的时效性问题。所谓预期的时效性是指预期的效用依赖于时间。它是随时间的变化而变化的,从来没有一成不变的预期。预期在一定的时空中产生,人们在一定的时空中收集、处理和利用信息,进行预期。所以,预期是有时效的。预期的价值与所经过的时间成反比。预期在形成初期往往受到人们重视,时间的延续会使预期的价值衰减或消失。因此,积极的预期一经产生,就应加快付诸投资实践,以减少一切不必要的滞留时间。对资本市场中的积极预期,尤应做到不失时机地进行决策,否则就会造成投资机会的丧失。

3.5.3 传导性和更替性

由于人与人之间获得信息和相互交流方式存在着差异,所以人们的预期是相互影响和学习的。预期具有传导性,这种传导性也可称作预期的传递性。它最初是由个体产生的一种独特心理活动,通过信息途径进行传播。这些信息途径包括广播电视、报刊杂志、通讯工具等,一传十、十传百,最后由个体的心理行为活动变成了群体的心理行为活动即由单个个体的预期变成为全社会的预期。投资者的预期往往导致别人认同他的预期,形成相当一部分人共同的投资预期。这就是同向预期,也就是看法趋于一致。同向预期往往导致同步行动,大家几乎采取同样的行动。预期同通货膨胀或通货紧缩一样还通过国与国之间进行传导,形成预期的国际传导机制。

客观事物在不停地发展变化,反映事物变化的预期也处在不停的变化之中。伴随着新信息的出现、经济活动不确定性的发生和风险的来临,原有的预期不能再客观地反映自然界、人类社会和思维现象及其发展规律,从而失去其应有的价值,被称为"预期老化",这就需要不断地收集和补充新信息,更替和补充已经过时的预期。不能以过时的预期作为判断、决策的依据,否则难以保证决策的正确性。所以,预期具有更替性。它是随着经济信息、不确定性和风险的变化而变化的。从来就没有一成不变的预期。

3.5.4 累加性、动态稳定性和自然衰减性

预期在不同的时期有不同的变化速度。在产生初期,由于它还是投资者个体心理,其传播相对较慢,它是一个缓变的过程。到了一定程度和阶段,越来越多的投资者也加入其中,形成了投资者集体心理,预期进入剧变期。从缓变期进入剧变期以后,预期发展的速度加快,经过不断的叠加迅速上升,被推到一个高点而进入稳定期。在一个较长的时段里保持动态的稳定后再下降,最后随着时间的流失而自然衰减。如图3—2所示:

在不断变化的经济形势或者恶劣的局势面前,人们过高或过低的预期会自行地进行小幅度的调整,以避免陷入崩溃。过一段时间以后过高或过低的预期会随着时间的推移而逐渐回落,这就

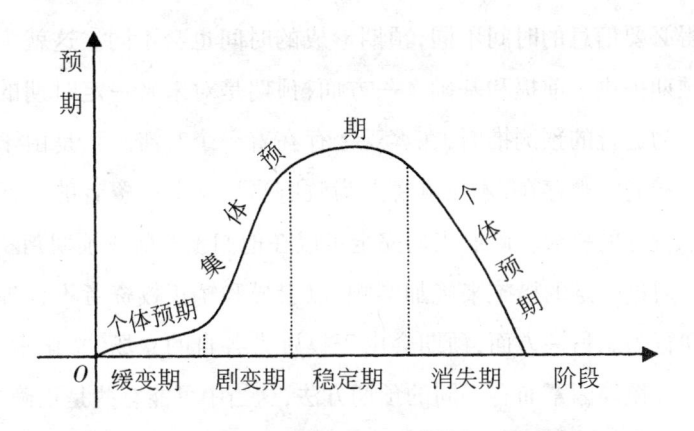

图 3—2　不同阶段预期交替图

是为什么那些引起投资者议论纷纷的热门话题会随着时过境迁而悄然淡化的原因之一。预期调整的快慢取决于人们对经济环境和条件的认识能力和水平。当资本市场在相当长时期中一直稳定时，投资者一般都把预期收益率看作是既定的。他们只是逐渐地改变预期。但是，在具有高度不确定性和巨大投资风险的资本市场中，投资者认识到形成准确预期收益的重要性，在这种情况下，预期往往对资本市场的变动作出了高度灵敏的反应。许多问题，即使是事关重大的问题度过了"关键期"，也许就会自然隐去，并不一定会引发重大事件。

3.5.5　可调节性

预期是可以调节的，它具有可调节性，这是因为经济行为主体的预期是在掌握了一定的信息并对这些信息进行分析的基础上产生的。显然，由于经济行为主体所掌握的信息的数量、内容、质量等方面的差异，在此基础上形成的预期会有所不同；经济行为主体获得必要信息的时间不同,预期形成的时间也会不同。这就为调节预期提供了前提和基础。一方面,预期是对未来一定时期的经济行为进行的预测推断,在客观上存在着一个时滞。正是由于这个时滞的客观存在,才在事实上为政府当局调节投资者的预期提供了较好的机会。政府当局完全可以在他们预期前或预期判断形成中通过一定的措施来施加影响,以引导和矫正投资者不合理的预期行为。另一方面,预期会由于投资者各自的立场、文化素养、消费习惯等因素而有不同的预期方法,这当中可能有些是正确的,有些是大致正确的,有些甚至是完全错误的。预期的正确与否是依各自对情势的判断而作出的。政府当局完全可通过一定的经济、技术预测和决策方法的诱导,以及加强发展教育、提高投资者的文化素养、增强投资者认识和分析问题、判断形势的能力等多种途径来引导投资者形成正确的预期方法。

此外,虽然预期是投资者的心理活动或判断,但是其赖以形成的宏观经济环境,包括政策策略、战略步骤和方法、政府的态度和政策走向等,政府当局都是可以调整的。信息传输手段是可以改变的,这一调整和改变,一般都是有利于经济运行的,必然要影响人们的预期。社会公众根据这种调整和改变可及时准确地掌握有关信息,适时调节自己的预期和预期行为,以适应未来形势发展的需要。

总之,预期与一般日常经济活动和社会心理行为不同,具有主观性、动态性和时效性、传导性和更替性、累加性、动态稳定性和自然衰减性以及可调节性等特征。只有充分认识了预期的这些特征,才能有效地发挥预期的作用,引导人们形成正确的预期。

3.6 预期作用的测定方法

预期虽然是一种心理活动,属于主观认识的范畴,但它同偶然性一样,是可以量化加以测定的。通过建立数学模型,测定人们的预期指数,可以对之加以调整和引导。应用数学模型对它的研究常常依赖含有预期变量的简单模型,预期变量是经济行为主体对某些具体经济变量的预期。例如,投资者是否决定购买长期债券或短期债券会同这样的变量有关,即在长期债券的期限内对未来短期利率变化走向的预期。这些数学模型所包括的预期变量往往是指对某些理想化经济预期的衡量,但对于经济预期到底是什么,根据什么样的标准作出,这是很难回答的。所以,要真正理解预期,特别是要对之进行量化认识是有一定难度的。①

预期可以分为主观预期(大众预期)和基于模型的预期(专家预期)两种类型和方法。主观预期有的是猜测,有的是以经验为依据,它们都不遵循明确的法则,而依赖于直觉,没有规律可循。通常问及人们对某个经济变量的预期时,他们可能会回答说他们没有预期。两个不同的投资者,面对相同的信息,很可能得出不同的主观预期。例如,当出现某种股票的价位达到历史最高点的信息时,两个股票投资者可能会得出不同的结论:一个人可能继续看涨,而另一个人却可能看跌。每一个股票投资者往往都是根据他们的多年经验和对市场新信息的直觉来进行预期的,而没有使用

---

① 参见江世银:"预期对中国资本市场作用和影响的验证",载《当代经济科学》2004年第3期。

某种正式的结构模型或方法。从本质上看,他们处理信息的方法是非正规的、主观的,当然这并不意味着他们的预期一定不准确,但却难以分析为什么一个特定的预期是好还是坏,也难以从过去的错误中吸取教训。基于模型的预期是按照规律或数学模型作出的,而数学模型使重要变量之间的相互联系形式化。有的着力解释变量值是如何决定的,有的更关心的是预期心理本身而不是理解其行为。基于模型的预期一般都有某种经济计量模型作为基础,大量利用资料、信息、数据和复杂的统计方法进行预期。经济计量模型中的经济变量的预期,实际上都是用某些人的预期的某种平均或同一些人在不同的时期所作出的好的或坏的预测的平均来推测的。所以,它比主观预期要准确得多,往往预期结果与实际差异不大。

测定预期的作用方法主要有直接测定法、间接测定法和其他方法。

3.6.1 直接测定法

直接测定法包括市值测定预期法和时间测定预期法。

第一,市值测定预期法(预期作用率法)。公司未来预期增长价值(future expectation growth value, $FEGV$)是指用以度量上市公司市场增加值的贴现值,它与当前的运营价值相对应且与当前的运营价值共同构成公司的市场价值。市场增加值(market value added, MVA)是指公司的总市值与投资者投入资本的差额。它综合地反映了股票市场对公司未来竞争优势、现金流量的获利能力和水平的预期,是衡量公司价值创造能力的一个综合指标。市值测定预期法(预期作用率法)(Expectation Function Ratio, EFR)就是

指通过投资者对投资于该公司的未来预期增长价值占市场增加值的比率来衡量预期的影响和作用的方法,即:

$$预期作用率 = \frac{未来预期增长价值}{市场增加值}$$

或 $EFR = \frac{FEGV}{MVA}$ ($EFR \in R$)

EFR 越大,预期的作用和影响也越大。EFR 越小,预期的作用和影响也越小。如果 $EFR=0$,表明预期没有任何作用和影响。由于未来是高度不确定的,公司的未来增加值与预期增长值是有一定偏差的。股价既反映了当前的价值,也反映了对未来的预期。所以,它是可以近似地反映预期对包括股票市场、债券市场和其他市场在内的资本市场的作用和影响的。

第二,时间测定预期法。时间测定预期法是在资本市场上从 $t-1$ 期预测 t 期中的资本市场预期作用和影响的方法,是一种直接测定预期的作用和影响的方法。这种测定方法较为简单。它假设资本市场预期趋势会发展下去,而且历史会重演。前者是进行测定最根本、最核心的因素,后者是从人的心理方面考虑的因素。事实上,在现实经济活动中,市场趋势往往受内外因素和条件的干预而变动不卜,有时市场会趋旺,有时市场会疲软暗淡,也就是说,市场预期趋势难于预测。不仅如此,历史也不一定会完全按照过去那样重演,因为人们会吃一堑长一智的。市场的繁荣或大崩溃都会受到人们预期的作用和影响。如果再出现 20 世纪 30 年代的市场大危机,人们或许早就有了准备,由危机导致的市场疲软会被国家的宏观经济政策和人们的预期行为抵消掉一部分,或许时间缩短,或许影响减少。所以,时间测定预期法的两个假定在现实经济活动中尽管有可能,但都是很难找到的。正因为如此,用时间测定预期法来测定人们预期的作用和影响是不常用的。这里仅作为一种方法作简要的介绍。

3.6.2　间接测定法

间接测定法主要是指剩余测定法。

以上介绍的都是直接测定法,下面介绍一种不同于上面介绍的预期作用的测定方法,这就是剩余测定法。它是一种间接测定法。直接测定法是从 $t-1$ 期预测 t 期,而剩余测定法是从 t 期向回估算 $t-1$ 期中的资本市场预期作用;预期模型是为经济行为主体在下一步的经济活动计划直接提供依据,剩余测定法则是从总结过去经济结果的成因中寻求经验教训。因此严格地讲,剩余测定法不是预期的方法,而是估算曾发生过的预期作用和影响的方法,是与时间测定预期法相反的一种方法。

剩余测定法的理论依据是,假设在经济系统中有 N 种因素在起作用,如果用其中的 $R(R<N)$ 种因素来解释经济系统的变动,那么余下的那 $(N-R)$ 种因素对经济系统的作用就不会包括在解释之中,这样的解释与实际情况就会有误差。而这一误差正是余下的那 $(N-R)$ 种因素对经济系统作用的结果。为了测定资本市场中收益预期对投资的影响,本书把主要的经济变量的作用和影响去掉后,例如国家宏观经济政策,剩余的便主要是资本市场预期作用和影响的结果。这实际上是假定,在主要经济变量外的其他变量即剩余变量中,资本市场预期这一变量的作用和影响十分大,以至于可忽略其他剩余变量对资本市场的作用和影响。

3.6.3 投资者预期指数测定法

除了直接测定法和间接测定法外,还可以通过投资者的预期指数和信心指数来测定预期的作用和影响。投资者预期指数(investors expectation index, IEI)[①]测定法和投资者信心指数[②]测定法都是建立在问卷调查基础上的,是深圳证券信息有限公司研究的一种测定方法(2003)。该问卷调查包括:

1. 和上周相比,您本周的投资收益:A)增加 B)基本没有变化 C)减少

2. 和您的预期相比,本周大盘表现:A)较好 B)基本一样 C)较差 D)很难说

3. 您认为在未来 1 周中,您的投资收益将:A)增加 B)基本不变 C)减少 D)很难说

4. 您认为大盘在未来 1 周内将:A)上升 B)持平 C)下降 D)很难说

5. 您认为大盘在未来 6 个月中将:A)上升 B)持平 C)下降 D)很难说

6. 与真实的基本价值或合理的投资价值相比,您认为我国目前的股市指数:A)太低 B)差不多一样 C)太高 D)很难说

7. 假设大盘今天下跌幅度达到或者超过 2.5%,则您认为大

[①] 投资者预期指数是反映投资者对资本市场投资预期收益状况和总体走势预期的一种指数,是相对于国家统计局中国经济景气监测中心建立的消费者预期指数而言的(1998)。

[②] 投资者信心指数是反映投资者对资本市场投资预期收益状况、满意状况和对未来走向信心的一种指数,是相对于国家统计局中国经济景气监测中心建立的消费者信心指数而言的(1998)。

盘明天(或下个交易日)会:A)反弹 B)持平 C)继续下跌 D)很难说

8.您认为大盘指数在未来6个月内下跌30%的概率:A)小于10% B)10%—60% C)大于60% D)很难说

投资者预期指数(IEI) = 0.41 × 自身投资收益预期指标 + 0.59 × 股市指数收益预期指标。其中,自身投资收益预期指标根据第3题调查结果得到,股市指数收益预期指标根据第4题到第8题的调查结果得到。股市指数收益预期指标 = 0.215 × 一周乐观指标 + 0.215 × 六个月乐观指标 + 0.205 × 大盘投资价值指标 + 0.195 × 大盘反弹指标 + 0.17 × 不崩盘指标。通过对投资者预期指数大小的调查和测定,可以得出预期对资本市场的作用和影响程度。

3.6.4 投资者信心指数测定法

投资者信心指数(investors confidence index, ICI)是表示投资者对资本市场投资收益预期状况的指数,它从另一种状况反映了预期对资本市场投资的作用和影响。它是由一系列指数构成的体系。投资者信心指数体系由8个相对独立的分指标组成,这些指标通过加权平均分别组合成投资者满意指数和投资者预期指数,它们分别反映投资者对自身投资收益和股市指数收益的评价和期望。满意指数和预期指数再通过加权平均组合成最终的投资者信心指数(ICI)。

投资者信心指数借鉴了境外成熟市场投资者信心指数以及国家统计局经济景气监测中心消费者信心指数的编制设计方法,是由一组动态地刻画资本市场中投资者信心状态的量化指标构成。其调查对象为A股市场的投资者,指数调查采用历时研究方式,即每隔一周调查一次,数据收集不断重复发生,研究投资者预期随时间的变化情况对资本市场投资的作用和影响。投资者信心指数的取值在 0 到 100 之间,0 表示资本市场中没有人有信心,100 表示资本市场中所有的投资者都有信心,50 为一个平均数,表示资本市场中有一半的投资者有信心。投资者信心指数在区间[0,50]时,表示市场信心较弱,投资者信心指数在区间[50,100]时,表示市场信心较强。ICI 值越大,投资者信心越强;ICI 值越小,投资者信心越弱。对已有调查结果的分析表明,投资者信心指数体系比较准确地表示了资本市场投资者对各个方面的评价和预期,与当时市场运行的实际情况是基本一致的。因此,它也是一种较好的测定资本市场预期作用和影响的方法。

3.7 预期心理

在进行预期问题的一般理论分析时,还应包括对预期心理的分析。所谓预期心理就是形成预期的一种心理状态。它是人们在对未来客观的经济环境作出估计和判断时存在的心理行为和现象。首先,预期心理是一种心理,是一种心理行为和现象,但这种心理既不同于一般的个性心理,又不同于社会心理。预期本身就是一种心理,预期心理是一种对未来经济发展状况的估计或判断心理。其次,预期心理不仅是一种心理,而且也是一种预期问题,是一种充满心理作用和影响的预期行为。它对人们的经济活动产生着心理上的作用和影响。

经济行为决定于人们的思想意识,当政府政策将要或已经变动时,人们很快会作出反应,即政策的预期心理。中央银行所采取的货币政策措施产生的扩散效应,大于它伸缩货币数量产生的效应,其原因在于政策的预期心理。如果人们存在着预期心理,对中央银行所采取的措施反应敏捷,则金融政策的效果好;相反,则差。[①]

投资者的预期心理变化对股价变动影响很大,当股票市场行情看好或暴跌时,就会造成抢购或抛售,从而人为地制造股市波动。太阳黑子之所以能够影响投资者的投资,主要是因为它能够影响投资者的预期心理。如果多数投资者都认为价格和太阳黑子运动相关,那么这一心理因素就能随着太阳黑子的状态而影响资本市场投资资产价格。于是,更多的投资者会去收集关于太阳黑子运动的信息,实质上也就是收集市场上大多数投资者的预期心理和情绪的信息。在古典股市理论中,预期心理被认为是股价运动的一大动力,它的理论基础是著名的空中楼阁理论(castle-in the air theory),其倡导者是现代经济学大师约翰·梅纳德·凯恩斯(1936)。在凯恩斯一举成名的20世纪30年代萧条时期,大多数投资者都关心研究刺激经济增长的观点。然而,在1936年著名的《就业、利息和货币通论》一书中,凯恩斯却用了整整一个章节论述股票市场以及投资者预期心理的重要性。

有时由于传闻或谣言产生的预期心理也会造成投资者抢购或抛售某种股票,从而引起股票价格剧烈波动。例如,国外某城市有一天下雨,有些人躲到一家银行的廊檐下避雨,有人误认为是排队提款。消息不胫而走,传到股票交易所,大家认为这家银行出了什么问题,于是持有这家银行股票的人争相抛售,引起该银行股票价

[①] 曾康霖:《经济金融分析导论》,中国金融出版社2000年版。

格暴跌。这是预期心理起作用的典型例子。

提及股票,凯恩斯认为,没有谁能确定什么将影响未来收益前景和股息支付。正因为如此,他认为多数人主要关心的不是对一笔投资在其投资期间的可能收益作出准确的长期预测,而是抢在公众之前预测到价值常规基础的变化,也就是对其投资收益能进行预期。显然,凯恩斯更多地运用心理因素而不是金融估计来研究股票市场。根据凯恩斯的观点,股票价格并不是由其内在价值决定的,而是由投资者心理预期决定的。这种心理预期的决定类似于空中楼阁,原因就在于其虚幻性。

预期心理也是一种预期问题,反应的是心理因素对经济活动所产生的作用和影响。有时它甚至对经济活动起决定作用,所以,在研究资本市场预期问题时,我们不能忽视它的作用和影响。

3.8 预期行为的本质是一种博弈行为

1944年,冯·诺依曼和摩根斯特恩(Von Neuman and Morgenstern)合作出版的《博弈论与经济行为》,标志着"经济博弈论"的正式创立。该理论的创立打破了新古典经济学关于"个人决策是价格参数和收入给定条件下的最优选择,不影响他人也不依赖于他人和市场信息充分且无成本"两个假设。事实上,经济作为一个整体,不仅人与人之间相互影响,个体获得信息的能力有限而且信息也是有成本的。正是在这种情况下,博弈论、信息经济学和不确定性分析应运而生。时过半个世纪,纳什、泽尔腾和海萨尼三位"博弈论"大师同获诺贝尔经济学奖,博弈论获得了巨大发展。博弈论和信息经济学的产生和发展,都得益于对经济生活中存在信息问题和不确定性的条件下所进行的分析,增强了对经济现实的解释能力和预测能力。

从经济学的角度讲,从事经济活动的人为了自己的利益,总要先对未来经济形势的变化作出估计和判断,然后再决定自己如何行动,这种行为就是预期行为。西方经济学十分重视研究人的预期行为,并用人们对未来经济活动变化的预期来说明动态经济能否趋于稳定。不过,他们的预期行为分析并没有同博弈论结合起来研究。笔者认为:预期行为本质上是一种博弈行为,只有当其他当事人的行为可预测时,预期主体才能采取相应的策略。近年来,博弈论之所以能够在经济学中取得巨大成功,在很大程度上是因为它提供了一种动态博弈问题的模型和方法。采取博弈的分析也是预期分析的基本方法。不同的投资者是否进行投资、投资多少、怎样投资,投资者会形成预期,预期的过程实际上也是一种博弈过程。除了成本、收益外,"投资中的第三个因素涉及当前对将来的预期和企业信心。投资归根结底是对未来进行赌博,所赌的是:目前和未来的收益将大于目前和未来的成本。"[①] 不同的投资者以相关的其他投资者的投资行为来判断自身行为的正确性,他们不断修正和调整自己的预期,不断以此调整自己的行为策略,以期获得最大的预期收益。

在博弈论中使用最广的解的概念的是纳什均衡(Nash equilibrium)。投资者形成预期,进行博弈,是否能够达到他的目的取决于是否在均衡时有解。这个解就是纳什均衡解。它体现了战略博

---

① [美]保罗·A.萨缪尔森、威廉·D.诺德豪斯:《经济学》(第12版),中国发展出版社1991年版。

弈行动的稳定状态。在此状态下,每一个参与者都拥有对其他参与者行动的正确预期,并且能进行理性行动。它并不试图去检查稳定状态达到的过程。战略博弈是一种相互作用决策的模型。这种模型假定每个决策主体选择且仅选择一次行动计划,并且这些选择是同时进行的。它包括有限集合 N(参与人集合),对每个参与者 $i \in N$ 有一非空集 A_i(对参与者 i 有效的行动集合),对每个参与者 $i \in N$,一个建立在集合 A = 结果集合 $X_j \in {_NA_j}$ 上的偏好关系 $\geq_i$(参与者的偏好关系)。如果每个参与者 i 的行动集合 A_i 是有限的,那么,其博弈是有限的。所以战略博弈模型(strategic game model)包括参与者的有限集合 N,对每个参与者 i 有一个行动集合 A_i 和一个建立在行动集合上的偏好关系。每个参与者不仅要考虑自己的行动和预期行为,而且还要考虑其他参与者采取的行动和预期行为。

根据上面的分析,对战略博弈可以这样来解释:参与者可以通过博弈或以过去进行的相似博弈的信息来形成别的参与者的行为预期。只要博弈行动间不存在战略关系,则博弈行动系列都可以用战略博弈来建立数学模型。也就是说,一个多次进行博弈的人必须关心他此时此刻的投资而忽略他现在的行动对其他参与者预期行为的作用和影响。

战略博弈 $\langle N,(A_i),(\geq_i)\rangle$ 的纳什均衡是一个行动组合 $a^* \in A$,a^* 的性质是:对一个参与者 $i \in N$。则有:

$$(a^*_{-i},a^*_i) \geq_i (a^*_{-i},a_i)$$

其中 $a_i \in A_i$。对 a^* 为一纳什均衡而言,它必须满足:对其中任何一个参与者 i 来说,当其他每个参与者 j 选择均衡行动 a^*_j 时,参

与者 i 没有其他行动产生的结果优于他选择 a_i^* 所产生的结果。也就是说,假如给定其他参与者的行动,那么参与者没有积极性选择别的行动。

博弈中的纯策略集、赢利函数以及参与者的与博弈有关的特征等知识构成了博弈的信息。从信息的角度去分析,博弈包括完全信息博弈和不完全信息博弈两类。完全信息博弈实质上是每一个参与者对于自己以及其他参与者的纯策略、赢利函数等知识有完全的了解,否则,博弈就是不完全信息博弈。从参与者行动的先后次序着手,如果参与者同时选择行动,则称为静态博弈。如果参与者的行动有先后顺序,后行动者可以观察到先行动者的行动,并在此基础上采取对自己最有利的策略,这就是动态博弈。这里的是否是同时是指虽然在时间上有行动预期的先后,但个人在实际行动时并不知道对手在采取什么行动,而并非指同一时刻大家一起行动。

从上述预期博弈的分析可以看出,诸多局限性使预期主体难以获知所有同决策有关的知识和信息,他们的行为选择只能在有限的时间内作出。预期博弈存在时间的先后,后行动者往往以先行动者的行动为依据,在此基础上作出自己的选择。

人们进行投资博弈,实际上就是为了获得更多的预期收益。你获得的预期收益增多,别人获得的预期收益可能就会减少。"人们的预期利益往往存在冲突,但也有一致的地方,人与人之间在对预期利益的追求过程中实现了动态博弈的均衡。"[1]

假如有两个投资者共同投资购买一家公司发行的债券 A,他

---

[1] 申海波:《预期理论与资本市场》,上海财经大学出版社 2000 年版。

们可以获得非常可观的预期收益,但谁都没有足够的资本进行单独投资。如果他俩中有一个抽出资本用于投资其他一家公司债券B,抽出者尽管比投资公司债券A的预期收益要少,但他投资债券B可以肯定地获得相应的预期收益,并且投资风险可能会更小,他的这一做法将使两人投资于公司债券A陷于困境,会使不抽出者蒙受损失。

如何解释上述问题呢?是抽回资本投资于公司债券B以图个"十拿九稳"还是冒一定投资风险坚持投资公司债券A以获得非常可观的预期收益?这就涉及投资者共同投资博弈要解决的投资预期问题了。假如用H_1表示投资者I_1坚持投资购买公司债券A,T_1表示他抽回资本投资更有把握的公司债券B;再用H_2表示投资者I_2坚持投资购买公司债券A,T_2表示他抽回资本投资更有把握的公司债券B。他们投资购买公司债券A或B的预期收益相应给出,则共同投资博弈模型如图3—3所示:

		投资者 I_2	
		H_2	T_2
投资者 I_1	H_1	<u>10</u> , <u>10</u>	0 , 8
	T_1	8 , 0	<u>6</u> , <u>6</u>

图3—3 共同投资博弈模型

根据博弈论中的求解方法——划线法可以求出纯策略解,此博弈存在两个纯策略均衡:(H_1,H_2)与(T_1,T_2)。由于(H_1,H_2)是在不损害他人利益的前提下,投资者不可能再增加自己的预期收益,因此它是有效的最优结局。$(T_1,H_2),(H_1,T_2)$是共同投资的糟糕结局,而(T_1,T_2)尚未达到有效的最优,因为在这种均衡下继续增加投资还可增加他们的预期收益。

但是,从风险占优的角度来考虑,均衡解(T_1, T_2)优于(H_1, H_2)。为什么呢?对投资者I_1来说,策略T_1比策略H_1更安全一些,他只要选择了T_1,不管投资者I_2如何行动,至少可以获得预期收益6,或更好一些8。如果他采取策略H_1,尽管他可能获得博弈结果的最多的预期收益10,但他也可能会输得精光(预期收益为0)。所以,风险占优要考虑的是投资者I_2采取T_2的可能性有多大时,投资者I_1选择T_1的投资预期收益会大于选择H_1的投资预期收益,即$E_2(T_1, x) > E_1(H_1, x)$。假如投资者$I_2$采取$T_2$的概率为$x$,那么,这时投资者$I_1$采取$H_1$和$T_1$的预期收益分别为:

$$E_1(H_1, x) = 10(1-x) + 0 \cdot x = 10 - 10x$$

$$E_2(T_1, x) = 8(1-x) + 6 \cdot x = 8 - 2x$$

由于$E_2(T_1, x) > E_1(H_1, x)$,则有

$$8 - 2x > 10 - 10x$$

解此不等式得:$x > \frac{1}{4}$。

上述运算已表明:如果投资者I_1预期到投资者I_2采取策略T_2的概率大于$\frac{1}{4}$的话,从预期收益角度考虑,他应采取T_1。采取同样的方法,根据矩阵的对称性,可得出投资者I_2应采取的策略。如果投资者I_2预期到投资者I_1采取T_1的概率大于$\frac{1}{4}$的话,从预期收益角度考虑,投资者I_2应采取T_2。可见,在共同投资博弈过程中,为了预期收益与风险的结合,投资者应采取(T_1, T_2),而不是(H_1, H_2),因为$\frac{1}{4}$是一个较小发生的概率。

在预期过程中,他人的行为往往是自身预期的基础,预期行为

本质上就是一种博弈行为。人们在形成对未来的预期时会有效地利用所获得的信息,采取的行动受到预期的很大影响,而预期实现又依赖于现在的行动,因此,行动和预期是一个相互自我完善的过程,和谐地融为了一体。

3.9 影响预期作用发挥的因素

人们在对经济形势进行判断时,总会尽力地获取最完整的信息,并利用一切可用的统计、历史、逻辑以及经济变量之间的因果关系等知识,经过周密的思考和冷静的分析,最后作出对未来经济情况的预测。应该看到,预期是一项极其复杂的社会经济行为和心理行为。"人们的经济活动都离不开一定形式的预期行为。这种预期活动不但直接影响这些个体的最后选择,而且也对整个经济运行过程产生一定程度的影响。"[1] 在不同的国家、社会制度、经济文化背景、预期者素质和生活习性等条件下和在经济发展的各个不同阶段上,预期的作用力度是不同的。这一点,迄今为止的所有预期理论都未曾注意到。事实上,预期作用的发挥除了受预期者本身的素质高低、信息因素、预期方式等的影响外,还深受政治的、经济的、心理的、制度的、文化的,甚至宗教和道德等多种因素的作用和影响。

3.9.1 政治性因素

政治性因素涉及一个国家的政体、社会制度、政府更迭、社会

---

[1] 许崇正:《伦理经济学再论——经济选择与人的发展》,中国财政经济出版社2001年版。

稳定性以及相关法律的规定颁布等诸多方面。政治是经济的集中表现,政治都是为一定的经济利益服务的。预期的作用不能不受到这些政治性因素的制约。这些因素直接或间接地影响经济行为主体的预期形成、修正和调整,进而影响其经济行为。受到政治上利好消息的鼓舞,经济行为主体会产生良好的心理预期,体现在个人投资理财活动上,则表现为投资踊跃,引发股市、债市大幅上扬。政治环境不稳定,如各政党纷争剧烈,政府政策朝令夕改,社会动荡不安,经济行为主体就会产生各种疑虑和担心,对未来失去信心,产生悲观预期。特别是受到政治上利空消息的影响,经济行为主体预期暗淡,正在进行投资的会撤资,要进行投资的不投资,轻则导致股市、债市暴跌,重则引发股市、债市的崩盘。

3.9.2 经济性因素

预期者进行预期的目的就是为了获得预期的利益,这种利益是同经济性因素密切相关的。这些经济因素包括宏观经济因素与微观经济因素,从国家经济政策、政府宏观调控、国民经济发展状况、市场供求总量及其构成等各种宏观经济因素,到产品研制、生产销售、广告宣传等微观经济因素,都会对经济行为主体的预期形成和作用发挥产生直接的影响。例如,当经济行为主体形成乐观预期时,他们会进行大量投资和消费,投资可以获得更多的预期收益,消费也有保障。这时的预期可以使经济行为主体走出犹豫不决状态,采取行动。但当被告知国家宏观经济政策即将从紧时,经济行为主体乐观预期就会转向悲观预期,他们就会采取坐等观望的态度。所以说,尽管预期对经济活动产生很大的影响,但是,它在很大程度上也受经济因素的制约。

3.9.3 心理性因素

心理性因素包括个体心理和社会心理。个体心理是个人独特的社会经历的反映,主要包括认知、情绪、情感、态度、预期和风险等,是通过作用于投资者的动机来实现的。由于不同的人知识文化背景、社会阅历、社会地位等的不同,其预期形成就会不同。这种不同的预期又会使个体心理具有鲜明的特征。社会心理是指人们非系统、非定型、处于自发状态的社会意识,包括阶级阶层心理、民族心理等等。阶级阶层不同、民族不同,人们的预期也会不同。这些个体心理和社会心理或多或少地影响着经济行为主体预期作用的发挥。往往在个人奋发向上、民族团结的条件下,人们对未来充满希望。在个人奋斗、毫无集体主义、阶级矛盾尖锐、民族分裂时期,经济行为主体预期不佳,经济活动也不会很积极。中国是一个较为注重社会舆论的国家,民众作出某种选择和决定,往往要面临群体一致性的压力。为寻求平衡个体和群体之间的冲突,增强安全感,投资者常常会采取从众行为。目前,资本市场上各种各样的消息、传言之所以能够通过种种渠道影响投资者的个人决策,就是利用了投资者个体的从众心理,即心理性因素在资本市场投资预期中的作用的结果。

3.9.4 宗教性因素

宗教是对神灵、神道、上帝等超自然、超社会力量的信仰,是统治人们的那种自然力量和社会力量在人们头脑中虚幻的、颠倒的反映。它是一种历史的现象。虽然宗教远离经济基础,但它也是对社会经济基础的一种反映。它同经济发展水平是密切相联的。

一些宗教仪式、宗教信仰等也会对投资产生一定的影响。人们在形成悲观预期时,往往认为这是上帝安排的结果,进行经济活动时企图借助上帝保佑。有些图腾崇拜甚至直接影响人们预期的积极作用的发挥。

3.9.5 道德性因素

道德是调整人们之间以及个人和社会之间关系的行为规范的总和,是一种依靠社会舆论、人们的信念、传统习惯、良心和教育来起作用的精神力量。道德在历史上是比较直接地反映和作用于社会经济基础的,并伴随经济基础的变化而或迟或早地发生变化。道德因素对于预期作用的发挥是不可忽视的。讲道德的社会有利于人们形成正确的预期,不讲道德的社会很难使人们形成正确的预期。当然,这不是说只要是讲道德的社会,人们的预期就正确,因为预期是否正确主要还是在于对信息的掌握和利用程度以及其他因素。在不讲道德的社会中,人们掌握的信息真实程度必然会受到影响,例如虚假的广告信息往往误导预期的形成。可见,道德因素对预期作用的发挥具有重要的影响。

3.9.6 制度性因素

制度性因素,主要是指一国的经济制度,如汇率制度、利率制度、贸易制度等。在不同的经济制度条件下,同样的预期所引起的经济变动的结果是不同的。例如在浮动汇率制度下,经济行为主体的贬值预期会导致该国货币在外汇市场上的迅速贬值;而在固定汇率制度下,经济行为主体的贬值预期却无法迅速导致汇率的真实贬值,因为中央银行为了维持固定汇率制度往往会对货币进行干预,这就限制了经济行为主体预期作用的充分发挥。在利率水平受到管制的条件下,企业难以估算和判断自身真实的信贷融资成本,从而通过信贷融资的预期收益就处于高度不确定性状态。贸易制度同样会使预期者的预期受到不同程度的影响。可见,制度是经济行为主体行为过程中不言自明的准绳,它使预期主体以此为标准衡量其他主体的行为,所有经济行为主体都以此为标准作出自己的预期。在制度约束条件下,经济行为主体对未来事件的预期就有了基本的依据。

3.9.7 社会文化因素

投资者预期不仅受到经济、政治、制度等因素的影响,还受到社会文化因素的影响。它包括社会历史、意识形态、文化、社会心理、社会习惯及习俗等,通过影响投资者的价值观、意识、性格、态度,决定投资者的资本投资需求、动机水平,或者通过影响投资者的投资预期收益、满足程度以及对现有制度的满意程度,影响投资者的行为方式选择。社会文化因素在一定程度上影响了预期作用的发挥,比如在中国资本市场中,传统儒家学说的中庸思想在一定程度上限制了乐观预期所推动的证券市场过度泡沫化。

4. 资本市场与预期的关系分析

关于预期的理论,虽然在迄今为止的有关经济文献中论述较多,但多半是理论分析,很少投入到实际经济决策和应用中去。由于预期有广泛的内容和形式,并且是和经济利益联系在一起的,因此,它存在于一切经济活动中。传统经济学对此也给予了种种理论解释,这里就不再赘述。预期对资本市场投资有哪些作用和影响?资本市场与预期的关系是什么?这是本书将要进行的重点分析。

预期是普遍地存在于人们的经济活动中的,虽然它是一种心理现象和心理行为,但它与经济活动和经济利益密切相关。预期的目的就是为了获得预期收益,预期收益本身就是一种经济利益。资本市场投资是一种重要的经济活动,是投资者进行的资本投资和交易,是普遍地存在着预期因素作用和影响的。预期作用于资本市场投资需求的传导机制是通过影响各经济行为主体的预期形成而作用于投资需求。投资者预期对资本市场投资需求的作用和影响是宏观经济政策决策者必须考虑的微观因素。正是投资者预期的变幻莫测,导致了资本市场投资供求变动,从而造成经济波动。资本市场投资者的信息获得和利用、投资的不确定性和风险通常会使实际收益与预期收益之间发生不同程度的偏差。偏差的大小可以用预期收益弹性的大小来衡量。资本市场存在着各种不同程度的风险,由此而导致了不同的预期。其中,有许多因素影响着资本市场预期价格和预期收益。所以,有资本市场,就有预期;有预期的作用和影响,就内在地包括资本市场的预期问题。资本市场与预期之间存在着密切相联、不可分割的关系。

4.1 资本市场预期的普遍性

经济人(经济行为主体)作出的多数决策都涉及对未来不确定性、风险和收益的一定预期。例如,一个人在作冰箱、彩电等耐用消费品的购买决策时,要对这些商品未来的价格走势和自己的收入前景进行一定的预期;企业在制定和实施投资计划时,对产品的市场需求和收益也要进行一定的预期。又如,某一资本市场投资者现在购买股票,以期望将来获得丰厚的股息和资本投资预期收益;国家在调整一项宏观经济政策时,决策者往往要分析其实施效应以及是否达到预期的目标。类似的例子比比皆是。个人、企业和国家的经济活动无不受到预期的作用和影响。因此,对预期的理解无论在描述个体行为、解释宏观经济波动还是在研究资本市场投资等方面都是十分必要的。资本市场投资是高风险投资行为,因为资本市场充满了不确定性因素,而不确定性越大,就越有风险,就越需要事前的预期。资本市场上所有的投资行为决策,实质上都包含着对未来不确定性结果的预期。例如,投资于一项资本资产的决策,涉及今天发生的财务支出预期能否在未来获得可观的收入。这个收入在完全实现之后,能否证明最初的投资行为是值得的。希望实现资本收益而购买政府债券的决策,包含着对未来利率走向的预期。可以引据的例子还很多。诸如以上这些活动,都需要如下一些预测或估计、判断:第一,在当前没有采取任何行动时,有可能发生什么,发生的可能性有多大;第二,如果现在采取一定的行动,将可能发生什么,发生的可能性又有多大;第三,今后采取行动,可能会怎样,即发生什么,发生的可能性有多大。

在资本市场投资过程中,预期自始至终存在着并发挥它的作用和影响。在投资者投资之前,他要进行风险预期,进行预期收益和投资不确定性的考虑;在投资过程中,随着投资不确定性的变化,投资者要调整投资行为;在投资以后,投资者要总结预期与实际发生结果的偏差,为今后投资提供参考依据。"投资者既要分析事实的变化,又要思考其他投资者和自己对这些变化可能的反应,从而投资者和市场之间形成了一个自我反馈的循环机制。"[1] 投资者进行的预期,往往参考他人的投资行为,形成自己的投资预期,作出自己的投资决策。"投资者之间的决策以相互之间的行为选择为基础,预期行为贯穿于整个投资过程中。"[2]

这里强调了资本市场中预期的普遍性,并不是说预期是资本市场投资中决定一切的变量,更不是说资本市场投资多少完全是由预期唯一决定的,而是说预期是影响资本市场投资的重要因素和变量之一。它的作用和影响,是通过其他变量的变动体现出来的,脱离了资本市场这一客观存在,也就不存在预期这一主观因素;反之,脱离了预期这一主观因素,也不能全面地解释资本市场上诸如股价波动等许多问题。将普遍存在于资本市场中的预期问题与资本市场结合起来进行分析,更能揭示资本市场的运行规律,

---

[1] 史代敏:《中国股票市场波动与效率研究》,西南财经大学出版社 2003 年版。
[2] 申海波:《预期理论与资本市场》,上海财经大学出版社 2000 年版。

这样更有利于解决资本市场中存在的如何克服消极预期作用、发挥积极预期作用的问题。

当资本市场上为数众多的投资者对股市前景抱乐观态度和充满信心时，他们必然争相吸筹建仓，拉高股指。如果投资者过分乐观而引起股票恶炒，则会将股价抬升至不合理的高位。例如，某股票在短短一周内，股价从 5 元猛涨到 10 元，乃因市场盛传该上市公司即将进行资产重组并公布新的发展规划，造成对该公司的投资前景充满想像空间，于是投资者纷纷进场吸筹，促使股价扶摇直上。反之，当投资者对于股市前景持悲观态度和信心不足时，他们将会大量抛售股票，致使股指大跌，尤其在过分悲观预期的作用和影响下，投资者盲目抛售股票将会使股价过度缩水。信心理论（confidence theory）可以说明当经济状况良好而股价疲软，或是当经济状况欠佳而股价反而上涨的原因。与其他投资理论相比，它更重视投资者认知态度的变化。对资本市场而言，银企债务危机的持续存在直接危及到了全社会资产的安全性与赢利性，导致投资者长期投资信心不足，产生信用危机的预期。"如果资本市场的行为主体预期利率上升，投在长期债券上的资本将受损失，他们便会减少对长期债券的需求，从而使债券价格下跌。预期影响着经济中所有参与者的行为，并对经济活动有着十分突出的影响。"[①]

资本市场上的投资者进行预期的目的就是获得预期的收益或利润。这一目的往往是在资本边际效率即预期的利润率下降过程中达到的。资本边际效率是一种预期的利润率，它要受到两方面

---

① 胡鞍钢、吴群刚、沈炳熙、程建盛：《中国挑战货币紧缩》，中国计划出版社 2001 年版。

因素的影响。一是投资者心理因素的影响。未来收益的高低,只能靠预期判断,这种预期是与对经济形势及其未来走向的判断联系在一起的。如果判断乐观,预期收益高,投资的热情也就高涨;如果判断悲观,预期收益低,投资的热情就会降低。二是利息率因素的影响。投资者进行投资时还会以当时的利息率作为资本市场投资的现实衡量标准。如果资本边际效率低于现行的利息率,投资者就会把钱存入银行或用于购买债券。只有当资本边际效率高于利息率时,他才会增加投资。在利息率不变的情况下,资本市场投资需求的高低则完全取决于资本边际效率的高低,而这个问题说到底是一个心理问题,是对未来的信心和预期问题。

信心对于资本市场的走向关系重大,特别是在股市趋于下滑时,信心显得更重要。所谓信心,就是资本市场投资者对市场走向趋好的预期。资本市场上的投资者数以万计,各有各的预期,但各个投资者的预期相互影响,会形成能影响市场走向的、起导向作用的预期,这就是资本市场中投资者的信心。例如,当投资者普遍认为某种股票投资预期收益会增加时,则纷纷抢购,它也当真就上涨,从而越发证实了他们原先的预期。当大众心理盛行时,即便有所谓"专家"明白事实真相,他也不愿依据自己的真实看法行事,相反,此时专家所作的经济前景预测转化为对大众预期的预测。如果投资者对资本市场走向预期悲观,那就会表现为对资本市场投资信心的不足;如果投资者对资本市场走向预期乐观,那就会表现为对资本市场投资充满信心,或信心十足。

在资本市场中,信心是与预期相伴而存在的,而且随着预期的改变而发生变化。信心的变化对资本市场走向的变动有着重要影响,在特定情况下甚至有决定性的作用。以股票市场为例,如果整个国民经济不景气,上市公司的经营状况普遍欠佳,并且这种状况在短期内很难扭转,股市投资者的预期也一定不佳,他们对股市会走强、投资交好运的信心也一定不足,这会使他们争取抛售股票,导致股市持续下滑。相反,当经济从低谷开始回升时,投资者预期经济景气将会进入复苏阶段,对整个经济前景充满信心,投资于股票的预期收益可观,于是,股票投资逐渐增加,股票市场出现上涨,一直持续下去。这时的投资者是信心十足的。投资的旺盛、经济的繁荣都是和投资者的信心密切相关的。如果国民经济运行的态势很好,即使一时发生某些不利于投资者的问题,投资者仍会一股劲地追高,他们的预期也不会根本改变,信心也不会动摇。通常讲的中国的股票市场是人气市场,指的就是信心问题和预期问题。

假定资本市场投资不确定性和风险是给定或不变的,即不考虑它们对资本市场供求的影响,并假定资本的供给曲线固定在 S 上,将资本市场投资预期收益和所有投资者对某种资产的总需求联系起来,这样可以画出一条向上倾斜的需求曲线,如果投资预期收益处于 r_e^0 水平,那么资本市场上的投资需求与资本供给处于均衡状态。如图 4—1 所示。

各种不同金融资产投资有各不相同的预期收益,预期收益越高的投资,需求量越大。从图 4—1 可以看出,在投资需求低于供给条件下,资本市场投资需求增加,预期收益将会增多,直至达到均衡预期收益 r_e^0 的水平;在投资需求高于资本供给条件下,资本市场投资需求增加,预期收益将会继续增多,它将超过均衡预期收益 r_e^0 的水平之上。这是由于不存在风险的缘故。投资者投资预期看好,信心十足。

当然,投资者对投资前景很容易丧失信心,因此很容易出现投

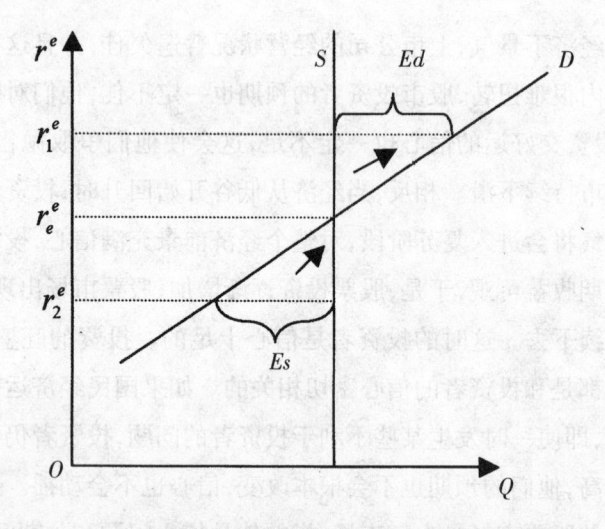

图4—1 资本市场供求趋于均衡过程中预期收益的变化

资需求不足,造成经济停滞。要增加资本市场投资,就要有一种能够使投资者保持乐观情绪和信心的环境和气氛。但即便如此,由于资本边际效率总是趋向于递减的,投资需求也就会经常呈现不足。如果投资者对经济前景的预期比较悲观,那么资本边际效率肯定会趋于低落。如果投资者的预期比较乐观,投资就会高涨。在一个完全竞争性的市场上,预期会改变资本需求和供给。投资的高涨会使资本投资需求增大,引起这类投资供不应求,价格上涨,从而使投资成本增大。这两方面情况结合在一起,使得即使在乐观预期情况下,资本边际效率也会趋于递减。此外,投资所冒的风险等因素也会使投资者对预期的收益大打折扣。

从上面的分析可以看出,资本市场是进行资本投资和交易的场所,作为一种心理现象和心理行为的预期是普遍地存在于其中的。有资本市场,就有预期问题;有预期行为,就自然也包括资本市场的预期行为。资本市场预期具有普遍性。①

4.2 预期作用于资本市场投资需求的传导机制分析

影响资本市场投资需求的因素很多,主要是银行利息率、投资成本、投资不确定性和风险,尤其是投资的预期收益。投资实际上取决于净收益,即预期收益和投资成本之差。一般的理论分析都是在假定预期收益一定的基础上展开的。在这种情况下,利率的下降降低了投资的成本,投资者可以获取更多的净收益,投资需求增加。如果没有假定预期收益一定这个前提条件,投资者进行投资的最低条件是预期收益大于投资成本。投资者对未来经济前景的判断和估计会影响到预期收益水平,如果投资者对未来经济前景看淡,会导致其对投资所能获得的收益预期降低,投资需求减少。只有当投资前景预期看好时,资本市场投资需求才会增加,资本市场才会繁荣发展。

预期作用于资本市场投资需求的传导机制是通过影响各经济行为主体的预期实现的。资本市场预期的好坏会影响经济行为主体的收入预期,进而影响甚至改变他们既有的边际消费倾向(marginal propensity to consume,MPC)。MPC 的改变,会直接影响到投资乘数 K,因为 $K = 1/(1 - MPC)$。MPC 的提高,会导致 K 的增加,$\Delta Y = K \Delta I$,进而会导致 GDP 的增加。相反,MPC 的降低,会导致 K 的减少,而 GDP 也随之减少。所以,MPC、K 和 GDP 是

---

① 江世银:"预期与资本市场投资分析",载《金融研究》2004 年第 7 期。

呈同方向变动的。经济行为主体对未来经济前景的良好预期会增加他们的投资信心,直接引发投资者投资需求的增加。

资本市场发展是受预期作用和影响的,其传导机制是居民的收入预期增加,由此既有的边际消费倾向 MPC 增加,进而投资乘数 K 增加,所以经济行为主体对未来经济前景的良好预期会增加,最终导致总投资 I 的增加。

由于政府政策效果存在着不确定性,市场的运行结果也存在着不确定性,所以这两个不确定性都会对投资者收益预期或投资者信心产生影响。在政府经常采取措施干预或调节包括资本市场在内的市场的前提下,政府决策对投资者预期或信心具有举足轻重的作用。"金融在市场经济运行中是最复杂、精巧的一部分。金融的基础是信用,信用的背后是信任,而信任要靠信心来支撑。这里所说的信心就是市场参与者对一国经济前景的预期。"[1] 投资者预期对资本市场投资需求的影响是宏观经济政策决策者必须考虑的微观性因素。之所以说它是微观性因素,是因为投资者预期问题实质上是每个资本市场投资者的个人行为问题。一种普遍的预期一旦形成,就肯定会对宏观经济运行产生不可估量的影响。例如,我国自 1996 年以来 8 次下调利率,但消费需求和投资需求依然扩张乏力,一个重要的原因就是投资者缺少对未来收入稳定增长的预期和预期作用于资本市场投资需求的不当传导机制。只有调整和改变了这种预期,而且形成适当的预期传导机制,宏观经济政策的实施才能达到预期的效果。

---

[1] 王松奇编:《金融学》(第二版),中国金融出版社 2000 年版。

4.3 预期与资本市场投资供求变动分析

资本市场是充满不确定性的要素市场,信息、资本的快速流动使资本市场价格频繁变化。预期变化莫测,导致了资本市场投资供求变动,从而影响经济波动。反过来,经济的波动又会影响到资本市场投资的波动,进而又会影响到投资者预期的形成和调整。这就形成了预期与资本市场投资供求变动的互动关系。[①] 这种互动关系是资本市场预期问题存在的普遍现象。预期既可以使资本市场投资供求两旺,也可以使之供给不足、需求不旺。不仅如此,资本市场投资供求的平衡可以使投资者充分掌握和利用信息,正确进行不确定性和风险的预期,形成适当的、与实际收益相差不大的预期收益;它的不平衡也可以使投资者掌握和利用信息效率不高,错误地进行不确定性和风险的预期,从而形成不适当的、与实际收益相差较大的预期收益。要么对不确定性和风险预期过低、收益预期过高;要么对不确定性和风险预期过高、收益预期过低。前者形成盲目的乐观预期,过分自信,例如,1992—1997年这一时期的中国资本市场投资者预期;后者形成无望的悲观预期,信心不足,例如,近年来我国和西方许多国家资本市场投资者预期。下面用一些图示来分析和说明这种预期与资本市场投资需求的互动关系。

在投资者对证券投资前景的预期看好的条件下,某种证券的价格越低,这种证券的价格转向上升的可能性就越大,预期收益就

---

① 江世银:"预期与资本市场投资分析",载《金融研究》2004年第7期。

越多,投资者愿意进行这种证券的投资就越多;反之,某种证券的价格越高,这种证券的价格转向下降的可能性就越大,预期收益就越少,投资者愿意进行这种证券的投资就越少。如图4—2所示。

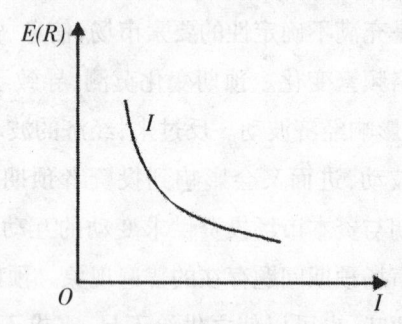

图4—2 证券投资量—预期收益曲线图

在图4—2中,以横轴表示资本市场上某种证券的投资量,纵轴表示投资这种证券的预期收益,如果把证券投资曲线 I 表示为平滑的曲线,那么它是一条向右下方倾斜的曲线。

在投资者对证券投资前景的预期为一定的条件下,存在一定的证券投资曲线。如果投资者对证券投资前景的预期发生变化,证券投资曲线将会发生移动。也就是说,如果投资者对证券投资前景感到乐观,他们在同样的预期收益下投资该种证券的数量将增加,证券投资曲线将向右上方移动,如图4—3中的 I 曲线移向 I' 曲线;反之,证券投资曲线将向左下方移动,由 I 曲线移向 I'' 曲线。

证券投资曲线由 I 移向 I',表明投资量增加,预期收益增多。这是在预期看好的条件下出现的状况。证券投资曲线由 I 移向 I'',表明投资量减少,预期收益减少。这是在预期暗淡的条件下出现的状况。

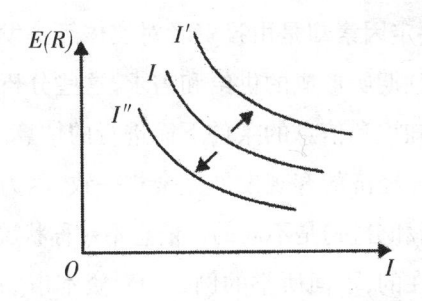

图4—3 证券投资量—预期收益曲线的移动图

预期心理与投机对资本市场供求波动起了相当大的作用。"预期的变动在很大程度上可以解释资产价格的波动。"① 资本市场总需求不稳定的根源是投资者预期的不确定性。所以,投资对需求变化的延迟反应给经济运行带来的不稳定性,以及将来情况不确定所带来的影响是分析资本市场投资的重要内容。"资本市场的运行容易受投机的影响。这种投机源于对资本市场运行方向的预期。预期受各种因素影响,其中市场信息的传播影响最为直接。……此外,资本市场的运行可能出现巨大的震荡,这缘于一种由合理预期引致的过度反应。"② 这是由于经济生活中意料之外的因素使投资者们不可能具备完全的信息,特别是信息不对称,他们由此而进行预期并采取相应的对策,从而使整个资本市场投资供求发生波动。

在资本市场投资中,供给和需求几乎是完全建立在投资者的主观预期基础之上的。脱离实体经济发展的主观预期,极易受到各种信息诱导和操纵。在资本市场中,其供求价格的基础是实体

---

① [美]斯蒂格利茨著,梁小民、黄险峰译:《经济学》(第二版)上册,中国人民大学出版社2000年版。

② 李量:《现代金融结构导论》,经济科学出版社2001年版。

经济,但直接决定因素却是由投资者对实体经济发展和资本市场价格的分析与预期所形成的供给和需求,这些分析与预期一般是在缺乏可靠的知识和信息的条件下而进行的估算。事实上,这种估算难以与实体经济的客观发展完全相一致,因为不同投资者的预期(主观判断和分析)是不同的。信息不对称状况在现实资本市场中是普遍存在的,下面所举的例子中对资本市场预期变动与金融危机关系的动态分析就是在信息不对称的前提下进行的。20世纪90年代初日本的金融危机就是由预期变动导致资本市场和房地产市场投资泡沫破灭而引发的。其中,对资本市场的过高预期是主要原因。1985年末,日本股票余额时价总值为196万亿日元,占该年GDP的60%,而1989年末的股票余额时价总值达630万亿日元,为该年GDP的1.6倍,仅4年时间膨胀434万亿日元。1987年日本股票市场市值超过美国,居世界第一,但其GDP只有美国的60%。此时的股票市场完全背离了经济基础,出现了严重的泡沫现象[①]。这主要是由于对其预期过高而自然形成的,不存在任何故意的因素。一旦预期发生了改变或者对真实发展前景和实际情况有了正确的认识,泡沫就会自然缩小甚至破灭。需要注意的是,日本在20世纪80年代过快的金融自由化导致了银行成为日本股市的最大投机者,其投资股票比重占总市值的27.1%。当泡沫破灭时,资本市场投资供求失衡迅速导致了信贷市场供求失衡,使整个经济丧失了流动性,从而导致金融危机。由此可见,预期会影响资本市场投资供求变动,资本市场投资供求失衡会导

---

① 参见陈学彬等:《当代金融危机的形成、扩散与防范机制研究》,上海财经大学出版社2001年版。

致金融危机。

资本市场投资供求是如何受预期影响的呢？日常生活中有这样的例子：第一位投资者说："最近股票可能会上涨。"第二位投资者说："最近股票可能平均上涨20%。"两位投资者虽然都描述同一件事，但所进行的预期不同，第一位只预期"股票上涨"这件事，而第二位则预期股票可能会上涨多少。也就是说，两位投资者进行预期问题的确定程度不一样。前者确定程度小，不确定程度大，因而预期不完整；而后者确定程度大，不确定程度小，他所进行的预期较为完整。因此可以说，预期就是使投资者减小对未来经济活动了解的不确定程度。当投资者预期进行某项投资时，一些大的投机者，凭借其雄厚的资本实力，大量买进或抛出，形成对资本市场供求的巨大冲击，导致资本市场供求的剧烈波动。这使得股票及其他证券的价格远离实体经济的发展，甚至与实体经济的发展毫不相关，它的变动基本上依赖于在对资本市场价格变动的预期基础上形成的供给和需求，由此形成的各种市场信息必然也仅仅是资本市场投资者对证券本身预期的供给和需求的反映，对于实体经济的反映来说是一种人为的扭曲。因此，在资本市场上，更多的是预期心理与投机活动相结合，对供求的波动起到了推波助澜的作用。预期使投资者采取相应的投资策略，由此使资本市场投资发生供求变动。例如，如果投资者预期A种股票的收益超过B种股票，那么他就会抛出B种股票，购买A种股票，这样对A种股票的需求就增加了，对B种股票的需求就减少了。投资者相信，在长期中，他们的预期是正确的，因而采取了抛B购A的投资决策行为。资本市场的复杂性、不确定性使得市场信息的不对称性和不完全性成为一种常态，导致资本市场的非均衡状态，并使均衡成为一种特例,引起资本市场的经常性波动。

资本市场中的投资者关于不同数值的资本投资预期收益可以用概率来表示,也就是说可以用概率来说明这种预期的任何一个既定状态。假如可以有 N 种投资选择,那么,这个概率分布会有这样的特点:一方面它具有平均值所代表的中心倾向;另一方面它一定会出现某种程度的偏差即离中趋势。前一特点代表着投资者的预期收益值,后一特点代表的是投资者的风险。根据概率分布,投资者的风险就是概率分布中特定的实际收益与代表投资者预期的中值的背离程度。它可以用标准偏差公式 $\sqrt{\sum_{i=1}^{n}(R_i-\mu)^2 P(R_i)}$ 来进行衡量。式中 R_i 代表某一状态下投资的可能收益,μ 代表均值;$P(R_i)$ 代表任一选定的投资收益的概率。

由不确定性导致的预期在概率论中是用随机事件或随机变量来描述的。随机事件发生与否或随机变量的取值事先是不确定的,这种不确定性的大小通常给投资者的直观感觉为:就单个事件比较,小概率事件虽然很难发生,但它一旦发生,就变为确定的,由此而产生的变化幅度就大。百年不遇的事件一旦发生,比经常发生的事件更令人震惊。像 1929—1933 年世界资本主义经济大危机的灾难让人记忆犹新。人们预期悲观,不仅消费需求不足,投资需求也不足。概率为 1 的事件,它的发生不足为奇,其不确定性的变化为零。相反,概率为 0 的事件,永远不会发生,假如发生了,无疑是从确定的不发生到确定的发生的最大变化,是不确定性变化的最大程度,常被视之为无穷大。两个相互独立的随机事件,其不确定性也是相互独立的,它们的不确定性的变化也是相互独立的。例如,进行股票投资和进行债券投资就是这样的随机事件。

在完全信息条件下,每个投资者所拥有的信息都是对称的,即理性的投资者无法利用内幕消息和意外冲击来获得额外的预期收益,这就意味着资本市场在任何情况下都将处于均衡状态,投资者预期不会出现任何非理性变动导致资本市场陷于非均衡状态,更不会出现投机冲击引起资本市场投资的失衡。尽管理性预期等于是运用一切可用信息而作出的最佳预测,但以理性预期为据而作出的预测并不总是完全正确的。一方面是因为投资者不可能得到全部可供利用的各种经济信息形成准确的预期;另一方面是因为投资者即便得到了全部信息,他们也会因懒惰而无法形成正确的预期。

资本市场上的投资基于投资者对未来的不同预期,受投资者心理因素影响很大,有时资本市场的大动荡正是在大众强烈的追随心理作用下推波助澜的结果。资本市场供求价格变动还经常受到各种消息的影响,这些消息往往是未经证实的传闻、有关新闻报道、机构大户的行踪等。这些因素常常导致它的短期异常波动,从而使资本市场投资供求处于不平衡状态。要改变这种状况,除了实行强有力的宏观经济政策外,还可以从预期的角度考虑,通过投资者预期的改变来增加或减少投资,从而使资本市场投资供求处于平衡状态。

4.4 预期收益弹性概念

资本市场供求均衡点是否稳定,取决于经济运行在受到使它离开均衡位置的冲击后将会如何变化的预期。在这方面呈现的中心问题是如何用公式将预期的变化和均衡的变动之间的关系表示出来。为此目的,希克斯使用了预期弹性概念,即变量预期值的百分变动率和同一变量的实际值的百分变动率之间的关系。他是这样说的:"我把一个特定的人对商品 X 价格预期的弹性下定义为:X 的预期未来价格按比例的上升与它当前价格按比例上升之间的比率。"[①] 希克斯的预期弹性概念对于理解预期值与实际值的偏离程度具有一定的参考价值,但它只是稳定性分析的一种工具。这个概念不能说明预期是如何形成的,也不能说明预期是如何变化的,因为它只是就价格来分析的,忽略了预期收益弹性的影响。

预期是不稳定的,具有相当的弹性。资本市场是否稳定并达到均衡点将取决于预期收益弹性的变化,这种变化则是导致体系偏离均衡突变的结果。这样,一个关键性的问题就被提出来了,即我们怎样才能在投资与预期的变化和均衡的偏离之间建立一种数量关系公式呢?为此作者提出了"预期收益弹性"的概念。所谓预期收益弹性,就是指投资者预期收益的变化比率与由其所引起的投资者的实际投资量变化比率之间的关系,即投资者的实际投资量变化对投资者的预期收益变化的反应程度。这里的预期收益弹性是指资本市场上的预期收益弹性。假定影响资本市场上的预期收益的因素只有投资量,其他因素暂不考虑,若以 I 表示目前可观察到的一定实际投资量,以 $E(R)$ 代表未来预期收益,Ere 表示预期收益弹性,则可以把预期收益弹性写成:

$$Ere = \frac{\Delta E(R)}{E(R)} \div \frac{\Delta I}{I} = \frac{\Delta E(R)}{\Delta I} \times \frac{I}{E(R)}$$

式中 $\Delta E(R)$ 表示预期收益的变化,$\frac{\Delta E(R)}{E(R)}$ 表示预期收益变动的

[①] J.R.希克斯:《价值和资本》,牛津大学出版社 1946 年版。

百分比;ΔI 表示实际投资量的变化,$\Delta I/I$ 表示实际投资量变动的百分比。

例如,假设投资量变动为 5%,预期收益的变化为 10%,则预期收益弹性系数为 2。

由于预期收益与投资量具有许多不确定性因素,所以预期收益弹性 Ere 可正可负。若 $Ere<0$,则投资者预期收益的变动方向与实际投资量变动方向相反;若 $Ere=0$,则投资量的变动对于预期收益没有任何作用,投资者认为将来收益和投资量还会恢复原样;若 $0<Ere<1$,则实际投资量上升时,而预期收益上升的幅度小于实际投资量上升的幅度,这说明实际投资量与预期收益之间缺乏弹性;若 $Ere=1$,则未来投资量上升一定幅度,将导致预期收益也上升同等幅度,这是单位弹性;若 $Ere>1$,则未来投资量的上升将导致预期收益更大程度的上升,投资者将普遍认为预期收益的上升将有一个正的趋势。

预期收益弹性概念可用以分析资本市场的稳定和均衡问题。若预期收益弹性大于 1,资本市场的均衡将是稳定的;若预期收益弹性小于 1,则资本市场的均衡将是不稳定的;若预期收益弹性等于 1,则它是资本市场稳定与不稳定的分界线。这样,预期收益弹性概念也就有了一定的可操作性。不过,它仅限于对资本市场一般均衡问题的分析。

证券预期收益的弹性即倾斜程度取决于证券的独立程度或可替代程度。证券的独立程度越低,即它可以被别的证券替代的程度越高,投资于该证券所获得的预期收益的下降会使投资者用别的证券替代这种证券,该证券的投资量将出现较大幅度的下降,该证券的投资曲线将较为平坦;反之,该证券的投资曲线将较为陡峭。

预期收益弹性概念的提出和研究对于分析资本市场投资预期收益与投资量之间的关系具有重要的意义。借助它,可以分析资本市场投资供求波动,更好地为投资者决策和政府调控资本市场投资供求提供更加精确的科学依据。

4.5 预期收益率与实际收益率

投资者进行资本市场投资的目的都希望获得一定的预期收益。预期收益与实际收益往往有一定的偏差,刚好相等的情况是特例。如何衡量投资者进行资本市场投资的预期收益多少呢?为了下一步建立预期收益数学模型的方便,本书用预期收益率与实际收益率来进行比较。其中,预期收益 $E(R)$ 与投资额 I 的比值称为预期收益率 $r_{E(R)}$,即:

$$r_{E(R)} = \frac{E(R)}{I}$$

而实际收益率 $r_{A(R)}$ 是投资的实际收益与投资额 I 的比值,即:

$$r_{A(R)} = \frac{A(R)}{I}$$

例如,如果某投资者用 1000 万元投资股票,在一年内的预期收益为 300 万元,而实际收益为 200 万元,那么该投资者的预期收益率 $r_{E(R)} = \frac{E(R)}{I} = \frac{300}{1000} = 30\%$,实际收益率 $r_{A(R)} = \frac{A(R)}{I} = \frac{200}{1000} = 20\%$。

预期收益率、实际收益率两者的差额与遭受风险的程度相对应。在不考虑其他因素影响的条件下,预期收益率 $r_{E(R)}$ 扣除风险程度便是实际收益率 $r_{A(R)}$,实际收益率或许会因有利于投资者的投资不确定性的发生大于预期收益率,也可能因不利于投资者的不确定性的发生而小于预期收益率。如果投资风险不存在,无风险状态使投资收益转化为净收益 $N(R)$,则实际收益率会因此增大而高于预期收益率。事实上,完全没有风险的投资是不存在的,只不过风险的大小不同而已。投资风险越大,预期收益实现的可能性越小。如资本市场的指数因政治、经济及个别公司状况等各个方面因素的影响产生难以预测的波动,投资者可能蒙受损失,承担着投资风险。

假定一投资者的资产财富为 X,其财富投资的预期收益函数为 $E[R(X)]$,如果有一个随机干扰项 ε 影响他的投资,此时财富从 X 变成了 $X+\varepsilon$,于是 $R_{x+\varepsilon}$ 就变成了随机变量,用 $E[R(X+\varepsilon)]$ 来衡量他的预期收益值;又假设预期储蓄 $E(S)=0$,对风险厌恶的投资者来说,他的预期收益一定满足:

$$E[R(X)] > E[R(X+\varepsilon)]$$

再假设投资于第 i 种证券的预期收益率是 $r_{E(R_i)}$,为简便起见,暂不考虑收益的数值,仅考虑预期收益率,即如果投资初期的收益为 p_1,期末预期价格为 p_t,投资期间所获得的任何红利、股息或利息为 R,则预期收益率 $r_{E(R)}$(简记为 r)为:

$$r_{E(R)} = \frac{(p_t - p_1) + R}{p_1}$$

记 ω_i 是第 i 种证券投资比例,则投资组合总的预期收益率为

$$r_{E(R_x)} = r_{E(R_1, R_2, \cdots, R_n)} = \sum_{i=1}^{n} \omega_i r_{E(R_i)}。$$

除了风险因素外,资本市场投资者的信息获得和利用以及不确定性也会使实际收益与预期收益之间发生不同程度的偏差,从而导致预期收益率与实际收益率的不一致。

4.6 资本市场的风险与预期

4.6.1 资本市场的风险及其预期

资本市场的风险实际上是实际收益对预期收益的背离,主要表现在投机成分过大引起的虚涨或者说是泡沫经济。虚涨形成的金融泡沫一旦破裂,不但使广大投资者蒙受巨大损失,而且还直接影响资本市场的稳定和功能的充分发挥,从而给整个国民经济的发展带来不可估量的损失。资本市场风险具有客观必然性。资本市场活动总是存在着投资风险。这是由人类经济活动中信息不完备和人的有限理性造成的。资本市场领域知识的专门性、技术的复杂性以及信息传播手段的现代化,导致了资本市场活动具有更大的不确定性特征。这种更大的不确定性,使得资本市场投资具有获得较高预期收益的同时,也具有较高的风险,这就是所谓高收益、高风险,它不仅是资本市场投资运动的规律,而且也是市场经济的普遍规律。

从资本市场的整体来看,资本市场越活跃,投资越多样化,其不确定性空间也就越大,因而资本市场的风险也就越高。一般说来,一种投资的预期收益与风险都是成正比的,即预期收益越多,风险也越大;预期收益越少,风险也越小。要想获得较多的预期收益,就必然冒更大的风险。"在所有证券中,不会有高收益和低风险并存的例外。"① 资本市场投资风险与投资收益的关系可以用风险—预期收益等价曲线来量化。所谓"等价",就是说风险与预期收益之间存在着一定的关系,风险大的投资预期收益高,风险小的投资预期收益低,在投资者看来,不同风险的投资对应着相应的预期收益,并且风险与预期收益是等价的。如图4—4所示:

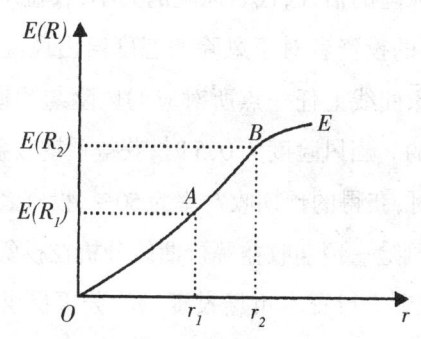

图4—4 风险—预期收益等价曲线图

在图4—4中,横轴表示投资的风险大小;纵轴表示未来投资的预期收益;OE 曲线表示风险—预期收益等价曲线,它表示随着风险增加,预期收益也增加。在 A 点,投资风险为 r_1,预期收益为 $E(R_1)$;在 B 点,投资风险为 r_2,预期收益为 $E(R_2)$。由于 $r_1 < r_2$,所以 $E(R_1) < E(R_2)$。也就是说,投资风险小,预期收益少;投资风险大,预期收益也多。预期收益多少是与投资风险大小呈正相关的。从不同类型的证券投资来看,在风险—预期收益曲线上,证券投资风险从低到高依次是短期国库券、中期国债、金融债券、公司债券、股票等。随着这些证券投资风险的由低到高,其预期收

---

① [美]戈登·丁·亚历山大、威廉·F.夏普、杰弗里·V.贝利著,赵锡军、季东生、李向科译:《投资学基础》,电子工业出版社2003年版。

益也逐渐增加。

不同的投资者,对于"等价"的认识不同,相同的风险,敢于冒险的投资者要求的预期收益要比保守型投资者要求的预期收益低得多。风险—预期收益等价曲线很清楚地表明了这些关系。一般用概率作为对风险的估计,代表风险的大小,收益用预期收益率表示,通过对不同的投资者对于风险的态度给出风险—预期收益等价曲线。在这条曲线上任一点所对应的风险与预期收益,投资者都认为是等价的。当风险度为 0.5 时,获得预期收益率为 30%,当风险度为 0.6 时,获得的预期收益率为 50%,投资者会感到同样地满足。投资的风险—预期收益等价曲线分析在投资决策中是非常有用的,为投资者进行资本市场投资风险分析提供了一种量化的工具,投资者在进行投资时容易作出冒风险是否值得的决策。

从投资时机来看,在市场疲软时进行投资,自然风险会很大。但是,一旦出现市场转折,行情大幅回升,也会给投资者带来巨额预期收益。此时的投资点显然处于风险—预期收益等价曲线的较高位置;反之,市场比较平稳时,进行投资固然风险较小,但此时投资者也只能获得一般的增值收益,预期收益率较低。此时的投资点则处于风险—预期收益曲线的较低位置。

4.6.2 资本市场投资者风险种类

假如投资者的偏好是风险最小,投资者追求预期收益最大化,考察投资赌博 $q \in p$,再假设该投资赌博只有两种可能的结局,即预期收益 R_1 的风险概率为 p,预期收益 R_2 的风险概率为 $1-p$,可用下图 4—5 表示:

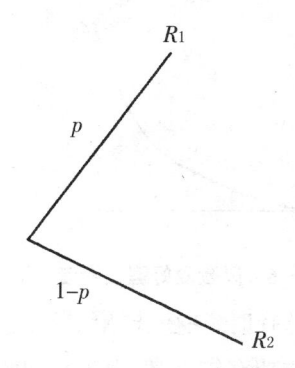

图 4—5 投资风险与预期收益的关系

如果有 $pR_1 + (1-p)R_2 = 0$，即投资赌博的均值为 0，则通常认为该投资赌博是公平的。

对于具有初始资本 C_0 的投资者来说，如果他力求资本的保值而不参与投资赌博，本分地将钱存入银行，那么他的预期收益值为 $r(C_0)$；如果他不那么本分而冒险地参与投资赌博，那么投资赌博会导致其事后实际资本多少的变化，要么资本保值增值，要么资本受到损失。以概率 p 变为 $r(C_0 + R_1)$，以概率 $1-p$ 变为 $r(C_0 + R_2)$，从而他的预期收益值为 $pr(C_0 + R_1) + (1-p)r(C_0 + R_2)$。

即便大多数投资者都是厌恶风险的，现代的经济也需要鼓励冒险。资本市场上的投资（也包括投机）是有风险的，但它却是经济增长的发动机。如果投资者喜欢参与所有公平的投资赌博，即 $r(C_0) \leqslant pr(C_0 + R_1) + (1-p)r(C_0 + R_2)$，称投资者是风险爱好型的。这说明预期收益函数 r 是凸函数，更一般地表示为 $r(EC) \leqslant E[r(C)], \forall C$。这类投资者喜欢冒险，热中追逐意外之财。如图 4—6 所示：

风险爱好型投资者具有较强的进取心和开拓精神，为了追求较多的预期收益，宁愿冒较大的风险。在风险程度不同而且收益

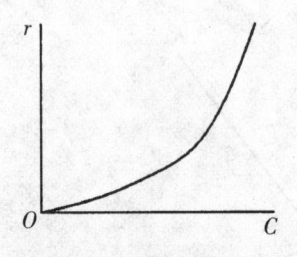

图4—6 风险爱好型投资者

也不同的方案之间进行选择时,往往选择预期收益大、风险也大的方案。有时尽管投资的成功率较小,但由于预期收益很大,也会去冒险,甚至不惜孤注一掷。这种类型的投资者可能获得巨大的成功,也可能一败涂地。这就要看他在资本市场投资中的运气。

大多数投资者都不喜欢与大多数未来取向的投资活动相伴随的风险。如果投资者不喜欢参与任何公平的投资赌博,即他的预期收益值 $r(C_0) \geqslant pr(C_0+R_1)+(1-p)r(C_0+R_2)$,称投资者是风险厌恶型的。这说明预期收益函数 r 是凹函数,更一般地表示为 $r(EC) \geqslant E[r(C)], VC$。这类投资者注重投资安全,尽可能躲避风险。如图4—7。

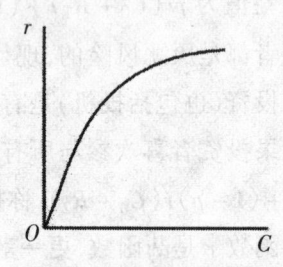

图4—7 风险厌恶型投资者

风险厌恶型投资者在投资决策时,力图追求稳定的预期收益,不愿冒较大的风险,在选择各种投资机会时,对预期收益大但风险也大的投资往往采取回避的态度,而倾向于预期收益小、风险也小的投资,把风险和效用看得很重。即便投资成功,也不会有多大的预期收益;如果投资失败,也不会受到致命的打击,往往有一定的回旋余地。

上述两种对待风险的态度处于两种极端情况,介于二者之间的属于中间型,他们认为有风险和没有风险的结果没有多大差别,并且认为效用值与期望值是一致的,在决策中往往利用期望值作为选择方案的标准。假如投资者只关心预期收益而不关心风险,即他们是风险中性的,并且如果所有的投资者有同样的预期,那么所有的资本投资肯定有同样的预期收益。如果投资者对参不参与公平的投资赌博没有任何差别,即 $r(C_0) \equiv pr(C_0 + R_1) + (1-p)r(C_0 + R_2)$,称投资者是风险中性型的(risk neutral)。这说明预期收益函数 r 为线性函数,更一般地表示为 $r(EC) = E[r(C)]$,VC。风险中性型投资者既追求预期收益也注重安全,当预期收益比较准确时,可以不计风险。如图4—8。

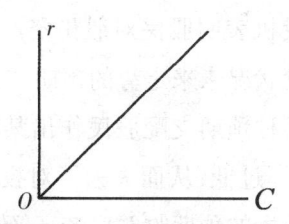

图4—8 风险中性型投资者

由此可见,在资本市场上的投资者有风险爱好型、风险厌恶型和风险中性型三种。本书对这三种风险—预期收益的分析包括了资本市场上常见的投资赌博类型。风险—预期收益分析提供了一种用风险的形式将货币价值具体化的方法,这对资本市场投资决策者来说是十分有用的。当投资者试图摆脱风险时,潜在的预期收益便不足以衡量一项风险投资的吸引力了。在这种情况下,合理决策产生于可选方案预期效用的比较,而不仅仅考虑预期的收益。

不同类别的资本市场具有不同的风险。特别是其金融风险程度、原因及表现都会有所不同。

4.6.3 股票市场风险与预期

与债券等其他资本市场相比,股票市场是投资收益最多、投资风险也最大的资本市场。目前在我国股市开户的投资者多达7000多万户[①],其中绝大多数是散户,占城市家庭总户数的40%以上,股市大幅波动甚至崩溃对宏观经济与社会稳定的影响十分巨大。由于制度性因素的影响,政府曾一度把股市作为国有企业摆脱困境的手段,企业把股市当作"圈钱"场所;中介机构与上市公司联手作假,违规经营,操纵市场,欺骗投资者的事情时有发生;股民无论是机构大户还是散户都不是长期、理性的投资者,投机倾向占绝对的主导地位。"投机表明股民对股份资产的预期投注。这种预期,一是对公司经营状况未来走势的预期,二是对股票价格未来变化趋势的预期,这两种预期支配股民作出某种投注。"[②] 由于债券市场投资预期收益率过低,从而失去了对投资者的吸引力。与之相反,投资于股票市场的预期收益率畸高,致使大量社会游资流入股票市场上搞投机,造成了整个社会投机心理的恶性膨胀和金融资产价格的暴涨,股市泡沫化现象比较严重。尽管社会普遍预期投资的收益前景不佳,但企业和居民却依然具有极其强烈的证

---

① 截至2003年底,有7066万户,有57只规范的证券投资基金,部分商业保险资金可以通过投资于证券投资基金的方式间接投资于股市,开放式基金已经推出。

② 郭冬乐主编:《中国资本市场理论与实务》,中国物价出版社1997年版。

券投资愿望。这种投资愿望多半都是投机心理引起的,潜伏着很大的风险,而近两年股市的暴跌则充分验证了这一点。

股票市场的风险受资本供求关系的影响很大,并且相当复杂。一般说来,股票市场的股票存量具有相对稳定性,股市供求的复杂性主要在于股票市场的需求曲线变幻无常,因为股票需求从根本上取决于投资者对未来股价变动的预期。这种预期来自两方面:一是根据企业生产经营状况及投资前景对企业未来收益的预期,这是有助于股票价格与需求反映股票的内在价值、从而导向有效市场的理性预期;二是投资者对股票下一期(短期)所能出售的价格的预期,这种预期被称为"投机幻觉"预期。在这样的市场里,投资者的行为受投机幻觉支配,每个人可能都知道这种幻觉不可能长期存在,最终总要破灭。但同时,不利用这一幻觉却又是愚蠢的。这种预期引致的股票价格与需求变动一般不反映上市公司的经营现状与前景,不体现股票的内在价值。其实,在股票的需求决定中,两种预期都在发挥作用,只不过在不同时期两种预期作用的相对强弱有所不同而已。在一般情况下,"投机幻觉"预期往往发挥着重要作用,这就使短期内股票市场的需求乃至股市本身具有很大的不确定性,价值高低与需求量多少往往由投资者对下一次股价变动的预期决定。在股价上升阶段,投资者为追逐股票价差暴利而纷纷入市抢购,于是需求量随预期价格增加而增加,"越涨越买,越买越涨",形成"泡沫现象"[①]。经济学中使用的"泡沫"是

---

① "泡沫"一词最早用来形容如 1636—1637 年发生在荷兰的郁金香狂热等。它是这样一个循环:一种或一系列资产在一个连续过程中陡然涨价……使人们产生还要涨价的预期,于是又吸引了新的买主……伴随着涨价常常是预期的逆转,接着就是价格暴跌,最后以金融危机告终。

描述这样一种经济现象,即在一个连续过程中,投资者进行投资是想通过投资获得预期收益,而不是想使用它。一种或一组资产投资价格的急剧上升,其中初始的价格上升使投资者产生价格将进一步上升的预期,从而吸引新的投资者。此时凡入市者,都会在一夜间发大财。然而,泡沫毕竟是泡沫,它终究会破灭。当泡沫到顶点时,没有更多有购买力的需求随价格上扬而购买,价格就会下降。在价格下降时,有效需求量往往随价格下跌而急剧减少,甚至出现"越跌越抛,越抛越跌"的"崩盘"现象。18世纪英国伦敦的"南海泡沫事件"、法国的"密西西比泡沫事件"便是典型例证。本杰明·格雷厄姆认为,"投资是根据详尽的分析、本金安全和满意回报有保证的操作,不符合这一标准的操作就是投机。"① 按照经济学的解释,"泡沫"现象并不是在投资中产生,而是在追逐预期收益的利差利益的投机活动中产生的,由于资本市场中股票、债券、期货、基金等的价格变动频繁,时不时会出现价格波动,形成买入价和卖出价的差异,因此投机泡沫主要发生在风险较大的资本市场,特别是股票市场。这是从短期内来看的情况。从长期来看,如果扣除无数泡沫的形成与破灭因素,而考察股价与股票内在价值,股价与股票需求量变动的总体趋势,前一种理性预期在起基本作用,即平均股价有一种向股票内在价值回归、需求量随股价波动呈反方向变动的总体趋势。在不同发育程度的资本市场中,两种预期作用的强弱也不同。在不成熟的资本市场尤其是股票市场中,"投机幻觉"预期往往发挥主要作用,股价往往与股票价值背离,股票市场的需求变幻无常,难以把握;在完善成熟的资本市场中,理性

---

① 本杰明·格雷厄姆、戴维·多德:《证券分析》,海南出版社1999年版。

预期在其中起基本作用,"投机幻觉"预期作用较弱,股票价格和投资预期收益基本反映上市公司经营状况及相关信息,在既定条件下股票需求量与股价总体呈反方向变动。

4.6.4 债券市场风险与预期

资本市场除了股票市场外,还包括债券市场。债券市场与股票市场一样,都是存在风险的市场。虽然债券市场的风险不如股票市场的风险那样大,但是,由于发行债券的政府、公司仍然难以摆脱经济不确定性和风险的影响,所以,进行债券投资仍然存在风险。发行债券进行筹资的政府、公司由于可能受到财政危机和经营风险的影响,未来的经济状况会随着经济环境的变化而偏离原先预期的状况,导致债券到期难以还本付息。所以,债券市场仍然存在着风险,并且其风险也是不能忽视的。

债券市场风险是指在债券市场上进行债券投资的投资者投入了成本、到期难以实现预期收益的资本市场投资现象。投资者投资债券,目的与投资股票一样,都是为了获得预期收益,这个预期收益就是债券的利息。它是高于投资成本的部分。由于风险的存在,有时投资者实现不了他的目的;不仅如此,甚至连本金都会损失。虽然债券市场风险不如其他资本市场风险大,但它始终是存在的。正因为如此,进行债券投资的投资者就要进行预期,根据预期来决定是否投资、投资多少。如果在已投入过程中遇到风险,投资者会进行调整,从而减少风险损失。

虽然从理论和历史上看,债券投资也有风险,有时投资者也难以实现预期收益,但在我国,投资于经国家批准发行的任何债券,风险很小,几乎为零。政府和银行仍然是一切债券的最终承担者。

还不了本,付不了息,政府和银行都会出面解决。随着市场经济体制的逐步完善,投资债券市场的风险会越来越大。

在国家经济发展水平已经比较高且仍具发展潜力的情况下,投资者才会相信国家有能力偿还债务,对政府的信心指数才高。由于我国是经济发展基础较为薄弱的国家,经济发展中的不确定性因素较多,债券投资也存在一定的风险,经济与金融制度存在明显缺陷,所以投资者对财政能力的预期会受经济与金融波动的影响。如果投资者的信心下降,则会极大地影响对债券的需求,从而影响债券发行规模的持续扩大,并使债务支付的风险不断增加。现阶段,我国的债券发行对金融风险的影响是很大的。如果债券发行过度,超过经济与社会的承受力,它也能成为金融风险的根源之一。

4.7 影响资本市场价格预期和投资收益预期变化的因素

资本市场价格经常处于波动之中,投资者的预期收益时多时少,有诸多因素影响着资本市场的价格预期和收益预期。既有外因的影响,又有内因的作用。在资本市场价格的涨落和预期收益多少的变化中,投资者的心理状况是一个非常重要的因素,因为无论是政治因素还是经济因素,它们对资本市场价格和预期收益的影响最终都要通过影响和改变人们的心理预期来实现。预期的不确定性表现为预期主体随时根据新的信息情况修正和调整预期。人类的社会经济活动是活生生的,每时每刻都有新事物的产生、旧事物的灭亡。随着最新信息的获得,预期者总是要校正原来的预期,一旦发现原预期有误,他就会重新修正和调整预期。这种预期的随时调整大大加强了预期的不确定性。有些宏观经济政策在出台前设计得尽善尽美,出台后完全变样了,原因之一就是投资者的预期行为作了调整,政策出台后的投资者已经不是设计方案时的投资者了。这些预期包括对政治、经济因素的预期,资本市场因素的预期和股份公司因素的预期。

4.7.1 政治、经济等宏观因素的预期

由于资本市场投资特别是证券交易行为的广泛性,使得股票价格和预期收益对于各种政治、经济因素的变化都十分敏感,对这些因素的预期都将反映在股票价格和预期收益中,这主要包括政治因素的预期、宏观经济走势的预期、通货膨胀或通货紧缩的预期、利率的预期等。

1. 政治因素的预期

资本市场特别是股票市场是一个非常敏感的市场,国际国内任何一种政治形势的变化都有可能导致资本市场价格和投资收益预期出现剧烈的波动。政治因素的预期包括投资者对国内政治局势、国际政治格局变动特别是战争形势的估计和判断。

国内政治局势如执政党或执政领袖的更迭、国有化或私有化运动、国内社会思潮、工会活动、政治运动、反腐倡廉斗争等。这些方面会影响到投资者对国家政治稳定和社会前途的信心,影响到他们对资本市场运行的政治环境的看法,从而通过投资者的投资信心影响股票预期收益。例如,1997年2月18日传言邓小平同志逝世的消息,当天上海股价指数由982.4点下降为893.7点,日平均跌幅为9.0%。第二天报纸刊登该消息,同时给了投资者政局

会稳定的预期,股价指数由893.7点上涨为962.7点,日平均涨幅为7.7%。当国内政治局势有利于资本市场发展时,股票预期收益上涨;而当国内政治局势不利于资本市场发展时,股票预期收益会下跌。

在开放式的国际经济中,国际政治格局变动和各国政府的政策、措施足以影响股票价格的走势和投资者预期收益的多少。国家之间不仅建立起经济关系,而且还会建立起政治关系。这种国际政治关系也会通过各种渠道影响国内经济生活和资本市场投资预期收益,对那些资本市场开放程度较大的国家来说更是如此。当国际政治局势有利于资本市场发展时,股票投资预期收益将会增加;而当国际政治局势不利于资本市场发展时,股票投资预期收益便会减少。

战争是人祸之一,包括世界性战争或局部战争。在人类历史上,战争从未停止过。战争对经济的破坏是非常严重的,在战争期间受战争直接或间接破坏的公司,其股票和债券投资收益会大跌,只有那些为战争服务的公司的股票和债券的投资收益才可能维持,但战争期间繁荣的资本市场,也是一种畸型发展的现象。

2. 宏观经济走势的预期

宏观经济走势预期主要是指由于宏观经济因素的变化、经济政策变化、经济的周期性波动以及国际经济因素的变化给资本市场投资者可能带来的意外收益和损失的判断、估计。对宏观经济走势预期良好,就会形成资本市场的乐观预期;反之,对宏观经济走势预期暗淡,则会形成资本市场的悲观预期。然而,经济不会简单地呈周期性循环,它总是按一定比率逐步增长。经济增长会造成对投资的强烈需求,影响股票和债券的供求平衡,从而引起股价和债券价格上涨;经济增长时公司经营业绩上升,投资者对公司收益的预期看好,致使股票价格和债券价格上涨;经济增长会创造更多的国民收入,居民的收入水平亦会相应提高,投资者对股票和债券会产生更多的需求,从而也会引起股票和债券的价格上涨。所以,对经济周期与增长的预期是直接影响资本市场价格预期和投资收益预期的重要因素之一。

3.通货膨胀或通货紧缩的预期

通货膨胀对资本市场的影响比较复杂,它既有刺激资本市场的作用,又有抑制资本市场的作用。通货膨胀主要是由于过多地增加货币供应量造成的,货币供应量增加,初始时能刺激经济增长,增加公司的利润,从而增加可分配的股息。股息增加使得投资者预期收益增多,股票也因此更具吸引力,于是股价上涨。但是,当通货膨胀发展到一定程度时,将会推动利率上涨,从而抑制股价,投资者预期收益减少。当刺激的作用大时,股市的走势将与通胀的走势一致;当压抑的作用大时,股市的走势将与通胀的走势相反。与通货膨胀不一样,通货紧缩往往使资本市场不景气,投资者预期收益减少,所以他们会减少投资或干脆不投资。一旦形成了通货紧缩,要改变投资者的消极预期是很难的。

4.利率的预期

利率预期对资本市场是一个十分敏感的因素,利率的升降常常在资本市场上掀起波涛。这是因为利率预期的变化是通过影响资本市场投资预期收益而产生的。一般说来,股票价格与预期收益大小成正比,而与利息率成反比。当利息率居高不下时,股票投资者就必然把投资投向债券或货币市场上,以谋取风险小而利息又高的收益。在这种情况下,股票价格必然下降。不仅资本市场预期价格下降,而且预期收益也会下降。反过来,一旦利率降幅较大时,投资者往往会把投资从其他地方抽出来纷纷投向股市,出现狂购股票的投机风潮,因为廉价的货币有利于促使资本流向股票市场。投资者会以低利率筹措所需资本,以赚取股票高额的报酬,因此低利率将促使股价上升。例如,我国短期利率自1996年以来8次下调,在一定程度上抑制了股票价格的低迷,使投资于短期国库券和商业票据上的资本转移到股票市场上,确保了我国经济的适度增长。从对利率的期限结构的分析来看,通货紧缩期间,即期实际利率要高于远期实际利率,当预期未来实际利率趋于降低时,消费和投资会形成远期化倾向,并出现社会需求大幅下降,进而导致股价的持续下跌。这就是利率预期作用的结果。当股市泡沫过度膨胀时,货币政策当局通常会调高利率,改变投资者的预期,促使股价回归到相对合理的水平上;相反,当股价过度下跌,股市萧条时,为改善投资者预期,货币政策当局又会调低利率,以刺激股市的复苏和经济的繁荣。

4.7.2 资本市场因素的预期

资本市场因素的预期,包括股票市场供求关系的预期、资本市场投机行为的预期、资本市场规律的预期和管理层政策的预期。

1. 股票市场供求关系的预期

与其他商品交换活动一样,股票价格也受供求关系的制约,供求关系是决定股票价格的直接因素。当投资者预期购买股票会带来预期收益时,大量投资资本流入股票市场,造成股票供不应求,股价不断上涨;反之,当投资者预期购买股票会带来预期损失时,大量投资资本将会流出股票市场,股票供大于求,股价则下跌。只有在股票市场供求大体平衡的情况下,投资者预期的作用才对其影响不大。如图4—9。

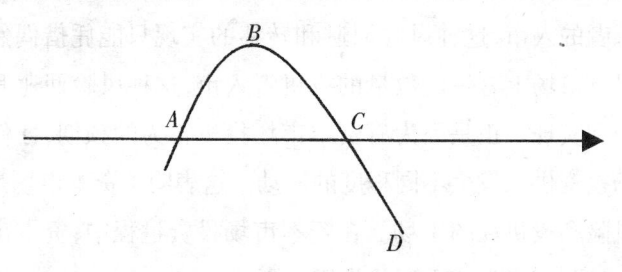

图4—9 股票供求示意图

图4—9中,在 AB 段,由于投资者预期收益增加,大家都购买该种股票,这样,该种股票供不应求,股价上涨;在 BD 段,由于投资者预期收益减少,大家都抛出该种股票,这样,该种股票供过于求,股价下跌。只有在 A、C 两点,投资者预期既不悲观又不乐观,股票供求大体一致,但这是一种特例,更多的情况是供不应求或供过于求两种情况。

2.资本市场投机行为的预期

资本市场的投机行为是指一些追求短期收益的股票和债券投机者通过投机性炒作,对股票和债券价格施加人为影响以左右股价和债券价格谋取超额预期收益的行为。例如机构大户散布有利股价上升的假消息,促使股价上涨,利用人们的投机心理,诱使众多散户盲目跟进,而机构大户则在高价位出货清仓。在资本市场上,投资者的投资行为是建立在他们对市场前景乐观或悲观的心理预期之上的。股票和债券投资者的心理预期是投资者在一定的经济背景和市场环境下形成的对股价指数或股票、债券价格未来运行方向的看法和判断。预期看涨则买进,预期看跌就卖出。预期涨得多则买得多,预期跌得多则卖得多。当投资者对市场前景不乐观时,必然想将手中证券卖出以回避和转移风险,这就要求资本市场上有对市场前景预期正好相反的证券投资需求者。如果没有投机者的入市,这种风险回避和转移的实现只能凭借偶然的巧合。只有市场上有一定数量的投机者入市,这种风险回避和转移才能顺利实现。正是因为有资本市场投机行为的预期,才使得资本市场投资供求发生不同程度的波动。这表明了资本市场是一个存在风险和投机性的市场。在资本市场投资过程中,资本市场投机行为的预期产生着重要的作用和影响。

3.资本市场规律的预期

资本市场素有经济"晴雨表"之称,其含义一方面表明宏观经济走势决定资本市场,另一方面表明资本市场是宏观经济的先行指标,能够提前反映经济周期的变动。在正常情况下,资本市场变化周期总要比经济变化周期提前一个阶段,即先行一个阶段预示经济周期变化的繁荣或萧条。资本市场变化看起来杂乱无章,其实存在着许多规律,投资者不能一下子就发现和利用这些规律,往往都是在投资过程中进行一些判断和估计而逐步发现和加以利用的。因此,分析资本市场与整体经济的相关性,对未来经济的走势和周期进行预测研究,是从事资本市场投资尤其是股票投资的必备条件。资本市场在不同行情阶段,股价和债券价格会有不同表现。同时,股指走势本身也具有一种循环特征,总是牛熊相隔,循环不止。既然投资者投资还是不投资取决于他们对资本市场前景的心理预期,一定时期股票价格和债券价格是上涨还是下跌就取决于这两种相反预期力量的对比情况。当预期看涨的投资者比预期看跌的投资者多时,多方的力量往往大于空方的力量;相反,预期看涨的投资者少于预期看跌的投资者时,多方的力量一般要小于空方的力量。对资本市场规律的预期既影响着资本市场价格的涨落,又影响着投资者预期收益的变化。

4.管理层政策的预期

这里所指的"政策"主要是货币政策,它是资本市场投资者的主要预期对象。货币政策行为实际上是投资者与中央银行间的博弈行为:一方面中央银行公布的货币政策信息影响了投资者预期;另一方面投资者预期也反作用于中央银行的货币政策操作,中央银行前期的货币政策行为已变成投资者本期货币政策预期的信息,这是一个动态的过程。管理层倾向在很大程度上影响我国股市。我国股市是一个新兴市场,是在政策催生、政府扶植下逐步壮大的。人们都说中国股市是政策市,故准确预测政府即将出台什么样的政策,即掌握政府引导的有关经济决策信息,这对股票投资者而言是非常重要的。股市的立法是逐步形成的,1999年7月1日《证券法》的正式实施,标志着证券市场逐步走向规范化轨道。当天,上海股价指数由1678.8下降为1540.1,日平均下跌8.3%。之前的温家宝副总理讲话(6月28日)使股价指数由1606.3上涨为1693.2,日平均涨幅为5.4%。由此可见政策和领导人讲话对股价波动的影响。在影响股市的因素中,政策因素占据重要位置。股市的长期趋势无疑是由经济周期所决定的,但股市政策则对股市的中短期趋势具有极大的作用和影响。自1992年我国股市走向全国化以来,有关股市的重大政策对股价走势和投资者预期收益多少均产生了重大影响,甚至成为影响股市中短期走势的主导因素。如能预料股市重大政策的出台,将有利于投资者抓住更多的投资机会。不少投资者在重大政策性行为实施之前无思想准备,也无从准备,因而失去了不少投资机会;相反,有些信息投资者则能够正确地提取信号而形成对政策的正确预期,从中获得超额的预期收益。

4.7.3 股份公司因素的预期

股票投资收益和价格的预期首先取决于股份公司的运营机制,具体包括公司的赢利和股利水平、公司的风险等股票内在价值因素;其次,公司的经营管理水平和信誉、公司经营者人选等因素,也影响着股票价格和投资收益的预期。

1. 公司股利的预期

获取股利是投资者投资股票的主要目的之一,因为股票买卖的实质是获利(预期收益)凭证的转移,所以股票的预期收益与股票价格关系密切。股票价格一般是伴随股利的有无或多少而上下波动的,公司发布有关股利的消息,会对股票价格产生明显的影响,股利水平高则股价上升;反之则下降。正如前述,如果预期收益与实际收益存在较大差距,资本市场就会产生不同程度的波动,这就说明预料之外的股利政策包含有公司赢利和其他方面的信息。

2. 公司资产价值增减和赢利的预期

股份公司资产价值的大小体现着公司的经济实力、发展前景,而这具体通过每股净资产价值来说明,一般每股净资产价值越大,则股价越高;反之则越低。公司赢利是股票投资者获取投资预期收益的直接来源,这样,上市公司的利润水平就成为影响股票价格高低和预期收益多少的重要因素之一。通常,公司赢利水平和股票价格呈同方向涨跌。如果公司赢利增加,那么,股票价格上涨;如果公司赢利下降,那么,股票价格下跌。不过,两者的变化并非是齐头并进的,通常股票价格的涨落要先于公司赢利的变化,因为投资者在进行股票投资时关注于公司的预期赢利。由于投资者往往能及时捕捉公司经营状况等相关信息而采取相应措施,致使股票价格在公司经营业绩公布前已开始上下波动。

由于股票预期收益率变化导致公司股票价格的变动,促使公司股东要求公司管理人员对生产和投资作出相应的调整,这一点是很重要的。在货币供给量增长较快、股市繁荣的情况下,有时全社会的资产投资增长并不强劲。这是由于在贷款利率管制和资本市场异常发展的制度性约束下,投资者对证券投资的收益预期和其他资产投资的收益预期的非一致性,导致了我国当前货币扩张传导机制受阻。

3.公司其他因素的预期

公司其他因素的预期主要是通过对特定公司的业绩和管理者素质的判断来预测公司的前景。公司其他因素只影响特定公司自身的股票价格。这些因素包括:公司的财务状况、公司的赢利能力、股息水平与股息政策、公司的管理水平、市场占有率、新产品开发能力和公司之间的并购行为等。上市公司的经营业绩是该公司股票市价兴衰的内在动力,其好坏表现在财务报表及其指标中。如果公司经营前景被看好,投资者积极购买该公司股票,股票市场预期价格上涨。公司董事会的改换、经理人的更替,有可能改变公司的经营方针,进而影响公司的财务状况、赢利水平、股息政策等,从而引起投资者的猜测和信任程度的变化,波及到股票价格。公司之间的并购行为,也会在短期内引起股价的剧烈波动,如1993年下半年,深圳宝安公司收购上海延中实业股票的行为导致延中股价的暴涨暴跌等。

可见，影响股价变动的主要因素是投资者对于上市公司的业绩盈余作出的预期。如果投资者预期公司业绩看好，必会争相买入股票，促使股价步步上涨；反之，如果投资者预期公司业绩看淡，则会竞相抛售股票，使得股价节节下跌。"除非投资者预期自己的投资终将获得重大收益，否则他们必定想卖出自己的股票，以便在这种坏环境下增加用于消费的资金。"①

4.8 预期收益的实质

一切经济活动的目的都在于行为人对一定经济利益的追求。不管经济行为主体是理性地对未来作出预期，还是非理性地预期未来；也不管他们的预期是寻求最优化的结果还是满意的结果，预期的目的都是为了便于采取措施，减少不确定因素带来的风险，获得一定的收益。这种活动有的是为了形成关于经济变量未来值的预期（或预报），有的是为了修改现有的预期。预期的精确度依次取决于可获取的信息和加工信息的模型。只要经济行为主体具备经济体系如何运行这一最起码的信息，他就一定能根据信息密集度较小的模型形成他的预期。经济行为的动力本质上归结为利益驱动，预期作为一种经济行为和心理行为也不例外。"从某种意义上说，经济当事人的行动都是对未来事件进行判断，并据此对多种可能性作出的选择，因此，预期行为是人类的基本活动，从而预期利益也是基本的经济学分析范畴。"② 正是在经济利益的驱动下，

---

① [美]史蒂文·M.谢弗林：《理性预期》，李振宁译，商务印书馆1999年版。
② 申海波：《预期理论与资本市场》，上海财经大学出版社2000年版。

经济行为主体才有了进行预期的必要和动力。

　　从投资者的主观愿望来看,他们中的大部分进入资本市场投资的目的都是为了获得预期收益,为了自己的经济利益。所以,他们并不在意公司的红利收入,而是预期公司的未来美好的发展前景,因为他们预期公司的股价在未来必定会上涨,自己选择它们就是为了获得更多的预期收益。当众多的投资者均以这种预期而进行资本市场投资时,就会形成一种自我增强的愿望,股票的价值果真就能上涨。投资者可以择时利用价差来实现自己投资预期收益的目的,他们对上市公司的具体经营管理和资金投向并不感兴趣。

　　投资者为了获得预期收益,会利用各种手段收集信息,并对之进行加工处理。不仅收集有关资本市场的历史数据、资料信息和公司公开化的经营信息,而且还收集国家宏观经济政策变动和公司尚未公开的内幕信息,以这些信息来形成和调整他们的预期。投资者为了减少投资损失,获得更多的预期收益,他们要进行不确定性的预期。他们会预期经济不确定性有哪些,哪些对他们投资是有利的,哪些是不利的。当不确定性会给他们投资带来预期损失时,他们会谨慎投资,甚至不投资。此外,投资者更要进行风险的预期。特别是在高风险、不规范的中国资本市场进行投资,理性投资者都要充分估计有哪些风险、有多大的风险会影响他们的投资。当风险较多、较大时,他们会谨慎投资,甚至不投资(当然投机者除外)。他们进行风险的预期,无非也是为了减少投资损失,确保实现预期收益。总之,收集各种信息进行投资预期也好,进行投资不确定性预期也好,还是进行风险预期,这都是资本市场投资者在经济利益驱动下的预期行为,都是为了获得预期收益。

　　前面说过,预期行为本质上是一种博弈行为,预期的过程就是一个博弈的过程。在这种行为和过程中,投资者与投资者之间的利益分配格局得以形成。一些投资者获得了预期收益,另一些投资者可能就会失去利益。进行某种证券投资,从一定意义上来说,就是在进行某种赌博。实现了预期收益,就是赌赢了;实现不了预期收益,甚至带来巨大的投资损失,就是赌输了。对未来的预期直接影响到投资者将要采取的行为选择,不同的行为选择产生不同的结果,不同投资者的行为选择在既定的制度安排下相互影响,这就是一个博弈的过程。博弈的目的无非也是一种经济利益的追求。投资者进行博弈选择就是为了实现和获得预期收益。

不管从什么角度去进行分析,对收益进行预期的实质都是投资者为了获取更多的经济利益。没有这样的经济利益,投资者就会失去投资的积极性和主动性,他们就不会收集各种信息形成预期,就不会进行不确定性的预期,更不会进行风险的预期。"正是为了他们的经济利益,投资者的预期才会得以产生、形成和调整,才会有资本市场的投资预期。"[1] 否则,预期就会成为投资者多余的经济行为和心理行为活动。预期也就失去了它应有的价值。不同的投资者以相关投资者的投资行为判断自身行为的正确性,他们不断修正自己的预期,不断调整自己的行动策略,以期获得最大的预期收益。所以,由预期导致的预期收益是投资者追求利益的具体表现。

---

[1] 江世银:"中国资本市场预期问题分析",载《河南金融管理干部学院学报》2004年第2期。

5. 预期对中国资本市场的作用和影响

预期作为一种社会心理现象,它影响着经济活动的各个方面,特别是影响着资本市场的波动。"事实上,资本从来都无法回到其初始状态,人们考虑资本投资问题时最本质的是与自己的预期加以比较。"[①] 中国资本市场是一个充满预期因素作用和影响的市场。投资者主要依据上市公司融资杠杆的变化和暗含的现金流量变化两个渠道来形成对公司前景的预期。不同的投资者的预期不同,对资本市场及其效率的作用和影响也不同。投资者的预期对资本市场投资需求和居民储蓄转化为资本市场投资产生着重要的影响。这种影响可以通过市值测定预期法和投资者预期指数法来加以测定。投资者正是依据自己的预期,才能作出各类投资决策。人们常说,在资本市场中,只要看准了机会,就可以赚到钱。所谓"看准了机会",就是指投资者在掌握充分信息基础上所作出的关于资本市场投资机会的主观判断或估计即预期。在这里,经济信息决定经济预期,经济预期和投资风险决定着预期收益。预期对中国资本市场产生着重要的作用和影响。

---

① 刘怀德:《不确定性经济学研究》,上海财经大学出版社 2001 年版。

5.1 充满预期因素作用和影响的中国资本市场

资本市场是一个不确定的、具有风险和信息不对称的市场。投资者的投资需要回报，预期投资收益的多少在某种程度上决定了投资者的投资方式和投资的多寡。预期直接来源于未来的不确定性，未来情况的变化发展由于受到各种内在因素和外在因素的作用和影响，是很难确切地定位、定性和定向的，存在着许多可能性。正是由于将来存在着许多不确定性因素，因而资金融出方可能无法按时、按预期的报酬收回本金和获得更多收益；资金融入方也可能无法按时、按预期的成本偿付资金。这就出现了实际结果与预期初衷发生一定程度的偏离可能。这种可能性在资本市场中是普遍存在的。

投资者预期通常被认为是投资者为谋求个人利益最大化对与投资决策有关的不确定性因素进行的预测。这种预期主要包括四个方面：(1)反映投资者对未来经济发展趋势特别是对资本市场走势的看法；(2)与投资决策特别是资本市场投资决策有关；(3)是对经济变量未来值的预测，例如，对资本市场投资收益和风险的预测；(4) 投资者已有的心理基础是制约预期形成和发展的内在条件。所以，笔者认为，投资者预期是在特定经济环境中，投资者以过去的知识、经验、习惯和现在对经济环境的看法为基础，对将来的经济形势、收益、风险、物价状况、经济政策等直接影响和制约储蓄行为和投资行为的宏观和微观经济因素的一种估计、推测和判断，通常它包含了投资者对经济发展、市场变化和预期收益与风险的主观期待和愿望，并对其经济行为产生一定的作用和影响。

假定资本市场投资预期收益用 $E(R)$ 表示,实际收益用 $A(R)$ 表示,如果不存在预期对资本市场的作用和影响,那么资本市场投资与收益(预期收益与实际收益)之间的关系可用图 5—1 表示。

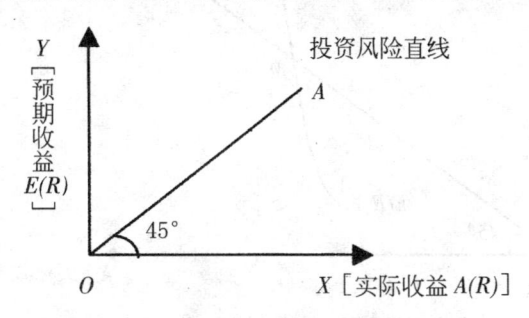

```
        Y
        [预期收益 E(R)]
                        投资风险直线
                       A
                 45°
        O              X [实际收益 A(R)]
```

图 5—1　资本市场中不存在预期的条件下的实际收益与预期收益关系图

在上图 5—1 中,横轴 OX 表示实际收益,纵轴 OY 表示预期收益。从原点 O 出发的 45°直线 OA 表示投资风险直线,在这条线上,投资的预期收益与实际收益是相等的(即此线也是投资收益直线)。这是一种特例。它是没有投资决策人的主观愿望的表达,即没有反映预期的作用和影响。资本市场中现实的情况是,预期不仅普遍存在,而且起着重要的作用和产生着重要的影响。实际的投资过程是在决策人作出投资行为之前还需要其对未来的发展形势作出一定的判断和估计。虽然这种判断和估计不可避免地要加入决策人的主观因素,使投资预期收益变动存在着不确定性,但这是对资本市场投资过程的正确反映。这就使它们二者之间的关系发生了变化。这种变化可用图 5—2 来表示。

图 5—2 大致反映出预期对资本市场投资收益有一种加速或减速的作用。从原点 O 出发的 45°线 OMA 是投资风险直线,其中,MA 段的投资风险大于 OM 段的投资风险。在 OM 段,投资风

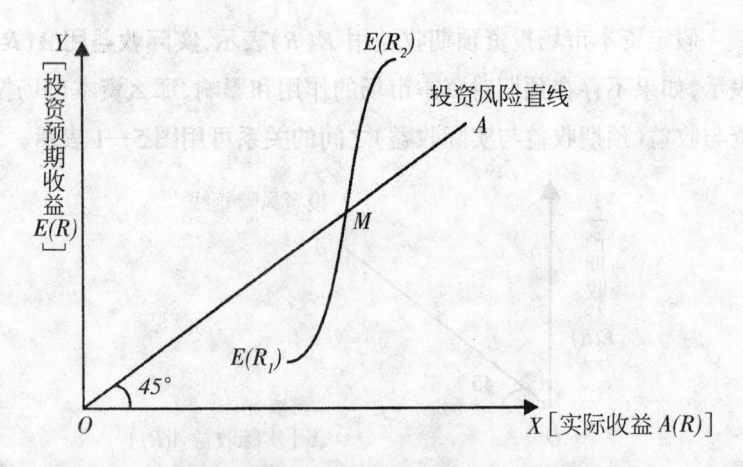

图 5—2 考虑预期影响下的投资预期实际收益与收益关系图

险较小,预期收益比实际收益要少,即 $OM > E(R_1)M$;在 MA 段,投资风险较大,预期收益比实际收益要多,即 $ME(R_2) > MA$。可见,我们是不能忽视资本市场中预期因素的作用和影响的。

假如投资者进行投资时投入的资本总量为 M_g,投资者打算进行 x 种股票和债券投资,第 n 种投资的预期收益为 $E(R_n)$,实际收益为 $A(R_n)$,GDP 的实际增长率为 y_a,那么,资本市场第 n 种股票或债券投资预期收益一般模型为:

$$E(R_n) = A(R_n) + A(R_n) \cdot y_a = A(R_n)(1 + y_a)$$

进行第 x 种股票或债券投资的资本分布模型为:

$$\sum_{n=1}^{x} A(R_n) = y_a M_g$$

进行各种投资最佳组合值模型为:

$$\frac{\sum_{n=1}^{x} E(R_n)}{\sum_{n=1}^{x} A(R_n)} - 1 = y_a$$

上述模型中投入的资本总量 M_g 为一个已知常量,它受投资者资本实力和财富多少的制约。可以根据有关统计资料得出 y_a 的值,$E(R_n)$ 和 $A(R_n)$ 为变量,它受预期因素、不确定性因素、风险状态以及 y_a 值等的约束。

从上面分析可以看出,预期收益 $E(R)$ 与实际收益 $A(R)$、第 n 种投资的预期收益 $E(R_n)$ 与实际收益 $A(R_n)$ 是存在一个误差的,如果用 ε_r 表示它们之间的误差大小,那么有

$$\varepsilon_r = A(R) - E(R)$$

定义 ε_r 为投资者的收益预测误差。对于某一个投资者来说,ε_r 可能是正的,也可能是负的,还可能为 0,即 $\varepsilon_r \in R$。ε_r 为正,表示实际收益 $A(R)$ 大于预期收益 $E(R)$。这时,投资者没有预测到他的投资会带来额外收益,这往往是他们在悲观时作出的投资预期。ε_r 为负,表示实际收益 $A(R)$ 小于预期收益 $E(R)$,说明投资者预期收益值偏高,这往往是他们在乐观时作出的投资预期。这是中国资本市场预期问题存在的一个普遍现象,原因在于投资者掌握的信息不多、手段不灵、对投资不确定性和风险估计不足。如果偏离过大,投资者的积极性往往会受到很大打击。

当 ε_r 为 0 时,表示预期收益 $E(R)$ 与实际收益 $A(R)$ 一致。这是一种特例,是极少见的现象。这时预期收益曲线 $E(R_1)ME(R_2)$ 变成了一条从原点 O 出发的 45° 直线 OMA,即资本市场投资收益线。更多的情况是要么 ε_r 为正,要么 ε_r 为负。

尽管 ε_r 的值可正可负,可大可小,但 ε_r 的均值将等于 0,特别是从长远来看更是如此,即 $(\varepsilon_r)^e = 0$。

既便是达到了理性预期程度,投资者对信息的利用程度不同,同样是会存在预期误差的。如果用 X 表示经济变量如预期收

益、价格和风险等,I_t 表示 t 期经济过程反映的信息集合,$_tX_{t+1}^e$ 是在 t 期对 $t+1$ 期的经济变量的主观预期值,$E(X_{t+1}|I_t)$ 是 $t+1$ 期的经济变量在 t 期信息集合条件下的条件期望值,达到资本市场投资理性预期的公式表示为:

$$_tX_{t+1}^e = E(X_{t+1}|I_t)$$

那么,预期误差则为:

$$\varepsilon_{t+1} = X_{t+1} - E(X_{t+1}|I_t)$$

它具有这样的性质:依据信息集合 I_t 所作的预期误差的期望值为 0,即:

$$E(\varepsilon_{t+1}|I_t) = 0$$

也就是说,理性预期是建立在信息有效利用的基础之上的,这里的有效利用是指已知信息使理性预期误差减少到最小程度,这表明了已知信息和预期误差之间的相关性等于 0,即:

$$E(\varepsilon_{t+1} \cdot I_t|I_t) = 0$$

通过上述分析,没有达到理性预期程度的预期误差更是普遍的,因为它们要么是凭借过去的经验作出的,要么是适应未来经济发展变化形势的需要而作出的。在资本市场上,投资者达到理性预期程度的预期误差也是难免的,关键是预期误差 ε_{t+1} 的大小。如果偏差过大,$E(R)$ 与 $A(R)$ 就会发生严重的背离。

如果投资者进行的是风险证券投资的组合选择,情况会更加复杂。投资者对风险证券的组合进行选择投资,证券组合所得的预期收益是投资者所关切的主题。预期收益是不确定的,它可多可少,一般用随机变量来刻画。具体地说,假定预期收益用货币来计算,未来或投资期末的不确定性表现为未来或投资期末具有众多可能发生的状态。用 A 表示所有可能的状态集合,其中任意元素 $n \in A$, A 就代表 n 种状态的集合。假设某投资期末有五种可能情况发生 n_1, n_2, n_3, n_4 和 n_5,即 $A = \{n_1, n_2, n_3, n_4, n_5\}$。某证券或证券投资组合的预期收益 $E(R) = (3.5, 5, 0, 10, -4)$ 意味着当状态 n_1 发生时,预期收益为 3.5;当状态 n_2 发生时,预期收益为 5;当状态 n_3 发生时,预期收益为 0;当状态 n_4 发生时,预期收益为 10;当状态 n_5 发生时,预期收益为 -4。在这五种投资预期收益可能性中,状态 n_4 最好,预期收益为最多(10),这是投资者最希望实现的;状态 n_5 最糟,预期收益最少(-4),即如果投资就会出现预期损失,这是投资者最不愿碰到的。现在分析资本市场投资在是否存在预期的作用和影响下的不同情况。

如果没有预期作用和影响资本市场投资,其收益率为 r;有预期作用和影响,其收益率存在一个随机变量 ξ,为简便起见,令

$$x = r + \xi$$

这时预期的作用和影响体现在 ξ 上,ξ 可正可负,r 是固定的,x 为存在预期作用和影响的收益率,相应的方差为 $V(x)$,协方差矩阵为 G,投资资产总额为 W,每种资产的投资比重为 $\varepsilon = (\varepsilon_1, \varepsilon_2, \cdots, \varepsilon_n)^T$, $(W_i \geqslant 0, i = 1, 2, \cdots, n)$。令 $\varepsilon = (1, 1, \cdots, 1)^T$,由于 $\varepsilon^T W = W^T \varepsilon = 1$,则投资预期收益为:

$$E(R_x) = W^T(r\varepsilon + x) + (1 - W^T\varepsilon)r = r + W^T x$$

其中,$r\varepsilon + x$ 为投资组合收益。

由于预期因素的作用和影响,有人看涨,有人看跌,原因在于不同的投资者形成的预期收益和风险不同。看涨的买,看跌的抛,由此才能形成资本市场投资的买卖关系和供求关系。作为虚拟经济有机组成部分的股票市场,更体现出了一种典型的预期经济的

特征。资本市场上的股票价格预期常有这样的表现。如果投资者能预先知道某公司股票价格在未来不久将上涨,那么预计该股票的年资本利得率和年预期收益率都会增加。这很可能大大高于该种股票的均衡回报率,理性的投资者会立即购买该种股票,致使其现价持续上涨至可预知的价格(资本市场预期价格)变动缩小到近乎为0时为止。反之,如果他们能预先知道另一公司股票价格将下降20%,那么这种股票的预期收益率将为负数,理性的投资者会立即抛售这种股票,致使现价下跌直至可预知的价格(资本市场预期价格)变动接近0时为止。显然,可预知的股票价格变动将趋于0。所以,我们就会得出如此的结论:资本市场上的股票价格通常是受预期因素作用和影响的。

从本质上说,投资者投资于股票市场,就是投资于对这个市场的未来收益预期。对市场预期越明确,投资者的信心就会越强,市场的运行也就会越顺畅;相反,市场预期紊乱就必然大幅度增加市场的不确定性,这不但会极大地干扰投资者的投资行为选择,而且还会导致投资者信心的丧失,而这种信心丧失的极端后果就可能是股市的崩盘。在资本市场投资中,不仅预期是一个很不确定的因素,而且投资者的情绪亦对预期有着重要的作用和影响。对此,有的经济学家甚至说,投资"大部分决定于油然自发的情绪"(凯恩斯,1936)。在繁荣后期,投资者因对未来收益的预期十分乐观而情绪甚佳,以致不顾一切地增加投资;投机者也不对资本资产投资的未来收益作出合理的判断和估计,以致乐观过度,购买过多;而一旦达不到投资者的预期目标时,失望情绪就会来临,悲观情绪就会顿生,并且相互感染,资本投资边际效率即在瞬间崩溃。与此同时,由于投资者对未来的预期悲观,不放心去投资或购买证券,于是灵活偏好大增,利率猛涨。这样会进一步使投资减少。预期首先是由某个特定的个人作出的。然而,每个投资者对未来的预期都有差异,因为每个投资者收集的信息不尽相同,而且每个投资者分析、利用信息的能力和处理方法以及各自的投资经历也不尽相同。把这些不同的预期问题汇总起来,就形成了一个总的投资者预期问题。

在进行资本市场投资时,投资者对于未来的收益要进行预期,预期将产生两方面的影响。一是投资者根据过去政府不断进行调控的经历,判断出政府的目的,进而采取了预期性措施,使政府的政策失效。例如,1996年以来我国8次降低存贷款利率,但民间投资就是热不起来。二是接受政府的调控信息,不自觉地按政府所设定的方向发展。它涉及未来资本品的类型和数量、消费者的时尚、有效需求的强度以及在目前所考虑的资本品的寿命期内一切可能发生的变化。因此,预期有一特性,即不是每隔一段时间就根据实得结果加以修正和调整,而往往是骤然发生改变。这就是说,资本市场投资预期充满着不确定性,它不仅不被略而不论,也不能以实得结果来替代。在发达的信用经济体系中,未来的消费心理与时尚、工资率等因素是高度不确定的,因而投资者据以推测未来收益的一点知识,其基础异常脆弱。在投资者心目中,对于若干年以后,到底有哪些因素决定投资的预期收益,实在是知道得很少,以至微不足道。正如萨缪尔森指出的:"投资决策随着对未来事件的预期摇摆不定——甚至更糟糕的是:决策所依赖的未来事件非常难以预测。"① 正因为如此,"由于投资取决于难以预料的

---

① [美]保罗·A.萨缪尔森、威廉·D.诺德豪斯:《经济学》(第12版)上,中国发展出版社1991年版。

未来事件的紧张不安的预期,所以它是极端变幻莫定的。"[1] 可见,根据真正意义上的准确预期进行投资,实在是太难了,难到"几乎不可能"。但这并不能说预期没有作用。这只是预期作用大小和预期准确性的问题。

在股票市场上,投资的高收益预期具有自我实现的特征[2],股票预期收益越高,股市吸收的货币越多;股市资金越多,市场越不规范,高收益预期越容易实现。[3] 由于风险的存在和预期收益的不确定性,投资者只能更多地采取投机的方式入市。这是由于:一方面,资本市场尤其是股市还很不规范。由于中国的股票市场还很不规范,上市公司、证券交易所、管理层的操作也不够规范、制度也不够完善,相关的政策法规出台滞后,又没有现成可供借鉴的参考经验,这就使投资者的股票投资缺乏切实的法律保障。特别是可以减少投资风险的投资基金还迟迟不能为股民们接受,一旦遇到不寻常因素使股市暴涨暴跌时,股市管理层缺乏有力的手段加以规范,使股市过于频繁地出现巨大波动、时冷时热,造成长线投资收益没有保障,甚至长期投资的本金都保不住。这种情况导致投资者对未来预期的过分不确定性而产生悲观心理,只好捞一把,一走了之,市场短期投机气氛甚浓。另一方面,资本市场尤其是股

---

[1] [美]保罗·A.萨缪尔森、威廉·D.诺德豪斯:《经济学》(第12版)上,中国发展出版社1991年版。

[2] 所谓自我实现(self-fulfilling),指的是当大多数投资者认为某个事件会发生时,这个事件就真的发生了。例如,进行资本市场投资,投资者预期收益会实现,经过投资,确实实现了原先的预期收益。再如,由于大多数投资者都认为证券的价格会上涨,所以尽管证券的基本面没有发生变化,但证券的价格仍然上涨了。

[3] 参见夏斌、廖强:"货币供应量已不宜作为当前我国货币政策的中介目标",载《经济研究》2001年第8期。

市还不是国民经济的晴雨表。股票市场与宏观经济走势相关性不大,特别是股市短期行情走向往往与宏观经济走势完全脱节,无法实现实物投资与金融投资的沟通,因而社会上的游资不能符合市场经济运行规律而流动,致使股票市场只能吸纳短期资金而不能拥有长期投资,以致股市投机风气盛行。按照现代宏观经济理论,当宏观经济转冷时,由于实际利率上升,投资者将放弃证券投资转而持有货币,因为他们预期收益会减少,大量资本将从股票市场上抽走,资本市场由热变冷;反之,当宏观经济趋热时,由于实际利率下降,投资者将放弃持有货币而进行证券投资,因为他们预期收益会增加,股票市场将有大量资本涌入,资本市场由冷变热。然而,由于中国股市指数在极短时间内大涨大落不能反映宏观经济主要指标的结果,股指大跌不是经济萧条的指示物,股指大涨也不是经济繁荣的相关反映,所以,投资者的证券投资就只能带有随意性和盲目性,长期性投资更是无从谈起。

中央银行的货币政策在制定和实施时,往往会引起人们的一种与之相关的预期。这种预期也会通过多种方式和途径影响到资本市场投资者的预期。例如,当中央银行增加货币供给量时,同业拆借利率下降,银行可借贷资金变得宽裕;同时,作为利好消息促使股市上涨,债券投资趋势看好,证券投资收益预期随之提高。然而由于国企困难、体制转轨等诸多方面原因,对新增实物资产投资的收益预期不看好,或者即便实物资产投资收益预期有所改善,但却仍远远低于证券投资收益,因此银行和投资者都没有动力相应大量增加这方面的贷款和投资;相反,新增货币大多通过合规的或种种非合规的途径流入股市。在源源不断的资本供给下,股市屡创新高,证券投资的高收益预期自我实现,从而吸引更多的投资者参与资本市场投资,并由此导致市场投资实际收益率始终维持在一个较高的水平,进一步使得实物资产投资缺乏吸引力,从而增加的货币供给量相应地从实物资产投资领域流失。于是,破坏了投资结构的优化。

在债券市场上,同样存在一个投资预期自我实现的特征。只不过,投资于债券市场的预期收益还与利率的期限结构有关。只要投资一系列短期债券所得到的预期收益和投资长期债券所得到的预期收益相同,个别贷款者和借款者持有短期债券和长期债券就没有差别。"大多数债券预期要在未来某个时期偿还(各种债券的偿还期也不同),有许多不同点由于利息支付与预期偿还的确定性而产生。"① 如果投资于股票和基金收益预期达不到投资者的愿望,相反,债券预期收益可观,那么,投资者就会进行债券的投资。债券市场就会吸引相当一部分资本。当投资于债券市场有利可图时,过多的投资者又会使投资于债券的收益预期达不到投资者的愿望,这时,投资者会拆走资本,要么进行别的投资,要么持有货币等待观望。资本的流向和转移反映了投资者预期的变化。可见,债券市场同股票市场一样是一个受预期作用和影响的资本市场。

从上面的分析可以看出,中国资本市场是一个充满预期因素作用和影响的市场。

5.2 融资杠杆变化和暗含的现金流量变化对预期收益的作用和影响

不同融资杠杆对预期收益的作用和影响是不同的。这里所指

---

① [美]劳伦斯·哈里斯著,梁小民译:《货币理论》,中国金融出版社 1989 年版。

的融资杠杆是指股票、债券等,它们的变化会引起投资者投资的变化。由于信息获得的不同、不确定性和风险的变化,有的投资者喜欢冒险投资股票,有的投资者谨慎保守投资债券。股票和债券的投资要求不同,投资者的预期收益也会不同。投资者抛出股票、购买债券,可能是投资于债券的预期收益好于投资于股票的预期收益;相反,投资者卖出债券、冒险炒股,可能是投资于股票的预期收益好于投资于债券的预期收益。

中国资本市场投资者对公司前景的预期是依据它的融资杠杆和暗含的现金流量作出的。影响投资者对公司前景的预期一般有两个渠道。一是公司融资杠杆的变化,即是在债券与股票之间和债券与股票内部(如普通股、优先股等)作出符合他的投资预期的选择。二是投资证券带来的预期净现金流即暗含现金的变化。投资者凭借掌握的信息进行预期。有些信息,如大多数公司的总体业绩和预期的现金流量,甚至预期的股息政策等,几乎所有的投资者都可以从该公司的历史数据和宏观经济形势作出粗略的判断和估计,因而这些信息的公开披露在资本市场上引起的反应也就不是很大。虽然其对投资者预期的产生和形成也有作用和影响,但预期偏差不是很大,所以我们可以暂不考虑。如表5—1所示。

在表5—1中,暗含的现金流量变化和融资杠杆的变化与信息不完全和不对称问题结合在一起。在表的左上方披露的信息将造成股票价格下降,出售普通股,股息预期收入减少,出售可转化优先股和可转换债券都会引起预期收益减少。在表的右下方披露的信息将造成股票价格上涨,不管是回购普通股、债券与普通股、优先股互换,还是优先股与普通股互换等,预期收益都会增加,它是随着暗含的现金流量不变或增加而增加的。表中在对角线方向上

表 5—1　与各种公司资本市场交易有关的投资回报变动信号

		暗含的现金流量变化		
		减少	不变	增加
融资杠杆变化	减少	出售普通股 股息减少	到期债务/普通股互换 到期债务/可转换债券互换 普通股/优先股互换 优先股/债券互换 普通股/债券互换 增募可转换债券 征募可转优先股	增募不可转换债券
	不变	出售可转换优先股 出售可转换债券 投资减少	债券/债券互换 债券/债务互换	投资增加
	增加	出售优先股 出售债券	以债券融资回购普通股 债券/普通股互换 优先股/普通股互换 债券/优先股互换 收入债券/优先股互换	普通股回购 股息增加 引入股息 特别指定的股息

这里：

	预期收益减少
	预期收益不变
	预期收益增加

资料来源：史密斯、克里福德：《现代公司融资理论》，麦克希尔公司 1990 年版。

显示的信息披露则基本对股票价格没有多大的作用和影响。尽管出售优先股和债券暗含现金流量减少，但预期收益也不会减少；尽管增募不可转换债券的暗含现金流量会增加，但预期收益也不会增加。所以，从右上到左下对角线方向的预期收益都是不变的。

由上面的分析可见，在资本市场上，融资杠杆变化和暗含现金流量的变化对投资者预期收益是有不同作用和影响的。

5.3 中国资本市场效率与预期的关系

5.3.1 前人研究的情况

对资本市场效率的研究在理论界是一个较为活跃的研究领域（曹红辉，2002），国内外的学者对此进行了大量的理论与实证研究。本书自然也不例外，对此的探索是本书完整研究的一部分。不过，国内外的研究多是从法玛（1965）的有效市场假说来分析并加以验证有效性强弱的，还很少有探索过预期对资本市场的作用和影响的。而本书恰恰要进行此方面的研究。

数理金融学中的"资本定价模型"曾试图寻求和证明资本市场能形成一个"理性价格"。投资者利用信息获得了预期收益，形成了理性价格，他们便认为资本市场是有效的；否则，便认为是无效的。预期怎样影响资本市场的效率呢？这就必须借助于预期收益模型，如资本资产定价模型等来分析。充分利用信息，实现了预期收益，证明预期提高了市场的有效性；没有实现预期收益，证明预期降低了市场的有效性。现代行为金融学的研究却认为，用预期收益模型来分析预期对资本市场效率的影响有一个假设的前提，那就是建立的预期收益模型是绝对正确的。但如何证明建立的预期收益模型是绝对正确的呢？行为金融学也无能为力。因为正确，所以有效；因为有效，所以正确。这就陷入了循环的悖论，出现了二律背反。循着上述思路，我认为，数理金融学和现代行为金融学各有道理，也各有不足。可以通过各种不同条件下的预期收益模型的建立和分析来探索预期对资本市场效率的作用和影响，如通过在支付信息成本、存在不确定性和风险条件下的预期收益模型的建立和分析就可以看出预期对资本市场效率是怎样影响的、影响程度有多大等等。

5.3.2 资本市场有效性的类型

市场效率通常包括信息披露是否全面、及时、准确,通讯设备系统是否先进、足以快速准确传播信息,投资专业化程度,投资者处理信息的能力等。由于预期的存在和作用,导致了资本市场效率的不同,由于信息成本的差异,引出了不同类型的有效资本市场问题。资本市场效率,是指资本市场信息被利用从而实现金融资源优化配置功能的程度。假如资本市场在供求价格形成中能够充分而准确地反映全部相关信息,则该市场是有效率的。一个有效率的资本市场,通过合理、准确的价格机制指示器作用的发挥,是可以实现金融资源优化配置的。所谓有效市场是指能够有效利用金融信息的金融市场(资本市场),而那些不能够有效地利用金融信息的金融市场(资本市场)则称为非有效市场。市场投资者处理信息的能力越强、速度越快,资本市场的效率就越高。资本市场的有效性给许多市场投资者以充分利用的机会,只要有人注意到未加利用的赢利机会,他们就会追逐该利益,直至导致该赢利机会消失。有效市场理论是理性预期理论在金融市场(资本市场)中的运用(米什金,1995)。有效市场理论假设资本市场上的证券预期价格完全反映所有可知信息,预期价格的任何变动就是对未预料到的消息的反应。按照有效程度的不同,有效市场又可分为弱型有效市场、中强型有效市场和强型有效市场三种类型:

第一,弱型有效市场。弱型有效市场是指证券现在的价格已凝聚了所有历史记录中的信息,即充分反映了价格历史序列数据中所包含的一切信息。该市场能够有效利用的信息是金融资产价格的所有历史变动,因此现行价格所充分反映的是过去价格和过去收益的一切信息。如果仅根据这些信息去进行投资,像那些技术分析家们所做的那样,那么投资者只能获得与市场水平相当的收益。此时若要获得超额利润(预期收益),必须要利用价格以外的其他信息如公司的送配方案、经营业绩等来进行分析。由于每位投资者都试图利用过去的资料来预测未来股票价格的变化,所以根据过去的资料挖掘股票投资价值并获得超额利润的交易方法是无效的。

第二,中强型有效市场。中强型有效市场是指证券现在的价格不仅反映了历史信息,而且反映了所有与公司证券有关的公开信息。市场能够有效利用的信息包括与资本市场有关的所有上市公司的信息,如公司的公开财务报表、公司经营状况、报刊对公司的评价等,市场价格将根据这些可获得的信息及时作出调整。同理,投资者若要获得比市场收益更高的预期收益,只能通过其他非公开信息,即内幕消息等来进行决策。这里的内幕消息不是我们一般所认为的那些通过非法渠道获得的信息,而是指通过公开渠道以外的方式如实地考察、访问等获得的各种非公开信息。根据有关专家长期的检验结果表明,在中强型有效市场的证券价格不仅立即而且合理地反映了投资者所预期的信息。

第三,强型有效市场。强型有效市场是指证券的市场价格充分反映了有关公司的一切可得信息,从而使任何获得内幕消息的人也不能凭此获得超额收益。该市场能够利用的信息包括了所有公开和非公开信息,市场价格除充分反映过去的收益和报酬、充分反映一切可获得的公开信息外,还能即刻反映非公开信息。也就是说,投资者可以利用任何信息来形成他的预期,任何信息都可以被充分利用。可想而知,在这种市场上任何投资者都无法凭借其地位和某种信息来获得超额的预期收益,此时资本将被有效地导向各生产领域。

上述三种市场存在着单向包含关系,强型有效市场的成立,隐藏着中强型和弱型有效市场的成立,中强型有效市场包含着弱型有效市场,如图5—3。

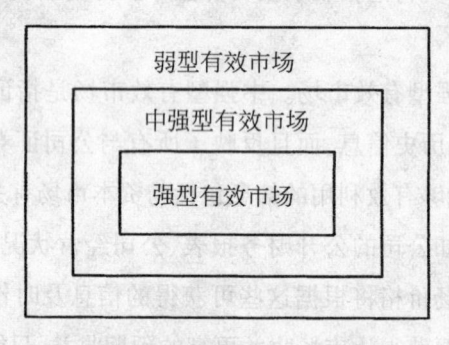

图5—3 资本市场上的弱型、中强型和强型市场单向包容关系示意图

5.3.3 预期对中国资本市场效率的作用和影响

资本市场上每一个投资者都会利用一切信息来关注投资的获利机会,在他们对预期收益的追逐中,会使任何获利机会消失。也就是说,投资者进行资本市场投资时预期获得的收益不会超过均衡的回报率。

有效市场是与随机变动密切相联的。随机变动描述的是这样一种变量的运行方式：今天它的值是已知的，明天它的值却既可能下跌，也可能上升，所以这个变量的未来变动是不能预知的，即随机的。在有效的股票市场上，价格依据未预料到的消息而进行无法预测的运动。当一种股票相对于整个市场而言上涨或下跌的机会相等时，经济学家就说其价格运动像是随机游走[1]。它表明了股票价格将大致遵循随机变动方式，就一切实用目的而言，股票价格的未来变动是无法预先知道的。因此，当人们提到股票价格的随机变动理论时，实际指的是有效市场理论。经济学家在发展理性预期理论的同时，也发展了资本市场上的预期形成理论，得出与理性预期理论同样的结论：资本市场上的预期等于运用所有可知信息作出的最佳预测。这一理论被称为有效资本市场理论或有效市场理论，它是理性预期理论在资本市场上的应用。[2] 有效市场理论最大的理论价值在于它为人们判断资本市场上金融资源的效率状况提供了一种方法或标准。投资者根据自己的预期作出投资决策，从而影响资本市场的有效性。但是，在现实的中国资本市场上，投资者并不都是理性的，股票市场存在着大量的无知或只有有限知识的投资者，他们对已获知的信息缺乏理解和加工判断能力，

---

[1] "随机游走"概念最早出现于1905年《自然》杂志的通信中。通信中研究的问题是求解流落于荒野的醉汉行走的最优程序。当醉汉离开酒吧后，他将摇摇晃晃地以不可预期和随机的方式行走。假设他在时刻 t 移动一个随机的距离 ut，如果他无限制地继续游走下去，最终将游走到离酒吧越来越远的地方。其结论是，如果从醉汉原先所在确切地点出发开始寻找，可以估计出醉汉未来到达的位置。最早关于随机游走的经验研究是1900年法国人 Bachelier 有关商品价格呈随机游动的论断。萨缪尔森 (Samuelson, 1965年)和曼德伯鲁特 (Mandelbrot, 1966年)就已严格证明：若信息流动不受阻碍，且不存在交易成本，那么，投资市场次日的价格变化将只反映次日的"消息"，且不与今日价格变动相关。

[2] 江世银："资本市场预期理论评介"，载《经济学动态》2004年第4期。

从而影响资本市场信息的传递和有效性。

在一个运行良好、有效的资本市场中，没有讨价还价的余地，你支付多少钱，就得到什么东西。关于价格完全反映资产的性质——没有讨价还价的余地的市场理论就是有效市场理论。由于有效市场理论的许多研究主要是针对上市交易的股票，因此有效市场理论又称为上市交易股票市场理论。有效市场理论的另一种表述是：有效市场上不存在任何未加利用的赢利机会。这是因为有效市场理论并不要求每个资本市场投资者都熟知某一种证券的全部信息，并进行理性预期，才能使该证券的价格趋于有效市场的条件起作用的位置。有效市场理论的重要意义就在于它并不要求市场上每个人都熟知每种证券已经发生和可能发生的一切。它的一般假设是高回报只能通过承担高风险而获得，虽然有时也存在不冒风险或风险很小而赚取高回报的机会，但是竞争性市场会确保这些机会的迅速消失。目前我国股票市场尚处于从无效市场到弱型有效市场的过渡阶段。

时至今日，在股票定价和需求决定中，有效市场的理性预期和"投机幻觉"预期这两种预期谁起作用及孰轻孰重，始终存在激烈争论。研究有效市场的专家们坚持，在股票价格与需求决定中，前一种预期在起作用，后一种预期因素可能存在，但这种情况一般对股价的影响很小。有效市场的反对者则坚持，后一种预期在股票价格与需求决定中发挥重要作用。其实，在股票市场上，真正起支配作用的不是投资者对上市公司投资前景的预期，而是他们对股票能在下一期出售价格高低的短期考虑。提高市场有效性的任务在于增强理性预期在市场运作中的作用，减弱"投机幻觉"预期对资本市场的影响。这是一项系统工程，包括要增加市场信息的充分性和透明度，培育具有理性投资特性的机构投资主体，提高上市公司质量、强化股市投资价值，完善市场监管调控体系等多项内容。法玛是在理性预期基础上给出市场有效性定义的，它要求投资者也必须具有理性预期，但实际情况并非如此，投资者不可能都具有理性预期，恰好相反，正是投资者具有不同的预期才使得资本市场在不断的供求价格随机波动中趋向平衡。这是因为资本市场上信息不完全、不对称普遍存在，不同投资者的文化背景和投资预期不同，对信息的分析和处理能力也具有很大差别。正是预期条件的作用和影响，使得资本市场的定价效率、投资效率存在高低之分。

在弱型有效市场上，由于投资者仅能利用过去历史资料信息，对当今变化无常的资本市场信息掌握得不够，所以，投资者预期收益值是偏高的，不确定性和风险预期是估计不充分的，往往投资实际收益与预期收益发生较大的偏差。投资者预期乐观的多，悲观的少，实际结果却与之相反。在中强型有效市场上，由于投资者不仅可以利用过去历史资料信息，而且还可以利用与公司经营的有关公开信息，所以，不确定性和风险预期估计也较为充分，往往投资实际收益与预期收益偏差不大。投资者预期与实际发生的结果基本吻合。预期促进了资本市场中资源的合理配置。在强型有效市场上，由于投资者不仅可以利用历史资料信息和公司公开信息，而且还可以利用与公司经营有关的内幕信息，所以，投资者预期收益不存在偏差，不确定性和风险预期估计充分，往往投资实际收益与预期收益基本一致。在资本市场上，公司上层人士和高管人员掌握着自己未公开的信息，他们可能会将之透露给与自己利益有关的投资者。这些投资者知道了公司经营的内幕信息，对其投资极为有利。一般的投资者要获得这些内幕信息形成和调整他们的预期,用以指导实践,进行投资决策,所花的信息成本是非常昂贵的。要达到这样一种市场状态,确实是很困难的。如果有投资者利用内幕信息买卖证券而获得额外预期收益,则说明它还未达到强型效率。中国资本市场由于发展的时间不长、不规范,所以,至多是达到了弱型有效市场,基本上是处于从无效市场向弱型有效市场的过渡阶段上。

中国的资本市场正在向一种以随机漫步为特征的弱型有效市场过渡。预期对其产生了很大的影响。例如,股票价格虽然反映了某种或各种股票的所有历史信息,但股票价格的涨落和预期收益的多少无规律可循,因而投资者也难以从既有的信息中预测未来的价格涨落和预期收益。

5.4 有效的股票市场与股票投资的预期收益

股票市场是受到投资者预期作用和影响的。股票市场的效率不同,预期对它的影响也不同。在无效或低效率的股票市场上,由于投资信息未被充分利用,投资者的预期与实际结果偏差很大。股票的现实价格没有或者说几乎没有反映股票投资的预期收益。

在一个有效股票市场中,股价应能即时对任何市场信息作出反应,利好的信息会使股价即时上升,而利空的信息会使股价即时下跌。在股票市场有效的条件下,随着新的市场信息的出现,投资者股票价格预期会迅速地调整,而其变化程度则完全地反映并包含所有的市场新信息。因此,任何时刻的股价都充分地反映当时所有的信息。不过,由于市场总体并非个体的简单加总,所以市场的有效性与预期的有效性是两个不同的概念,前者是指市场整体对于信息的利用程度,而后者是指投资者个体对信息的充分利用,二者之间并不存在必然的因果关系。正因为一个有效市场对于市场信息高度灵敏,当我们知道有关信息后再做交易时已为时过晚,所以赞同有效市场假设的投资者亦认为利用信息在股市中获取额外收益的机会甚微。总之,有效市场理论认为股票市场的效率如此之高,新信息一旦出现,股价变动会极为迅速,以致无人始终能迅速地买进或卖出股票以获利,这是因为所有关于某公司收益预期的信息都将即时反映在该公司股票的预期价格上。

预期对股票市场的有效性影响,还通过股票市场透明度表现出来。股票市场透明度是指股票市场的信息有效化。有效的股票市场是以大宗交易量的进行、大批竞争性的市场投资者的存在以及市场投资者能对新的信息作出迅速反应为前提的。也就是说,股价充分反映了股票的基本因素及风险因素。如果投资者观察到的信号和他所拥有的信息相反,那么他会认为自己的信号错误,从而改变预期和投资方向。在不考虑其他因素影响的条件下,如果投资者预期是正确的,那么,股票市场上的信息利用也就是充分的,因而,股票市场也是有效的;相反,如果投资者预期与实际结果发生了严重的偏差,说明股票市场上的投资信息利用是很不充分的,因而,股票市场就是无效的或低效的。可以说,有效的股票市场意味着股票的现实价格充分地表现了股票的预期收益。

5.5 投资收益预期与风险预期对资本市场投资需求的影响

资本市场投资需求多少经常受到大多数投资者心理预期的作

用和影响。资本市场投资决策是人的主观行为,客观因素无论怎样变化,最终都得由投资者来评判其是与非,决定是否进行及如何进行资本市场投资。其中,收益预期和投资风险预期直接影响资本市场投资需求。如果不考虑其他因素的作用和影响,投资预期收益多,资本市场投资需求就旺;同样,如果不考虑其他因素的作用和影响,投资预期风险低,资本市场投资需求就旺。

为什么会出现在中国资本市场刚刚兴起时,中国的老百姓投资于股市并不踊跃,而在邓小平同志南巡讲话之后,投资于股市又太踊跃的现象呢?这是由于中国股市刚兴起时,人们普遍对投资股票的预期收益并不乐观;相反,对其投资风险看得太重,怀疑股票这东西到底在中国能坚持多久,直到1991年,原黑龙江大学陈躬林同志还在撰文说股份制是走不通的路。[①] 而邓小平同志的南巡讲话使投资者吃了定心丸,由此获得了对政策的稳定预期,因而大大降低了股票的政策风险,加上有些股票投资者高预期收益效应使得投资者的收益预期和风险预期得以稳定。如果没有这样的政策稳定预期,那么,投资者是没有意愿去进行有风险的资本市场投资的。因为不仅手中有钱的人不多,而且即使是有钱的人手中钱也不多,要他们去冒一定风险,进行预期收益难以保证的资本市场投资是很困难的。

经过20多年的以市场为取向的改革,我国的宏观经济运行已从根本上告别了短缺经济时代,出现了买方市场的格局,经济发展中的结构性矛盾日趋突出,人均GDP在低位徘徊。投资体制的改革使国有企业投资主体的预算约束及市场风险意识增强,不再有

---

① 参见陈躬林:"股份制:走不通的路",载《学术交流》(哈尔滨)1991年第4期。

强烈的扩张冲动。在企业经营效益普遍不佳的情况下，上市公司对投资方向难以把握，对投资收益的预期缺乏信心，而风险预期增大，虽然利率一降再降，却不能有效地刺激投资需求。企业效益差，直接影响了投资者的积极性。投资者预期看好的时期，是企业效益普遍较好的时期。投资者预期不佳的时期，也是企业效益普遍欠佳的时期。

在国有企业陷于困境、体制改革和非一致性预期结构等诸多原因的影响下，新增固定资产投资的收益预期也不被看好，或者即便固定资产投资收益预期有所改善，但却仍然远低于资本市场投资收益，所以投资者没有动力去大量增加此方面的投资；国家新增货币供给大多通过各种途径流入股市和债市。在源源不断的资本供给下，股市屡创新高，债市投资收益有保证，资本市场的高收益预期自我实现，从而吸引更多资本流入资本市场，并导致银行实际利率始终维持在一个较低的水平，进一步使得资本市场投资大量挤占了固定资产投资，从而使资本市场上一直存在一个较高投资收益的预期。

在股票市场上，股票投资的风险是实际获得的收益低于预期收益的可能性。造成实际收益低于预期收益的原因是股息的减少和股票价格的非预期变动。信息的不对称很可能有利于交易的扩大。"投资者买进或者卖出股票，是基于对未来的股票价格变动的预期。"[①] 一部分人会依据与政治经济形势有关的信息和自己对上市公司经营状况的了解，预期它经营状况良好，其股票将会上

---

① 戴园晨："股市泡沫生成机理以及由大辩论引发的深层思考——兼论股市运行扭曲与庄股情结"，载《经济研究》2001年第4期。

涨,决定买进;另一部分人则认为上市公司虽有发展前景,但可能有不利的政治或经济事件将影响整个股市,预期股市将整个下跌,决定卖出。这样,买者、卖者因不同信息基础上的不同预期,显然有利于交易量的扩大。交易量的扩大有利于资本市场投资需求的扩大,有利于资本市场的繁荣。

在债券市场上,利率期限结构会影响到债券投资者的预期收益。如果债券投资预期收益达不到投资者的预期目标,这会影响到债券投资需求,从而在某种程度上影响资本市场的投资需求。投资债券也可能遭遇到各种风险,造成损失,投资者需要对所投资的收益和风险状况进行必要的分析和评估,以减少可能的损失。但有些风险预期是投资者难以考虑到的,例如,由于突发事件使发行债券的机构的还本付息的能力发生了重大的、事先没有预料到的风险。这些突发事件包括突发的自然灾害和意外的事故等。债券投资风险的存在和不确定的投资收益预期也会影响债券投资需求,进而影响到资本市场的投资需求。

资本市场的供求波动总是提前或及时反映经济形势和经济的周期波动。在经济繁荣初期,投资者们对未来经济有良好的预期,从而对资本市场投资收益也有好的预期,就买进股票、债券,使得其市场价格上升,供不应求。当经济走向繁荣,得到更多的投资者和投机者认同时,市场呈现看涨行情。当经济达到顶峰时,高明理性的投资者逐渐退市,股票、债券价格逐渐下降,预期收益和实际收益逐渐减少。这时,经济衰退即将来临。所以说,"资本市场是国民经济发展的晴雨表"。

资本市场投资需求还受投资者预期刚性的制约。受最近几年经济增长乏力、公司效益普遍下降的影响,投资者对投资回报率的预期不高,使得投资者储蓄的谨慎动机凸显而投机动机退居其后,这会在一定程度上限制资本市场发展对刺激投资需求的作用。

总之,资本市场投资需求受许多因素的影响,其中投资收益预期和风险预期是两个主要的因素。

5.6 乐观与悲观情绪的心理预期对中国资本市场价格的影响

预期是一种自我增强的心理行为。乐观的预期会引导投资者进行积极的投资,从而使市场的生产、消费、就业等得以保持较高的水平,投资者信心十足,使预期进一步乐观;相反,悲观的预期使投资者减少投资,造成需求不足,通货紧缩,失业率增加,投资者信心丧失,从而使预期进一步恶化。心境会影响到个人对未来的预期调整系数,不良的心境会使调整系数过高或过低,不利于形成正确的投资预期。这就是心理预期乐观和悲观情绪的影响。这种心理预期对股价波动的作用和影响可从投资者行为逻辑出发构建股价的形成与波动机理,目前国内王晋斌、刘元春(2002)较早地从新视角进行了这方面的实证分析。他们构建了投资者预期不一致的九种情况下资本市场价格波动和走向组合。如表5—2所示。

在上表5—2中,以组合 B_1 为例,我们来分析投资者预期是如何作用和影响股价波动和影响的。在组合 B_1 中,买入者预期股价上涨,卖出者预期股价下跌,此时双方意见分歧大,这时就形成了很大的市场交易量,而股价会在双方博弈后在交易量的推动下上升。由此表可见,心理预期乐观和悲观会对股价波动和走向产生多种不同的作用和影响。

表 5—2 投资者预期与市场状态组合表

	上升状况			相持状况			下降状况	
组合 A1	买入者预期	+	组合 B1	买入者预期	+	组合 C1	买入者预期	−
	卖出者预期	++		卖出者预期	−		卖出者预期	——
	意见分歧	大		意见分歧	大		意见分歧	大
	交易量	小		交易量	大		交易量	大
	股价波动	较大		股价波动	大		股价波动	大
	股价走向	↑		股价走向	↑		股价走向	↓
组合 A2	买入者预期	++	组合 B2	买入者预期	−	组合 C2	买入者预期	——
	卖出者预期	+		卖出者预期	+		卖出者预期	−
	意见分歧	大		意见分歧	大		意见分歧	大
	交易量	大		交易量	小		交易量	小
	股价波动	大		股价波动	较大		股价波动	较大
	股价走向	↑		股价走向	−		股价走向	↓
组合 A3	买入者预期	+	组合 B3	买入者预期	0	组合 C3	买入者预期	−
	卖出者预期	+		卖出者预期	0		卖出者预期	−
	意见分歧	小		意见分歧	0		意见分歧	小
	交易量	小		交易量	较大		交易量	较大
	股价波动	较小		股价波动	小		股价波动	小
	股价走向	↑		股价走向	−		股价走向	↓

注：+、0、−分别表示投资者预期股价上涨、维持原价、下跌；↑、↓、−分别表示股价走向为上涨、下跌、维持原价；++、——分别表示投资者预期股价上涨、下跌幅度大。

资料来源：《当代经济科学》2003 年第 3 期。

投资者在股票市场上的投资行为以自己对未来经济发展的预期为基础。往往理性的预期与未来的实际状况会有差别。在一个宏观经济形势持续低迷的经济环境中，某个投资者预期股市会下跌，结果股市真的出现下跌，甚至下跌的幅度比自己预期的更大，这种结果就会助长投资者的悲观情绪。投资者一旦形成了悲观情绪，要扭转这种预期倾向是很困难的。如果悲观情绪在投资者中占大多数，那么产生的后果便是投资者本身的看空行为会促使股市向他们预期的方向发展，同时集体的力量会加深股市下跌的趋势，逐渐累积便会使股市背离实际经济的发展状况。特别是根据在以资本市场走势进行预期的理论模型中，对市场的悲观情绪和乐观情绪通常会自我证明，也就是说悲观的举动往往造成更悲观的结果、乐观的情绪往往带来更乐观的景象。

当心理预期受过分乐观情绪支配时，投资者大量抢购股票，股票出现供不应求，从而引起股票预期价格大幅度飙升，在股市炒起一座座没有内在价值支撑的空中楼阁。而一旦现实达不到预期，乐观情绪就会转向悲观，没有根基的空中楼阁就会化成残砖断瓦，导致投资者巨额损失，这就是心理预期引发的风险。股市低迷和股票价格持续大幅度下降，极易使投资者形成消极预期，并可能扩散而导致投资者形成对投资收益持续下跌的预期，在买涨不买跌的心理作用下，使投资屡屡搁浅，资本市场"人气"不旺，从而影响整个经济的持续发展。中国 1996 年下半年至 1997 年上半年的股市就存在着过度乐观的心理预期导致的股市投机失控。1996 年我国股市持续上涨最深刻的社会经济基础正是广大投资者普遍预期新一轮经济增长的高潮即将到来。1996 年下半年，投资者心目中普遍存在的一种强烈预期是"新经济周期 = 经济高速起飞 = 公司利润大幅上涨 = 股票价格快速上扬 = 资本市场投资预期收益多"。在这种预期心理支配下，当年 10 月以后股市失去了理性，一些每股收益只有几分钱甚至严重亏损的"垃圾股"竟被炒高到 10 多元。预期和信心是进一步使投资收益上涨的关键，它决定投资者的投资意愿。预期和信心既可能是受基础面信息的影响,也可能是受资本市场投资者整体情绪的影响。这种乐观情绪可能仅仅是受外部因素影响而并没有特别的理由,对收益趋势的发散式预期使收益得以持续上扬。这种预期的错误在于它反映了以过去的经验来预期未来之状况的定势的思维模式,而忽略了过去与未来前景的不同。进入第二年后,投资者对1997年香港回归和党的十五大召开持非常乐观的预期,认为在此大背景下,宏观经济运行的基本趋势是稳中求进,党的十五大将对资本市场的地位和作用予以确认,并极大地推进国有企业的股份制改革,由此而形成1997年上半年单边向上的走势,投资者预期普遍看好,从而带来资本市场的整个投资需求扩大。

随着改革开放的深化,造成以往经济大起大落的体制环境已发生巨大变化,决策层驾驭经济运行的能力不断提高,经验日益丰富,宏观调控能力也今非昔比,经济大起大落的可能性逐渐变小,在宏观经济稳中求进的前提条件下作为新经济周期启动的指导思想,便是一个明证。了解了这个大背景,便不难看出,把新的经济周期等同于经济高速起飞和股价快速大幅上扬的预期,是脱离我国经济实际的,以此引导投资,很容易造成股市过热,给投资者带来风险和损失。

1997年年初,邓小平同志逝世的消息也对股市产生了极为短暂的影响,但大多数投资者心中存在着相当乐观的预期,那就是面临香港回归和十五大即将召开,管理层不会出台利空政策给股市泼冷水。这种预期又使股市在5月上旬驶入快车道,再度过热,陷入投机失控,也使某些主力机构毫无顾忌,疯狂投机。每股收益仅0.6厘的深天地股票竟被炒到31元,市盈率高达51667倍,成为

1997年世界股市最疯的"疯牛股"。这种预期的不理智性在于把香港回归和十五大即将召开两件大事和股市只升不跌画上了等号,而忘记了香港回归和十五大即将召开两件大事需要安定团结的政治局面,这要求资本市场比以往任何时候都更应跟着形势走,规范而有序地运作,稳步而有节奏地运行。投机失控的股市,常会引发事端,干扰大局,这是宏观调控层所不希望的。可见,投资者对宏观经济走势的预期与1997年宏观经济的实际情况有一定差距。如果这种乐观预期被人为夸大,其对股价走势的影响很可能蕴涵过度投机的泡沫成分,这也是1996年年底以后至1997年5月管理层强力调控股市的重要原因。过分的乐观预期到了非调整不可的时候了。果然,5月上旬股市的过度投机又引出了宏观调控层一次比一次严厉的降温政策,导致股市大跌。这说明政府宏观调控层使投资者不可能绝对确知将要实施的调控政策与有关经济变量的变化,所作的预期并不完全总是符合经济的实际运行情况。

从1997年我国经济实现"软着陆"后,我国资本市场一直需求不旺。受全球经济不景气、东南亚金融危机和国内宏观经济政策调整的影响,股票市场跌得多、涨得少。这与我国内需启动缓慢,整个社会总需求不旺密切相关。"由于内需启动缓慢,势必导致居民对收入减少与支出增加的种种消极预期,从而严重影响消费需求的合理增长。在收入预期减弱和支出预期增加的情况下,居民'惜购'就是情理之中的事了。"[①] 如果消费需求不足,投资需求特别是民间投资需求也不会太旺,那么,资本市场尤其是股票市场肯

---

① 江世银、黄毅:"目前我国启动内需缓慢的原因及其危害",载《经济研究资料》2000年第2期。

定会低迷,投资者预期收益不会看好。

2001年6月以来,沪深股市出现了持续的暴跌走势。从2001年6月14日沪市的2245点到2002年1月21日的1362点,股指下跌了883点,最大跌幅达39.33%。如果从1999年5月17日沪市最低点1047点算起,那么沪指跌去了5·19行情以来涨幅的73.71%。由于在我国的股市中没有做空机制,投资者缺乏有效的套期保值和风险规避工具,因而他们在股票市场暴跌中的惟一选择就是"割肉"和"斩仓",这不但给投资者自身造成了巨大的投资损失,而且也使股票市场在斩仓盘的推动下处于一轮又一轮的下跌之中。导致股市持续暴跌的原因是多方面的,但其中市场预期机制的紊乱和投资者的悲观心理预期是其主要原因,正是由于市场中充斥的太多变数和先前斩仓离场在一定程度上规避了暴跌风险的示范效应,才导致资本市场上出现了持续下跌的局面。

2002年,中国资本市场继续保持低迷态势,资本市场价格和预期收益不断以"小涨大跌"的方式下移。主要原因在于:一方面,国有股减持的信息导致人们悲观的预期,股票市场出现了大幅下跌;另一方面,自6月份以来,随着利率已经触底的预期以及央行对市场利率干预的力度加大,债券市场急转直下,到年底不仅债券市场一跌再跌,而且各券种的到期收益率也处于相当低的水平。受投资者预期的作用和影响,整个资本市场低迷特征明显,股票投资收益率与往年相比也出现了较大下滑,这种与我国整个国民经济持续发展不一致的状况在中国资本市场发展历史中是从来没有出现过的。即便是十六大召开也难以改变这种状况。有人就曾在十六大前说股市超跌,它的召开是重大利好消息,股市至少要大涨三天。但事实并非如此,因为股价变动与党代会召开不是直接相关的,它的决定因素是极其复杂的,十六大固然是长期利好,但并非临时决定,它早已反映到投资者的预期中了。由于影响股民看淡股市的因素未变,所以,尽管召开党代会股市也不会上涨。由于资本市场随着加入 WTO 的深入影响而发生的新变化,2003 年,中国资本市场呈现出了双向扩容态势。一是 QFII 进入资本市场,新的基金机构不断涌现,机构投资者力量进一步增强;二是股票一级市场继续保持扩容。由于投资者对风险意识较前两年有明显的增加,所以,相当多投资者在 2003 年的投资行为选择仍是短线炒作,快进快出。虽然目前中国股民开户数为 7066 万,但实际存在活跃交易的户数只有约 200 万,绝大多数账户处于休眠状态,反映了投资者对资本市场信心的严重不足。在这种预期下,决定了投资者没有太多的套利机会。

在资本市场上有众多的投资者,会形成各种不同的投资预期。由于信息的广泛联系性,各投资者的预期会相互影响。所以,各投资者的预期不再是相互独立的,而是会相互诱导,导致彼此之间的预期具有非独立性。在这种情况下,投资者对于未来的悲观预期和乐观预期不再是随机出现的,当单个投资者乐观地预期未来的可能性大于悲观预期的可能性时,可得出:

$$E(P_{t+1}) = E[f(P_t) + P_{t+1}^e] = E(P_t) + E(P_{t+1}^e) > f(P_t)$$

式中,$E(P_{t+1})$、$E(P_t)$ 分别是 $t+1$ 期、t 期资本市场的预期价格,P_t 是 t 期资本市场的价格。

反之,当单个投资者悲观预期的可能性大于乐观预期时,可得出:

$$E(P_{t+1}) = E[f(P_t) + P_{t+1}^e] = E(P_t) + E(P_{t+1}^e) < f(P_t)$$

在信息不完全的情况下,当有人初期抛售证券以减少投资损失时,其他投资者此时的最优反应是采取 $ei^*(e)$,即抛售股票逃离股市,最终导致整个股票市场的崩溃。这种状况类似于当代西方经济学家所称的崩溃的金融市场(N. Gregory Mankiw,1986)[①]。

可见,在资本市场上,预期起的作用和产生的影响不可低估。不同方向的预期有不同的影响,各种主体的预期的合力将产生实质性的影响。但预期是可以引导的,我们必须重视利用积极预期的有利作用,避免和防止消极预期对资本市场的不利影响。

5.7 预期对居民储蓄转化为资本市场投资的作用和影响

投资和储蓄从居民的角度来说在内容和行为上往往是重合的。储蓄是收入在消费后的客观结果,它构成居民投资的来源;而投资则是对这种储蓄的主动性运用,以使其保值增值。所以,储蓄并不以获利为必要条件,而投资不仅以获利为其必要条件,而且还以一定的预期收益率为其充分条件。但是,人们是选择储蓄还是进行投资则是非常复杂的,往往受到预期因素的作用和影响。

改革开放以来,随着收入分配多元化的改革,我国居民储蓄存款保持了较高的增长速度。其间经历了 1979—1988 年城乡居民储蓄存款平均每年增长 30% 以上的持续高增长阶段、1989—1996 年继续保持大基数的旺盛高速增长阶段(年均达 31.6% 以上)和 1997—1999 年的减速增长阶段(年均减速达 10% 以上)。目前,储

---

① 江世银:"论信息不对称条件下的消费信贷市场",载《经济研究》2000 年第 6 期。

表 5—3 我国居民储蓄存款增长状况

年份	储蓄存款余额(亿元)	增长率(%)	储蓄存款增加额	增长率(%)	人均储蓄存款(元)	增长率(%)
1978	210.6		29.0			
1980	399.5		118.5		404.7	
1985	1622.6		407.9		153.3	
1986	2327.6	43.5	615.9	51.0	216.5	41.2
1987	3073.3	37.3	842.9	36.8	281.2	29.9
1988	3801.5	23.7	740.8	-12.1	342.4	21.8
1989	5146.9	35.4	1374.2	85.5	356.7	33.4
1990	7034.2	36.7	1887.1	76.9	615.0	34.5
1991	9107.0	29.5	2076.3	10.0	786.0	27.8
1992	11545.4	26.8	2434.2	17.2	985.0	25.3
1993	14763.6	27.9	3759.0	54.4	1246.0	26.4
1994	21538.0	41.5	6315.0	68.0	1795.0	44.1
1995	29664.0	37.8	8143.5	28.9	2441.0	36.1
1996	38520.0	29.86	8856.1	8.8	3132.0	28.3
1997	46280.0	20.14	7760.5	-12.4	3714.0	18.6
1998	53407.0	15.40	7127.3	-8.2	4307.0	16.0
1999	59621.8	11.64	6241.8	-12.8	4777.3	10.9
2000	64332.4	7.90	4976.7	90.04	5077.0	13.8
2001	73762.4	14.66	9457.6	30.00	5780.0	17.8
2002	86910.7	20.99	13233.2	-8.00	6809.7	24.2
2003	103617.7		16631.9		8018.3	

资料来源:《中国统计年鉴 2004》、《2004 中国统计摘要》、《中国人民银行统计季报 2004》,中国统计出版社 2003 年版。根据各年统计年鉴、统计摘要和统计季报计算而得。

蓄存款总额已超过 11 万亿元,年均增长 2000 亿—3000 亿元。如表 5—3 所示：

据中国人民银行公布的统计数据,到 2003 年底,我国金融机构居民人民币储蓄存款余额已达 11 万多亿元,比年初增加 10804 亿元,同比多增 2655 亿元。居民储蓄存款从 2001 年以来持续保持 18% 左右的增长速度。

尽管我国资本市场随着改革的兴起和发展,已经形成了一定的规模,但它的发展是被动的、滞后的,具有明显的非市场化特征。中国的经济改革从 20 世纪 70 年代末就开始了,资本市场的开放和发展却延迟到 80 年代中后期。中国的资本市场发展是明显滞后于经济增长的。1994 年,中国的证券化率远远低于发达国家。见表 5—4：

表 5—4　证券化率(市价总值占 GDP 的比例)

1994 年	美国	日本	加拿大	中国香港	中国台湾	中国
证券化率	71.1%	70.3%	60%	450%	88%	6.67%[1]

注 1:若按流通市值计算,仅为 1.38%。
资料来源:《上海证券报》1996 年 4 月 14 日。

世纪之交的最近几年,中国资本市场获得了快速发展,到 2003 年年底,中国股市市值占 GDP 的比例为 50% 左右,债券市值占 GDP 的比例为 15%。尽管如此,也仍然落后于发达国家。全球新兴市场的证券化率平均约是 70%,成熟市场是 100%—130%。[①] 庞大的居民储蓄存款如何转化为投资特别是如何转化为资本市场投资已经引起了普遍的关注。

① 参见黄海燕:"中国股票市场与宏观经济",载《宏观经济管理》2004 年第 2 期。

"在中国经济体制转轨过程中,制度变迁预期对个人储蓄行为起着十分重要的作用,其影响程度要大于通货膨胀和利率对储蓄的影响。由于人们对未来收入的不确定性和经济制度定型的不确定性,人们将当期收入的很大部分用于储蓄,……"[1] 特别是医疗就业、教育、住房、养老等项改革措施的陆续进行,形成了投资者的谨慎动机,预期收支的变化迫使人们着眼于整个生命周期决定其收入安排,将更多的资金用于储蓄。人们在这样一个较长渐进式改革时期的过程中一直处于对制度变迁预期的不确定性状态,使他们更难以确定制度定型的时期,这就更加大了储备性储蓄倾向。

居民储蓄难以转化为资本市场投资的原因主要有居民收入增加、通货紧缩及实际利率的上升、预期的不确定性、资本市场的发展、经济货币化的提高等。根据武剑同志在上海三联书店 2000 年出版的《货币政策与经济增长》一书中的测算,目前推动居民储蓄增长的各主要因素的贡献分别为:预期不确定性 32.3%,实际利率 26.6%,居民收入 18.6%,经济货币化程度 9.2%,资本市场发展 7.2%,社会贫富差距 6.1%。可见,预期不确定性是一个最主要的因素。

居民储蓄在多大程度上转化为投资受许多因素的影响,其中预期是一个很重要的因素。"居民对未来经济增长的预期,包括对价格的预期、个人收入增长幅度的预期、市场商品供给总量和结构的预期等。这些预期可综合决定居民货币储蓄的长短,从而决定其中有多大比例可用于长期投资。"[2] 投资具有未来的不确定性,

---

[1] 谢平:"经济制度变迁和个人储蓄行为",载《风险、不确定性与秩序》,中国财政经济出版社 2001 年版。

[2] 张合金:《投资规模调节论》,中国财政经济出版社 2000 年版。

即现在的投资在未来是否会有预期收益以及能否收回本钱,是不确定和有风险的;而把钱存入银行尽管预期收益较少,但是是安全的。储蓄要转化为资本市场投资,取决于投资者对收益多少的预期与投资成本及未来不确定性给他带来的风险的评价和比较。也就是说,只有当预期收益补偿了风险负效用后还有净余,投资者才会进行资本市场投资。假如用 $E(R)$ 表示资本市场投资预期收益, R 表示投资风险;再取其效用,用 $U_{E(R)}$ 表示投资预期收益的效用, U_R 表示投资风险的效用,可用 $|U_R|$ 表示其绝对值,那么,储蓄转化为资本市场投资的条件是: $U_{E(R)} + U_R > 0$ 或 $U_{E(R)} > |U_R|$。

可见,投资者是否将储蓄转化为资本市场投资取决于他的偏好(包括他对风险因素在内的效用的主观评价)和投资收益多少的预期。所以,未来的风险增大,迫使居民不得不加大储蓄。在收入分配体制、消费体制、社会保障体制、价格体制、教育体制以及金融体制等方面改革深化的背景下,居民更多地面临未来收入与支出的不确定性,面临一些过去由单位和国家承担的成本转为由个人自己承担的状况,迫使居民的储蓄倾向增加,进行资本市场投资的倾向减弱。

从最近十年中国资本市场筹资规模与银行新增储蓄来看,过快的居民银行储蓄增长没有大量转化为资本市场投资,与资本市场筹资规模相适应。境内股市筹资额平均不到 1000 亿元,超过 1000 亿元的年份仅有 2000 年和 2001 年。境内股市筹资占储蓄年新增额比重一般平均维持在 10%—15% 之间,达到了 20% 以上的年份并不多见。在通胀率较高的 1994、1995 和 1996 三年中,这一比重更低。如图 5—4 所示。

■ 境内股市筹资额（左轴）
—— 境内股市筹资占储蓄年新增额比重（右轴）

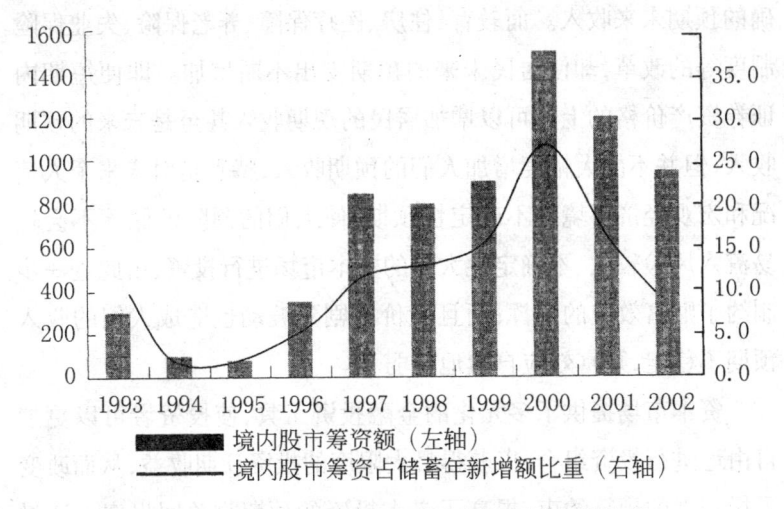

图5—4 资本市场筹资规模与银行新增储蓄比较

预期影响着居民储蓄转化为资本市场投资，这是预期不确定性作用的结果。只要这个因素存在，它就必然会使居民储蓄攀升，难以转化为资本市场投资。一部分投资者因为资本市场回报率不高和风险较大，暂时撤出资本市场的投资，将钱存放到银行里。据央行调查，2002年选择投资股票的人数仅占7%，已降到近两年的最低点。对于城乡居民来讲，股票市场和其他投资工具存在较大的风险，特别是近几年股市缩水较大，一部分投资股民血本无归，使大多数居民不得不谨慎投资。随着市场经济体系趋向成熟、社会保障制度不断完善，预期不确定性对它的影响力将逐渐减弱。但在当前相当长一个时期，预期不确定性的影响仍然很大，不可小视。目前，我国正处于经济体制转轨时期，各项制度正处于改革之中，下岗失业人员增加，就业压力增大，即便是现在拥有一份不错的工作也难以预料哪天会失去稳定收入的保障，人们难以形成准确的预期未来收入。而教育、住房、医疗保障、养老保险、失业保险制度等的改革,却使居民未来的预期支出不断增加。即便短期内证券资产价格的上升可以增加居民的现期收入甚至是未来的预期收入,但并不能大幅度增加人们的预期收入,特别是对未来个人情况和宏观经济环境的不确定性预期,使人们的预防性储蓄不会轻易流入风险较大、不确定性太多的资本市场进行投资,由此进一步制约了财富效应的发挥;而且股价的剧烈波动也造成人们的收入预期不稳定,财富效应自然地削弱了。

资本市场提供了多元化的金融投资工具,使投资者可以更加自由地进行投资组合,以获得最大限度的投资预期收益,从而改变了投资者的预算约束,提高了未来投资的预期收益回报率。通过对不同资本市场投资主体投资动因的观察可以看出,预期收益能够引导资本的投向。在不考虑风险的条件下,当某一证券投资的预期收益递减时,不但新的投资者不会把资本投向此证券,原有的投资者也会把投资资本转移出去。特别是当某一种证券投资的预期收益低于市场银行利率时,该证券被称为"呆滞"证券。投资者这时宁愿将钱存入银行也不愿进行资本市场投资。投资预期收益的高低是投资者决定资本投向的依据。可见,投资资本的流向转移客观上是预期收益引导的结果,即资本市场投资预期收益引导规律起作用的结果。它客观上既表现为预期收益对资本市场投资者资本流向的制约作用,又表现为对融资者用途的制约作用。资本市场上众多的投资选择能使投资者在多种证券投资中根据预期收益的大小选择投资方向,也能保证筹资者在投放较高风险的证券品种时用较高的预期收益来吸引投资者。在考虑风险因素约束条件下,投资者为了获得预期收益,就必然会考虑投资风险的约束,往往在多种证券投资中作出适合他的选择。当预期收益与实际收益偏差太大时,表明他的风险也越大。这就可能使投资者把资本转向其他投资,甚至将钱存入银行。因此,投资者减少投资、增加储蓄,使总体投资额和投资率减少、储蓄率得以提高。

资本市场是连接资本需求方和供给方的纽带,它自动地调节着投资资本供求的平衡。资本市场主要是通过提供各种投融资手段,引导社会资本配置,它对于居民储蓄向投资转化的多少具有重要的影响,特别是中国资本市场预期问题的存在使得居民储蓄转化为投资存在一定的心理预期障碍。

经济行为是一种人的行为,而人的行为是与心理状态密切相关的。这样,预期的改变就会引起经济行为的变化,而关于收入预期的改变一般会导致人们对投资风险和预期收益作出新的评价。当前,我国资本市场投资回报不佳必然会使投资者产生获取较大收益的不合理预期,但这种预期继续向前发展,会变成盲目乐观的预期,过高收益预期的产生会改变现存以及新的资本市场投资风险和收益预期,从而影响储蓄向投资的转化。

从预期变化的角度来说,人们对确定的预期可以进行适当调整,而对于不确定性则必须用加大储蓄来应对不可预期的风险。引起这种心理预期变化的原因是体制改革的推进。由于我国的社会保障受益范围小,增长了为退休而储蓄的需要,加上医疗保险、失业保险和其他保险也不健全,为应付不时之需而储蓄的需要也增加了。过高的储蓄率是资本市场不完善和不健全的表现。资本市场发育不健全,使我国居民无法在储蓄与其他金融资产的选择中进行合理的收益预期,也无法按照风险—收益对等的原则进行投资,所以,"居民收益预期的高度不确定才是我国高储蓄率的主要原因。"① 在由计划体制向市场经济体制转轨时期，一系列改革措施的出台给居民特别是投资者带来了许多不确定性，正如前述，这些不确定性因素包括住房制度改革、医疗保险制度改革、教育体制改革、退休养老体制改革和就业制度改革等，由此导致了居民储蓄倾向的大幅度提高。

5.8 预期对中国资本市场作用和影响的检验

上文分析了中国资本市场是一个充满预期因素影响的市场，它对投资收益、风险和资本市场效率都有重要的作用和影响。那么究竟有多大的作用和影响呢？怎样测定和检验这种作用和影响呢？本书运用 3.6 节所介绍的市值测定预期法和投资者预期指数法两种较为常用的方法来测定和检验预期对中国资本市场的作用和影响。②

5.8.1 市值测定预期法的应用

由于预期是一种主观心理活动，要测定它对经济行为主体和经济活动特别是资本市场投资活动的作用和影响是一件非常困难的事情。本书以股票市场为例，利用中国上市公司有关未来预期增长价值的数据、资料和市场增加值的数据、资料进行对比分析，得出未来预期增长价值占市值的比例。该比例越高，投资者对未来增长价值的预期就越高，它反映了当前股价和投资收益中有多

---

① 申海波：《预期理论与资本市场》，上海财经大学出版社 2000 年版。
② 江世银："预期对中国资本市场作用和影响的验证"，载《当代经济科学》2004 年第 3 期。

大的比例是基于对未来的预期。也就是说,预期对中国资本市场有多大的作用和影响。

表 5—5 1998—2000 年部分上市公司 FEGV 占市值的比例

代码	名称	1998	1999	2000
600001	邯郸钢铁	0.030	-0.171	0.031
600002	齐鲁石化	0.236	0.181	0.525
600009	上海机场	0.429	0.369	0.400
600058	龙腾科技	0.558	0.702	0.729
600068	葛洲坝	0.333	0.335	0.555
600072	江南重工	0.591	0.753	0.926
600098	广州控股	0.423	0.339	0.547
600100	清华同方	0.780	0.366	0.821
600104	上海汽车	0.430	0.457	0.407
600115	东方航空	0.562	0.620	0.597
600631	第一百货	0.467	0.457	0.772
600642	申能股份	0.198	0.620	0.510
600649	原水股份	0.632	0.579	0.629
600663	陆家嘴	0.826	0.950	0.763
600688	上海石化	0.662	0.487	0.552
600690	青岛海尔	0.519	0.442	0.568
600702	沱牌曲酒	0.602	0.601	0.738
600718	东软股份	0.721	0.742	0.819
600727	鲁北化工	0.734	0.557	0.634
600736	苏州高新	0.442	0.611	0.754
600776	东方通信	0.488	0.582	0.738

600811	东方集团	0.245	-0.271	0.398
600812	华北制药	0.541	0.578	0.728
600839	四川长虹	0.386	0.833	0.856
600854	春兰股份	0.538	0.434	0.562
600867	通化东宝	0.650	0.600	0.887
600868	梅雁股份	0.373	0.302	0.431
600886	湖北兴化	0.763	1.197	0.972
600887	伊利股份	0.662	0.534	0.633
平均		0.511	0.503	0.637

资料来源：1.数据来源于 Stern Stewart 咨询公司网站（www.sternstewart.com.cn）公布的数据。本书引用时作了一些改动。2.周骏、张中华、邓茂佳主编：《货币政策与资本市场》，中国金融出版社 2002 年版。

从上表可以看出，1998 年、1999 年、2000 年所选公司的预期作用率分别是 51.10%、50.26% 和 63.72%，2000 年的数值明显高于前两年。三年中，投资者 1998 年对陆家嘴（82.6%）、1999 年、2000 年对湖北兴化（119.7%，97.2%）的预期最高；1998 年对邯郸钢铁（-17.1%）、1999 年对东方集团（-27.1%）和 2000 年对邯郸钢铁（3.1%）的预期最低。这说明了 2000 年股票市值的增长主要是基于投资者对未来增长的过于乐观的预期。可见，股票预期收益既反映了当前的价值，也反映了对未来的预期。

5.8.2 投资者预期指数法的应用

利用第 3 章介绍的投资者预期指数法 IEI 也可以测定预期对中国资本市场的作用和影响。2003 年 8 月 3 日对深证指数的调查结果是：①个人投资者预期指数为 42.77 点，比上周变化 3.03 点。

②机构投资者预期指数为58.99点,比上周变化13.56点。③横向比较:相对于个人投资者,机构投资者预期指数高16.22个百分点。机构投资者预期指数高于个人投资者预期指数,说明机构投资者对资本市场预期更看好,更有利于它的投资。也有个人投资者预期指数高于机构投资者预期指数的情况(2003年7月20日的调查结果)。如图5—5所示:

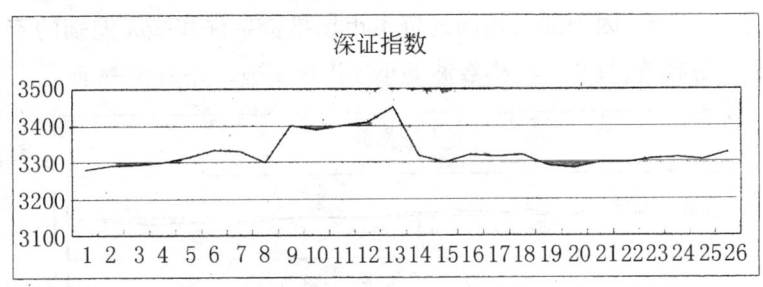

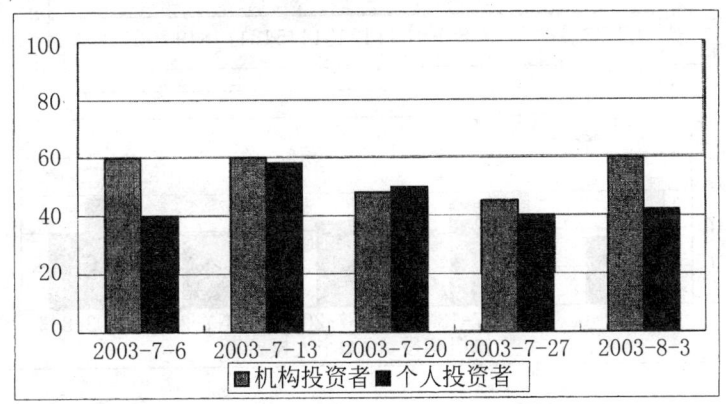

图5—5 深证投资者预期指数图

资料来源:深圳证券信息有限公司2003年组织人员开发的"投资者信心指数"(简称为投资者信心指数)。

用同样的方法也可以检验上证指数。2003年8月3日对上证指数的调查结果是:①个人投资者预期指数为42.77点,比上周变化3.03点。②机构投资者预期指数为58.99点,比上周变化13.56点。③横向比较:相对于个人投资者,机构投资者预期指数高16.22个百分点。2003年7月20日的调查结果也显示了个人投资者预期指数高于机构投资者预期指数。上证的调查结果与深证的调查结果一样,说明两个市场投资者预期指数对投资预期收益的判断和估计是一样的,对中国资本市场预期的看法一样,不存在区域上的差异,因为都是相同的资本市场投资条件和毫无差别的宏观经济政策,只是上证指数波动小于深证指数。如图5—6所示:

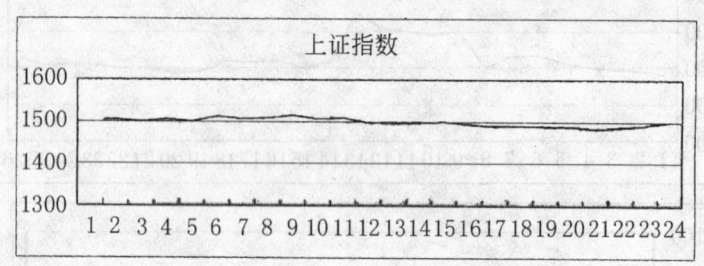

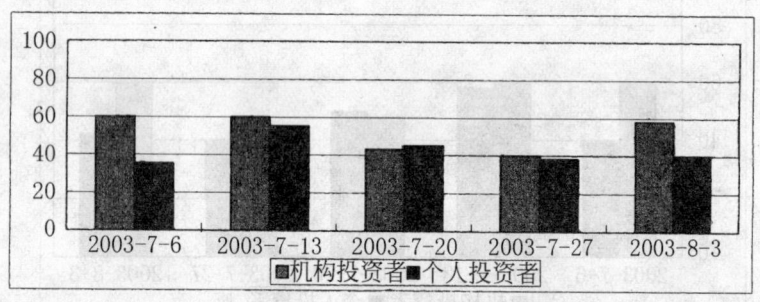

图5—6 上证投资者预期指数图

资料来源:深圳证券信息有限公司2003年组织人员开发的"投资者信心指数"(简称为投资者信心指数)。

从上面两地证券投资者预期指数对资本市场投资的作用和影响的测定可以看出,资本市场是广泛存在着预期的作用和影响的。

中国居民储蓄率很高,难以转化为资本市场投资,资本市场投资需求不足,资本市场经常剧烈波动,这些现象都有预期的作用和影响。若要解决这些问题,必须重视资本市场预期问题的解决。

5.8.3 投资者预期对中国资本市场的预测

利用投资者预期提供的超前性信息,可以预测中国资本市场的发展趋势和由此带来的经济运行的可能变化。在某个特定时段(2003年10月),用CCPT测量投资者"现在"和"将来"的预期值(可以把首次测量的数据作为测量基数);在其他时段(如2004年10月、2005年10月、2006年10月)再分别进行测量。这样,可以分析投资者预期对中国资本市场的预测。随着时间的推移,测量数据显示的"现在"已变成"过去",而"将来"将变成"现在"。通过连续的纵向研究和年度数据积累,把投资者在不同时段的预期值连点成线,可以得到一个大致反映投资者预期随时间(过去、现在、将来三种时态)变化的曲线或投资者心态发展的轨迹,这样,投资者的预期将清晰可见。如果把这一曲线与同期的中国经济GDP增长率、居民储蓄增长率、居民储蓄对资本市场投资的转化率和通胀率(通紧率)等进行对比,那么,可以更好地理解投资者预期同它们互相依存的关系,更好地理解投资者预期在中国资本市场中的作用和影响。

进行投资者预期作用和影响的分析有时是非常实用的,它可以提示投资者,对于受预期作用和影响大的因素需要进一步收集资料,以提高这些预测值的可靠性。它也能揭示出各因素引起预期收益变化的强弱,即承担风险的大小。如一项投资预期收益很高,但当某些因素发生微小变化时,收益率则降低很多,那么一旦投资,有可能遭受很大的风险。

6. 中国资本市场
预期问题的表现

由于中国资本市场发展很不规范,所以,存在着许多预期问题。这些预期问题都是通过资本市场投资预期来表现的。这些投资预期既有股票投资的预期,又有债券投资的预期。不同种类的投资会带来不同的预期收益。在资本市场上,受整个国家宏观经济运行和环境的影响,会经常出现投资紧缩预期和投资膨胀预期交替的现象。中国资本市场预期的形成经历了静态的、外推型的、适应性的和准理性预期或亚理性预期等阶段,并将要经历理性预期和孔明预期阶段。不同的投资者具有不同的预期。正因为如此,投资信息尚未被充分利用、预期收益值偏高、预期不确定性估计不足、预期风险难以预测是中国资本市场不同于西方资本市场预期问题的种种不同表现。

6.1 资本市场投资

6.1.1 资本市场投资及其一般数学模型

投资是一个常见的经济名词,也是经济活动中的一项重要内容。但是,投资不是人类出现之后就有的。在古代,原始社会生产力低下,很少有剩余产品,也就不存在商品交换,不会在交换过程中产生货币。随着生产力的发展,剩余产品的增多,物物交换发展到以货币为媒介的时代。人类进入了货币时代,意味着投资于工商业的社会财富不再以实物产品为主要形式,而是以货币财富为主要形式,这就开始出现了投资。所谓投资就是经济行为主体在买进资产(实物资产、金融资产)的一定时期后期望通过承担该资产所带来的不定量风险而获得预期收益的经济活动。投资是一种预期的投入大于产出的经济活动。投资者无非是通过投资使自己的资产财富保值增值,从而使自己的消费安排不致受到影响,使自己的消费效用得到提高。投资一般具有两个特征:一是风险性,二是时间性。风险性是指预期收益的不确定性;时间性是指预期收益的取得是要经历一定时间的。有时时间因素是主要的,如政府债券;有时风险因素是主要的,如普通股票投资;有时两者都是主要的。

要投资,就要进行投资决策。投资决策是一个经济行为过程,任何一项投资必须要考虑投资的预期回报以及投资的成本,因为"投资归根结底是对未来进行赌博,所赌的是:目前和未来的收益将大于目前和未来的成本。"[①] 投资者在进行投资决策时,总要预测未来的趋势和可能,构想未来的蓝图。投资决策在投资过程中起着重要的作用。

投资包括实物投资和金融投资。其中,资本市场投资是金融投资的重要组成部分。资本市场投资也叫资本形成,是指在一定时期内资本市场上的实际资本数量的增加,表现为融资能力的扩

---

① [美]保罗·A.萨缪尔森、威廉·D.诺德豪斯:《经济学》(第12版)上,中国发展出版社1991年版。

大。它包括债券投资、股票投资、基金投资、期股期权投资和其他投资等。资本市场投资和资本是两个不同的概念,资本市场投资是一种流量,而资本是能够带来剩余价值的价值(马克思,1865),是一种存量。投资包括重置投资、净投资和总投资。重置投资是指用来补偿已花费的资本设备的投资,它的多少决定于原有资本数量、已使用的期限及其构成情况。一般说来,它不会导致实际资本存量的增加。净投资是指为增加资本存量而进行的投资,也就是净资本形成或实际资本的净增加,在资本市场上表现为资本投资总规模的扩大。它的多少取决于国民收入水平和利息率的高低及其变化情况。总投资等于重置投资与净投资之和。从总投资来看,投资就是对原有资本存量的扩大,增加资本资产。所以,在某一时期末所观察的资本存量,就是过去净投资的积累,或者说,在第 T 期末到所观察的资本存量 K_T,是过去从第 1 期到第 T 期的净投资的总和。即:

$$K_T = \sum_{t=1}^{T} I_t$$

净投资与资本之间的关系,也可写成:

$$I = \Delta K$$
$$或 \quad I_T = K_T - K_{T-1}$$

可见,投资是资本的增量。经过进一步的分析发现,在既定收入水平下的投资量是利息率的函数。投资需求函数表示在各种不同利息率水平下为投资目的所需要的资产价值。因为投资需求者的动机是为了使资本利润达到最大限度,尽可能获得更多的预期收益,因此要把从新的投资预期所能得到的收益与投资成本进行比较。如果投资成本太高、投资风险太大、预期收益太少,投资者就会减少投资或根本不投资;反之,如果投资成本不高、投资风险不大、预期收益可观,就会增加投资或尽量多投资。这里所说的投资成本由利息率决定,所以资本市场投资也是利息率的函数,随着利息率的高低而变动。由于这不是本书讨论的重点,所以就不再赘述。

如果不考虑一般投资情况,只考虑预期资本市场投资情况,投资者的全部金融资产 W 都进行资本市场投资,并且保持一个长期的平均增长率 g,那么有预期作用和影响的资本市场投资模型为:

$$E(I_t) = \begin{cases} \mu W_{t-1}, & \text{当}(W_{t-1} - W_{t-2})/W_{t-2} > g + f \text{ 时} \\ 0, & \text{当 } g - f \leqslant (W_{t-1} - W_{t-2})/W_{t-2} \leqslant g + f \text{ 时} \\ -\mu W_{t-1}, & \text{当}(W_{t-1} - W_{t-2})/W_{t-2} < g - f \text{ 时} \end{cases}$$

上式中,$E(I_t)$ 为预期的资本市场投资;μ 为预期投资系数,指预期收益在上期资产投资收益中所占的比重;f 为警戒率,指投资增长率偏离其长期趋势增长率的变动幅度,它也为常数。那么,在 t 期投资者的全部金融资产 W_t 在有预期作用和影响下的资本市场投资模型为:

$$W_t = W_{t-1} + a(W_{t-1} - W_{t-2}) + E(I_t)$$

$E(I_t)$ 在模型中的取值不同表示预期的作用和影响不同。在投资增长率超过 $g + f$ 或低于 $g - f$ 时,资本市场投资处于过热或过冷状态,而在两者之间时,它处于常态。当资本市场投资稳步增长时,这是预期值增大的结果,这时 g 变为了 $g + f$;当资本市场投资大幅减少时,这是预期值下降的结果,这时 g 变为了 $g - f$。为了使资本市场稳定发展,政府就不得不调整投资者的预期,使 g 保持一个适度的并且是稳定的变化幅度。

在研究资本市场预期问题时,资本投资边际效率是必须考虑的一个重要的投资预期因素。所谓资本投资边际效率,是指资本的预期利润率,即增加一笔投资预期可以得到的利润率。它是指最有利的资本品每增加一个单位时,从新增单位中所预期获得超过成本的最大收益率。如果用 r_m 表示资本投资边际效率,$E(R)$ 表示预期收益,P_s 表示供给价格,那么,资本投资边际效率公式为:

$$r_m = \frac{E(R)}{P_s} - 1 \text{ 或 } E(R) = (r_m + 1)P_s$$

从上式可以看出,如果预期收益越是大于供给价格,则 r_m 越高;反之,如果预期收益越是小于供给价格,则 r_m 越低。当预期收益与供给价格趋于一致时,r_m 趋于 0,这只是一种特例。

当投资者增加一项资本投资后,总是希望从他的投资中取得相应的未来收益,特别是要对他增加的投资带来的收益能否实现进行预期。投资者衡量增加这笔投资是否有利的依据,首先要看投资的预期收益超过该投资的供给价格 P_s 的比率如何。由于这项投资以后的预期收益是属于未来的收益,要等到将来才能获得。因此,用未来收益同这项投资的供给价格 P_s 进行比较时,必须先把它们折成现值,这样才能知道折成现值的未来收益是大于、小于还是等于其供给价格 P_s,否则是难以直接比较的。

现在通过建立资本市场不同阶段的一般投资预期收益模型来进一步分析中国资本市场预期问题的表现。由于预期行为离不开时间因素的制约,所以,时间对预期收益的作用和影响表现为时间在预期过程中是有价值的。这就提出了不同时间阶段的投资预期收益模型。先考虑一个两阶段投资预期收益模型,一个投资者的

初始投资为 C_s，投资成本为 C_i（包括初始投资及由于投资前景好而追加的后继投资或由于投资前景不妙而撤走的投资），贴现率为 r，预期投资利润 $E(P)$ 为实际收益 $A(R)$ 减去投资成本 C_i，即：

$$E(P) = A(R) - C_i$$

而投资者的财富价值 W_v 应等于初始投资加上预期投资利润的现值，即：

$$W_v = C_s + \frac{E(P)}{1+r}$$

由于投资者的财富价值 W_v 等于初始投资加上某一时刻的预期收益的财富价值 $E(R)$，即：

$$W_v = C_s + E(R)$$

所以有：$E(R) = \dfrac{E(P)}{1+r}$

这是两阶段投资预期收益模型。在一个多阶段投资预期收益模型中，预期收益的财富价值 $E(R)$ 应等于预期将来各个时期预期投资利润 $E(P)$ 的总现值，即：

$$E(R) = \sum_{t=1}^{n} \frac{E(P_t)}{1+r}$$

因为 $E(R)$、$E(P)$ 都是绝对指标，如果进行更复杂的组合投资，就很难进行比较，所以更有意义的是两者的相对增加比较，对上式取差分，得：

$$\Delta E(R_t) = \sum_{t=1}^{n} \frac{\Delta E(P_t)}{1+r}$$

假如 $E(R)$ 能解释资本市场投资预期收益情况，根据上式，则有如下预期收益计量模型：

$$\Delta E(R_t) = \alpha_0 + \alpha_1 E(P_t) + \alpha_2 \Delta E(P_t) + \varepsilon_t$$

上式中的因变量 $\Delta E(R_t)$ 表示在 t 时期内资本市场投资预期收益的变化量，解释变量 $\Delta E(P_t)$ 表示在 t 时期内的预期投资利润增加值的变化量，$\alpha_0, \alpha_1, \alpha_2$ 表示待估参数，ε_t 表示误差。此模型的投资经济意义是：资本市场投资预期收益的变化既反映了当前的投资效益，又反映了对未来的预期。$E(P_t)$ 指标反映了当前资本市场的投资效益，$\Delta E(P_t)$ 反映了预期投资利润的变化趋势，可用来表示投资者对未来预期的好坏。

事实上，资本投资边际效率相当于一个折现率。由于资本投资边际效率即投资者心理上对资产未来收益率的预期水平是下降的，所以，随着投资的增加，投资者投资预期将来成本会逐步趋高，从而导致预期利润率下降。同时，随着投资的不断增加，投资者预期资本的未来供给将增加而价格也要下降，进而资本投资边际效率下降。投资者对资本市场进行投资时，不仅要考虑现有资本投资的数量与价格，同时更多的是要考虑将来的需求、竞争、技术、政治环境以及天灾人祸等不确定性因素，因此，也可能是由于对未来预期的悲观而使资本边际效率较低且不稳定。不过，仅资本投资边际效率下降尚不足以导致投资需求的不足，因为投资取决于预期利润率与利息率的差额，如果利息率也在下降，使得这一差额仍为正数，那么，投资引诱依然存在。

6.1.2 资本市场上股票投资与债券投资的联系与区别

如果仅从投资品种和工具上划分，那么资本市场投资包括股票投资、债券投资、基金投资和其他投资。一般说来，在资本市场上，债券投资同股票投资一样被称为证券投资。资本市场作为产权交易的场所，由分别承担债权融资与交易和股权融资与交易职能的债券市场和股票市场构成。债券是债务人开给债权人的债务证书,持有人可凭此证书在债券期满时向发行人要求取回本金和获得利息。它是政府、银行或企业向社会公众筹措资金而发行的一种固定收益有价证券。也可以说,债券是一种长期的债权债务凭证。债券一般都标明面值、期限和利率。当债券到期时,债券持有人可以持债券要求发行人偿还本金和利息。利息实际上就是债券投资者的投资预期收益。股票是由股份公司发行的、证明投资者投资入股并据此享有一定收益权益的书面凭证。股票一般包括面值、市值股息分红和股权等基本要素。它是一种有价证券,其收益和价格受许多因素影响,是风险较大的有价证券。股票价格会随预期股息、银行利率及市场供求关系而波动。银行利率可以近似地认为是资产收益率的平均值。所以,通过股票的预期股息 E_p 和银行利率 r 来计算的股票投资预期收益 $E(R)$ 的计算公式为:

$$\text{股票投资预期收益} = \frac{\text{预期股息}}{\text{银行利率}} \quad \text{或} \quad E(R) = \frac{E_p}{r}$$

当 E_p 一定时,r 越大,则投资预期收益 $E(R)$ 越小。当 r 一定时,E_p 越大,则投资预期收益 $E(R)$ 也越大。股票投资预期收益 $E(R)$ 与预期股息 E_p 成正比,与银行利率 r 成反比。

从上式可以看出,股票投资预期收益是将来所有预期股息的现值,一般证券投资定价模型表明,影响股票投资预期收益的两个重要因素是预期股息和银行利率。预期股息对股票投资预期收益有正向的影响,预期股息越高,收益也越高。银行利率的作用相当于收益的时间贴现率。银行利率对股票投资预期收益有反向影响,利率越高,预期股息的贴现值就越小,股票投资预期收益就越低。

债券和股票同为有价证券,是虚拟资本,都具有安全性、流动性、收益性等特征,是资本市场上主要的筹资手段和投资工具。但股票与债券毕竟是两种不同的资本证券,二者有着许多明显的区别。

1. 股票与债券性质不同。股票表示的是对公司的所有权,股东参与公司的经营与决策,股东的利益与公司的利益息息相关。债券是一种债权要求证书,购买者和发行者只有借贷关系,投资者只要能按期收回本金和利息(预期收益)即可,与公司经营好坏无关,无须也无权过问。它们是两种不同性质的有价证券。

2. 股票与债券发行目的不同。股票作为一种所有权资本证券,其发行目的比较复杂,其中主要是为了筹集自主性资本。通过发行股票可以扩大公司的资本基础、充实公司实力,但要以公司管理权的分散和部分所有权的丧失为代价。债券发行者虽然也是为了筹措资金而发行债券,但这种资本是一种临时借入的债权资本,发行人要承担到期偿还和支付利息的责任。与股票的股息或红利要从公司利润中支付不同,债息是公司的固定支出,要计入公司经营成本。

3. 股票与债券的发行主体不同。股票发行者必须是股份公司,而且必须是社会募集股份有限公司。有关法律法规对此有严格的规定。债券的发行主体较多,除了股份公司外,一般公司企业、银行甚至社会事业团体、政府部门等均可以成为债券的发行人。

4. 股票与债券发行期限不同。股票是一种永久性投资证券,发行公司通过发行股票可以获得稳定的经营资本。而发行者在发行债券时,通常根据资本供求及其对资本的需要确定偿还期限。

虽然债券的偿还期限因发行情况而各不相同,但一般均有特定的偿还期规定。

5. 股票与债券的参与权不同。这里所指的参与权是指证券投资者对公司经营管理活动的决策权、发言权和干预权等等。股票是所有权资本证券,对公司经营管理拥有完全的参与权。股票投资者可以采取"用手投票"或"用脚投票"来实现他的参与权。债券是一种债权资本证券,一般对公司经营管理不具有参与权,只有当公司债务清算时,才可能有有限的参与权。参与权的不同导致了投资预期收益的不同。

6. 股票与债券的风险程度不同。进行股票和债券等证券投资都具有不同程度的风险。股票投资与债券投资进行比较,股票一般是根据公司的赢利多少来支付股利的,投资风险和预期收益不确定性更大;而债券的本息是事先确定的,投资者的预期收益则相对较为稳定。融资工具的不同风险属性为满足投资者对投资的不同风险需求提供了不同的选择。

7. 股票与债券收益稳定性不同。一是股票股息红利支付完全取决于公司经营状况、赢利多寡;二是股票价格在资本市场上波动较大,常给投资者带来丰厚的资本投资收益或巨大的资本投资损失。一般说来,股票的预期收益有可能大大高于债券。而债券则完全不同,债券的预期收益一般说来是比较稳定的,一方面当发行人发行债券时,大多在发行章程上规定了债券利率,承诺了投资者的名义收益;另一方面,债券利息支付通常不受发行者经济状况变化的影响。

不管是股票还是债券,它们是两大主要的资本市场筹资手段和投资工具。它们都受预期因素的作用和影响。股市和债市的发展都取决于公司经营的好坏。良好的股票投资预期表现有利于投资者投资,有利于公司进行融资,并直接决定公司债务资本的成本;反过来,公司债务资本的正常运转可以促进公司股价的好转。不同的投资者根据自己的资本多少和对未来经济形势以及市场走势的预期,再结合自身的风险预期、收益预期偏好,选择债券、股票等不同的金融工具进行资本市场投资。债券、股票等多种金融工具的存在,是投资者保持合理金融资产投资组合的基本前提。由此可见,股票投资和债券投资是两种不同的资本市场投资。

只有区分清楚了股票投资和债券投资的不同,才能建立起各自不同的投资预期收益模型。

6.2 投资预期

预期是经济行为主体对经济变量在未来的变动方向和变动幅度的一种事前主观判断和估计,是对目前与未来有关经济变量的主观判断和估计。它不仅影响人们的消费行为,更重要的还影响人们的投资行为。这就是投资预期的存在和作用。所谓投资预期就是投资者对影响投资未来收益变量的一种主观判断,其目的是怎样获得更多的经济利益,尽量减少其投资损失。受利益动机的支配,当投资者看到和估计到影响经济利益的变量即将发生变化时,往往倾向于从自身利益出发,调整自己的投资行为,确保自己未来的预期利益。

投资预期具有很大的主观性和不确定性,而且主要是通过口头传播进行预期的。投资预期对投资决策的影响既表现在预期损失又表现在预期收益上。前者是为了尽量减少其投资风险和损失,后者是为了更多地获得预期收益。影响投资者投资行为的不仅是现实收入,更多的是预期收益。正如戴园晨所指出的是,"股票买卖这种虚拟资本及其获利能力的买卖,不只是买现在,更重要的是买对于未来的预期。投资价值的大小,取决于它给投资者所带来预期收益的高低,证券给投资者带来的预期收益越高,其投资价值也就越大,反之则价值越小。"① 所以,当资本市场投资预期收益高时,就会驱使投资者进行各种投资,甚至是冒险投资;相反,当预期收益低时,他们会谨慎投资,甚至不投资。

不同种类的投资会带来不同的预期收益。当一种投资收益预期高于另一种投资收益预期时,如果不考虑投资风险因素,投资者就会选择该种投资。随着资本市场的发展和企业、居民拥有的金融资产在国民财富中所占比重的扩大,资本市场中增量部分越来越多地受企业、居民投资决策的影响,企业、居民投资规模和方向在很大程度上取决于预期对资本未来收益和投资前景的估计和判断。预期已成为决定现阶段投资需求乘数效应的主要中间变量。投资预期对投资决策的作用是通过投资行为表现出来的,而且投资预期的变化常常是早于投资者实行投资行为的变化,所以,如能预测投资者投资预期的变化趋势,将对投资预期积极作用的发挥和消极影响的克服具有重大意义。

政府的税收政策往往是受投资者预期因素影响的。投资者预期下年投资税将从 0.1 增加到 0.11,他就会根据以往的经验认定

---

① 戴园晨:"股市泡沫生成机理以及由大辩论引发的深层思考——兼论股市运行扭曲与庄股情结",载《经济研究》2001 年第 4 期。

税率的提高是危机的前兆,预知下一年只能以高于本年1%的价格购买证券进行投资,所以预期税率的提高将引起本年投资的下降;相反,投资者预期税率降低,那么,他就会增加现行投资,因为这时投资者提前购买资本进行投资可享受许多优惠。这就表明了政府税收政策的作用受到了投资者预期的作用和影响。

投资预期根据投资主体的不同划分为机构投资主体预期和散户预期等两种不同的心理预期。目前,我国股市机构投资主体主要包括证券商、证券投资基金等法人实体。这些机构投资者一般都拥有由一批高素质人才组成的市场研发机构。无论是在获取信息、分析处理信息还是抗风险能力方面,较之一般散户都有明显优势。相比而言,它们对资本市场的预期,无论是对大势的判断,还是对个股的展望,多是建立在对资本市场相对充分信息基础之上的,更易于产生同质的理性预期,因此预期较为准确和符合实际,对资本市场预期收益判断的准确度也较高。然而,一般散户由于在信息收集、分析处理方面的能力和投资经验的不足,特别是在对风险的估计方面经验的欠缺,不易形成同质的理性预期,预期与实际相差较大,多数情况下是盲目跟风决策,因此投资意愿和投资行为特别容易受外界环境因素的影响。他们对资本市场走势的预期在很多情况下是受市场特别是投资者投多或投少氛围以及股评言论的影响形成的,更具有适应性预期的特征,因此常常充满浓厚的非理性色彩。在中国的资本市场预期过程中具有许多非理性的特征,表现在投资者预期行为受到市场欲望、市场情绪、文化习俗、无意识等的影响。市场欲望表现在股票上市前爆发的"股票热"和股票交易中的"炒股热"。市场情绪表现在投资者的预期易受"人气感染",正因为如此,有的人称中国的资本市场为"人气市场"。①文化习俗表现在它作为投资者的"遗存物"并支配投资者决策时,往往是非理性的选择,比如节俭和保守的投资者就具有风险厌恶的预期行为倾向。无意识是非理性的、一种具有较大盲目性的心理的原始臆想,股票交易中的从众行为就是其主要表现。

6.2.1 股票投资预期

股票是一种未定权益合约,其投资回报只能在未来得到实现并伴随着股票投资风险和不确定性,因此,它的交易在很大程度上是建立在投资者对其未来收益的"心理预期"之上的,股票市场是一个十足的"人气市场"。人气是投资者对股价的心理预期和对投资的信心。人气旺,市场旺;人气不足,市场暗淡。

投资股票与其说是现实回报的一种投机,还不如说是对未来收益的一种预期。投资股票的未来预期,既是对上市公司未来发展潜力、前景的估算和判断,也是对资本市场未来走势的预测。由于银行存款、债券等金融投资行为的未来收益是事先决定的,而公司股票的收益是事后形成的,其不确定性强,所以股票市场就形成了一种普遍的看空或看多行为。如果说投资股票的股息、红利收

---

① 人气是投资者群体的心理预期及其投资信心等多方面心理气氛的总和,是投资者无意识从众行为的展示。股票市场上的"牛市"和"熊市"的划分强化了这种效应。所谓"人气",在这里就是指的投资者的"信心状态"或"大众心理"。它直接影响投资者对未来资本边际收益的预期,在很大程度上是由经济行为主体对未来经济形势的预期所决定的。"信心状态"、"大众心理"的最大特点不在于它的多变性,而在于它们具有一种"自我增强"的能力。任何投资者都或多或少受到人气的影响,人气也无时无刻不影响着投资者的投资信心及其行为。"人气市场"就是由于人气因素决定的市场。人气聚则市场兴,人气散则市场衰。

益是由本金外产生的百分比变化,那么,未来预期则是连本金在内的整体性变化。股票是一张所有权证书,是一张纸,它不像其他的物质商品一样可以用来消费。投资者投资于股票不是为了消费,而是为了获取未来的预期收益,其中预期因素起着重要的作用和影响。

股票市场的繁荣往往会吸引大量的资本流入股市。此时,投资者的预期收益看好。从2000年至2001年上半年,我国股市人气极其旺盛,2001年6月份的总市值较2000年1月增加近23214.85亿元,证券公司同业存放由2000年初的663.363亿元逐步增长到2001年7月底的8172亿元。2001年证券及基金公司通过银行间债券回购市场净融入资金达1897亿元,其中行情较火爆的上半年就融入1142亿元;而市场行情较差的2002年,证券及基金公司通过银行间债券回购市场净融入资本大为减少,仅为961亿元。市场行情较好的时期,投资者的预期也较好,资本通过各种渠道流入股市的趋势也十分明显。大量的资本涌入股市,推动股市价格和收益不断攀升,2000—2001年的市场行情中,委托投资的平均保底收益率最高飙升到20%,远远高于商业银行的存贷款利率。这表明资本市场投资者进行证券投资具有极高的预期收益。在此背景下,社会资本只会不断地流向虚拟经济部门,难以转化成实际有效的投资。而股票市场的萧条则往往使投资者拆走大量的股市资本,这时投资者的预期收益也欠佳。在通常情况下,投资者只是"事后才有先见之明",在投资后才知道预期对它的作用和影响。假如一家公司宣布盈余欠佳,并且这一情况是投资者已预期到的,那么该公司的股价极可能已按照不利的情况进行了调整,因此早早就已经下跌了。可见,只有充分发挥股票市场融通资金的作用,激发人气,引导股票投资者的预期,才能使股票市场促进经济的快速增长。

6.2.2 债券投资预期

进行债券投资,投资者也会形成债券投资预期。如果预期看好,债券市场就会吸引大量资本,使债券市场繁荣兴旺。如果预期不佳,投资者就会远离债券市场,拆走资本,从而使债券市场萧条。从投资方式的选择来看,在通货紧缩情况下,进行债券投资可能是较好的投资方式(当然不是进行所有类型的债券投资)。由于我国企业债券具有国债性质,所以,转移银行风险等积极作用并未充分发挥出来,投资者预期没有达到发行者预定的目标。由于通货紧缩使实际债务负担有所加重时,贷款人的违约风险会有所加大,因此,信用质量显得极其重要。一般说来,在通货紧缩情况下,国债和准国债将受到投资者的青睐,而部分信用级别较低的债券则要支付较高的利息溢价。

预期是决定利率的风险和期限结构的中心环节,对未来短期利率的预期,在长期利率的决定中起着主要作用。假若某投资者正在考虑一个新的证券投资,比如用1000万元投资购买债券,为了决定这项投资可否赢利(即获得预期收益),他必须估计或预期这项投资的所有未来收益的流量和成本的流量。假定投资者预期的年度净回报率即赢利率为10%,如果从银行获得的年利率超出10%,该投资者便不会投资;如果利率低于10%,他就可能进行投资以获取预期收益即赢利。如果资本市场的投资者预期利率上升,投在长期债券上的资本将受损失,他们会减少对长期债券的需求,从而债券价格下跌;相反,预期未来利率下降则意味着长期债券的价格上升幅度大于原先的估计和判断,从而更高的预期收益率增加了在每一债券价格和利率上的债券需求量,所以预期未来利率下降将增加对它的需求。由于对收益的预期是决定投资者对一种投资需求量的一个重要因素,因此预期处在资本市场上资产价格变动的核心地位。

从另一个角度看,投资者预期能够赢利的投资机会越多,它就越愿意借款并增加未清偿债务的数量进行冒险,从而为这些投资融通资金。在经济迅速发展时期,如产业周期的扩张阶段,投资的预期赢利能力很高,因此在任何债券预期收益和银行利率水平上,债券供给量都会增加。这样就促进了债券市场的繁荣。

自从我国 1981 年恢复国债发行以来,债券市场在我国得到了快速发展。发行市场不断扩大,债券品种多样;转让市场活跃,并逐步形成了全国性债券交易中心;管理水平和操作水平明显提高,法制日臻完善。中国债券市场已成为中国资本市场的重要组成部分,为我国经济建设和投资体制改革作出了应有贡献。这是投资者对债券投资预期看好的结果。不过,还需要通过债券投资者的预期来发挥债券市场对发展经济的积极作用。

6.3 投资膨胀预期和投资紧缩预期

资本市场投资在供求失衡时,就会出现投资膨胀预期和投资紧缩预期。这两种预期对资本市场的发展乃至整个国民经济的发展是有很大影响的。[1]

---

[1] 江世银:"论投资膨胀预期与投资紧缩预期",载《财贸经济》2004 年第 9 期。

如果用 I_d 表示资本市场投资需求，I_e 表示预期投资，I_a 表示实际投资，那么它们之间的关系是：

$$I_e = I_d - I_a \quad \text{或} \quad I_d = I_e + I_a$$

当 $I_e > 0$ 时，这就是投资膨胀预期。它意味着投资需求大于实际投资。一般说来，这种情况是在资本市场投资预期看好，投资者可以实现预期收益状况下的投资。当 $I_e < 0$ 时，这就是投资紧缩预期。它意味着投资需求小于实际投资。这种情况是在资本市场投资预期暗淡，投资者难以实现预期收益状况下的投资。这种预期会使投资需求减少。当 $I_e = 0$ 时，这是投资中性预期。它意味着投资需求与实际投资相等。这时，预期投资既不会增加，也不会减少，实现了暂时的平衡。

下面我们通过图形来进一步研究这三种情况。如图 6—1 所示：

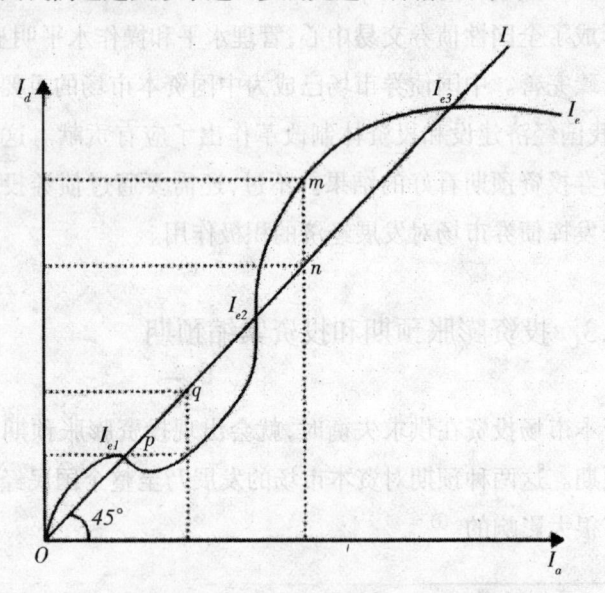

图 6—1　投资膨胀预期、投资紧缩预期和投资中性预期图

在图 6—1 中，横轴 I_a 表示实际投资，纵轴 I_d 表示投资需求，直线 OI 为 45°线，它代表中性投资预期水平，围绕直线 OI 波动的曲线 OI_e 为投资预期曲线，它代表了投资者在不同时期、不同条件下的投资预期状况，即投资膨胀预期、投资紧缩预期和投资中性预期状况。在 OI_{e1} 段和 $I_{e2}I_{e3}$ 段处于投资膨胀预期状况；在 $I_{e1}I_{e2}$ 段处于投资紧缩预期状况；在 O 点、I_{e1} 点、I_{e2} 点、I_{e3} 点为投资中性预期状况。

从图 6—1 中可以看出，OI_{e1}、$I_{e2}I_{e3}$ 两段曲线处于直线 OI 左上方，此时投资者的投资预期处于膨胀预期状况。图中，mn 代表投资膨胀预期缺口，它的大小表示投资者在某一时期和某一条件下投资膨胀预期的程度。在直线 OI 上的任何一点（如 I_{e1}、I_{e2}、I_{e3}），投资需求均等于实际投资，即 $I_d = I_a$，这表明了投资者处于投资中性预期状况。曲线 $I_{e1}I_{e2}$ 处于直线 OI 右下方，此时投资者的投资预期处于紧缩预期状况。图中，pq 代表投资紧缩预期缺口，它的大小表示投资者在某一时期和某一条件下投资紧缩预期的程度。

资本市场投资中性预期是一种特例，是暂时和有条件的。更多的情况要么是投资膨胀预期，要么是投资紧缩预期。对于这两种情况，政府往往都要通过许多宏观调控措施，如调控货币供给量和加强或放松管制来引导投资者的预期调整。当投资者的预期处于投资膨胀预期时，政府往往会紧缩货币供给、加强监管来引导投资者降低投资收益预期；当投资者预期处于投资紧缩预期时，政府往往会放松货币供给、放松管制来引导资本市场投资者增加投资收益预期。政府通过对预期的引导可以调控资本市场的投资需求。

6.3.1 投资膨胀预期

投资膨胀预期心理使投资需求急剧上升，大大超过供给能力。这时，投资者为了获得抢先的投资利益，而率先投资，投资提前增加。政府为了达到改变经济运行状态的目标，也可以对预期加以引导，并通过预期的改变来改变资本市场运行的方向和趋势。在资本市场中，投资膨胀预期表现为投资者对炒股热、债券热、投资基金热的持续投资估计和判断。股票、债券越涨越投资，越投资越膨胀，形成了一系列关联和互动行为。这种现象往往是在资本市场投资处于谷底后投资者预期好转而逐渐形成的。

在中国经济中，曾出现过投资膨胀预期，对我国资本市场造成了很大的冲击。它是由一个导致预期突变的新因素造成的，这就是投机资本。投机者对预期较为敏感，对政府的政策变动会很快作出反应。如1993年年底我国钢材价格的大幅度反弹，就是因为投机者观察到了1993年9月份政策有松动的迹象而大规模调整了预期，出现了预期突变。钢材价格大幅度反弹，给市场上的经济行为主体传递了一个错误信号，诱导经济行为主体认为新的一轮经济扩张即将来临。这次投资膨胀预期的结果是导致了资本市场的持续攀升。随后，在1994年7月，国家出台了暂停新股发行上市的政策。消息一公布，投资者的预期看好，深沪两地股市价格飙升。1995年5月18日暂停国债期货市场试点的措施公布以后，股市再次猛涨，投资者预期收益增加，资本市场成交量成倍甚至数倍放大。投资者由于过高的收益预期而进行了大量的投资，资本市场预期价格的过度上扬也造成了大量的经济泡沫。

6.3.2 投资紧缩预期

由于近年来我国经济出现的紧缩现象,投资者特别是资本市场上的投资者普遍出现了投资紧缩预期,即便2003年我国经济出现了局部过热现象,但资本市场投资仍然不旺。投资紧缩预期是目前我国资本市场的一个显著特征,因此,我们着重介绍投资紧缩预期。格雷格(Greg,I.P.)1997年曾提出过,对通货紧缩惧怕的程度要比对通货膨胀惧怕的程度更大,因为通货紧缩往往伴随证券市场的萎缩。任何投资行为都是在一定的投资心理和投资理念支配下进行和完成的,所以投资紧缩总是投资紧缩预期的结果。一般说来,经济出现不景气时,并不会立即产生对经济衰退和严重通货紧缩的预期。而在经济未能很快复苏时,很可能产生通货紧缩预期和经济衰退的预期,如1931年的美国经济。投资紧缩预期一旦形成,便有一定的运动惯性作用。① 投资紧缩预期的产生依赖于一定的客观物质基础与条件,那就是经济运行中客观存在的投资紧缩状况。如果不改变与消除这种状况,就难以根本改变与消除投资紧缩预期。心理预期永远要受客观经济环境和条件的决定和制约。反过来,投资紧缩的形成固然有诸多原因,但投资紧缩预期无疑是其中一个非常重要的原因。它是投资者对投资前景、预期收益看差,对投资风险看大,缺乏投资信心与意愿的产物。理性的投资者预期价格会进一步下降,上市公司的预期利润也会下降。因

---

① 物体保持自身原有的运动状态或静止状态的性质,如行驶的机车在动力停止后不马上停止前进,静止的物体不受外力作用就不变位置,都是由于惯性的作用。投资紧缩预期在没有外部经济、政治等因素的作用和影响下,它会一直处于紧缩预期状态。

而投资者不仅会推迟新的投资,甚至会减少投资,以减少投资损失。

通货紧缩对资本市场投资的影响可以从投资倾向的变化进行分析。其中,投资实际成本的上升、预期收益的下降都起着重要作用和影响。通货紧缩使资本市场投资的预期收益下降。投资的预期收益主要由未来市场的性质和价格趋势所决定。通货紧缩初期,资本市场预期价格进一步下降的市场力量可能较弱,随着通货紧缩期限的延长,这种预期会有所累积,在不采取特别应对措施的情况下,投资的下降程度会有所加剧。通货紧缩使远期市场供过于求的态势有所加剧,而且价格趋于下降。通货紧缩也可能由投资与消费的预期下降而引起,这是通货紧缩的理性预期因素。当投资者对投资的未来市场看跌时,投资者便会削减投资计划,致使投资需求出现下降,首先使生产资料价格出现下降,最终导致资本市场预期价格的下跌。通货紧缩尤其是非预期的通货紧缩,一旦形成,实际利率就会有所上升,债务人的债务负担会因此而加重,由此会降低投资的未来预期收益,促使投资需求下降。同样,如果由于收入预期变化或宏观经济政策的影响而导致消费需求预期出现下降时,社会总需求将会出现剧烈下降。当消费需求下降到一定程度时,必然会引起包括资本市场在内的投资需求的下降。投资需求下降到一定的程度时,反过来又会加剧消费需求的下降,从而形成投资需求与消费需求变化的互动关系。若要改变资本市场投资需求状况,必须改变整个投资需求状况和消费需求状况。

投资紧缩预期的产生还通过预期收益的减少而产生收缩惯性。1992年以来,中国经济增长率连续7年呈现下降趋势(1992—1998年各年的GDP实际增长分别为14.2%,13.5%、12.6%、10.5%、9.6%、8.8%和7.8%),并且从1993年开始,国家减少国有投资(1993—1998年各年国有实际固定资产增长分别为17.54%、10.91%、7.45%、6.17%、7.34%和19.6%),非国有部门固定资产投资也出现收缩惯性(1993—1998年各年非国有实际固定资产增长分别为72.76%、33.92%、16.9%、15.58%、6.94%和7.98%),由此产生了预期收益下降的紧缩预期,进而形成信贷紧缩压力。

理性预期因素对通货紧缩影响的动态效应要大于其静态效应。如果投资者对资本市场预期价格下降的预期心理为通货紧缩的迹象所证实,那么投资预期下降会进一步放大,导致投资进一步减少。一般说来,理性预期的作用倾向于加大通货紧缩的程度,延长通货紧缩的期限,这就迫使投资倾向下降。目前我国的民间投资规模缩小、领域变窄、增速下降,都与投资者的心理预期紧缩密切相关。投资紧缩预期作为一种心理现象,尚未达到理性化,可以说具有很大的自发性、盲目性,是投资者心态失常、失衡的一种表现与反映。它产生于经济运行过程中的资本投资行为,但投资紧缩预期一经形成,便直接作用于或支配投资者的投资行为,进一步推动和加剧经济运行中的投资紧缩状态。

经济发展的过程就是经济人与自然界相互作用的过程,在这个过程中,人的能动作用越来越大。这是现代经济社会发展的必然结果。随着信息社会的发展,信息产业日益发达,投资者搜集、掌握的信息日益全面、及时、准确;随着投资者受教育水平的提高,其认识问题、解决问题的能力也进一步提高。并且,投资者的投资经验日益丰富。所以,投资者分析问题的能力不断提高,对未来经济的预期越来越准确,经济预期对经济发展的影响也就越来越大。这可以从我国近几年的经济发展状况看出。比如,随着利率的不断下调,加上近几年货币供应量的增长速度一直维持在15%左右,当前我国的货币环境是比较宽松的,但是民间投资就是上不去,资本市场也没有真正地热起来。资本市场的规模和扩张速度跟不上国民经济发展速度,没有充分发挥其融资功能,没有起到国民经济"晴雨表"的作用,与其承担的重要使命不相适应。在2002年2.4万亿社会融资总额中,银行贷款融资高达1.9万亿元,占80.2%,债券融资3800亿元,占15.8%,股票融资为962亿元,仅占4%,比重很低。① 2003年股票融资也没有超过1000亿元。究其原因,就在于投资者对未来经济形势没有一个良好的预期。最关键的不是投资者没有钱去投资,而是没有意愿去投资,他们宁愿将钱存入银行。这就出现了近年来的储蓄持续高增长。金融界有关人士认为,储蓄持续高增长的直接原因在于,除储蓄存款外,我国现有的可供个人投资的金融产品主要是股票、开放式基金和债券三种,品种非常少。而且股市在我国经济已出现局部过热的情况下,从2002年以来持续低迷,导致居民投资热情不高;开放式基金由于受股市低迷拖累,居民对其投资热情也不高;债券不仅容量有限,而且收益率也降至与银行储蓄存款利率相差甚微的状况。比较而言,储蓄存款兼具流动性好、收益无风险等优势,得到越来越多的投资者的认可。这就是中国资本市场出现投资紧缩预期的主要原因。

随着金融创新②的发展,杠杆投资会隐含更大的风险。以股

---

① 《中国统计年鉴2003》,中国统计出版社2003年版。
② "所谓金融创新就是指在金融领域内各种金融要素的重新组合,即金融机构和金融管理当局出于自身经济利益考虑而进行新的金融产品创新、新金融工具开发、新金融市场建立和金融制度的重新安排等活动。金融创新对金融和经济发展的作用在不同国家、不同发展阶段以及不同经济社会环境条件下是不同的。"参见江世银:"影响我国金融创新的因素分析",载《财经问题研究》2003年第9期。

票投资为例,在牛市期间,投资者看涨股价,并预期股价上涨会高于其抵押贷款和信用贷款的成本,预期收益大于零。在通货紧缩的情况下,资本市场预期价格可能因实际上形成的内生性紧缩政策向下调整,股价下跌,债务实际负担有所加重,需要提前偿还,同时股票资产会出现缩水。这样,对于股票投资来说,通货紧缩与预期收益下降并存。在经济紧缩时期,为刺激民间投资和启动居民消费,可以借助资本市场信息充分披露的功能,通过资本市场传递政府意图,调整企业的投资预期和投资者的心理预期,以推动经济持续、稳定、快速发展。

6.4 中国资本市场预期形成的阶段

由于中国资本市场发展的历史不长,其预期问题的出现和存在的时间也不长,还没有显现出明显的阶段性特征来。但是,这并不能说明预期不具有阶段性特征。如果仔细考察中国资本市场的不同阶段,就会发现其预期是很不相同的。今天中国资本市场的预期与中国资本市场发展初期的预期是不同的,未来中国资本市场的预期与现在的又是不一样的。从中国资本市场预期的产生和发展来看,概括地说,它经历了和将要经历五个不同的发展阶段。如果用收益形成机制来说明中国资本市场预期形成的话,那么有五种不同的预期形式和阶段,它们是:

(1)静态预期形成阶段:$E(R_t) = E(R_{t-1})$

静态预期收益形成机制表示的是资本市场上的投资者完全按照过去已经发生过的情况来估计或判断未来的资本市场投资预期价格和预期收益走势。它是最为单纯的、把前期的实际收益完全当成现期的预期收益形成机制。这些投资者多半是初入资本市场的或者说是缺乏投资经验的。往往由于过去的信息难以适应现在的投资形势,他们在吃亏上当后总结经验教训,使这种幼稚型预期向适应性预期过渡,最终接近理性预期。

(2)外推型预期形成阶段:$E(R_t) = R_{t-1} + a(R_{t-1} - R_{t-2})$

外推型预期是比静态预期稍为复杂的预期。由于未来经济形势是变化莫测的,前景是无从确知的,所以投资者的预期是缺乏可靠基础,极易发生突然而剧烈的变化。在公式 $E(R_t) = E(R_{t-1}) + a[E(R_{t-1}) - E(R_{t-2})]$ 中,a 是一个重要参数,且 $0 \leq a \leq 1$。它反映了投资者是如何看待历史经验的,其取值取决于有关经济对象的基本结构。这种预期是由静态预期向适应性预期的过渡阶段。

(3)适应性预期形成阶段:$E(R_t) = E(R_{t-1}) + \beta[A(R_{t-1}) - E(R_{t-1})]$

或 $E(R_t) = \beta R_{t-1}^a + (1-\beta)E(R_{t-1})$

上式中,$A(R_{t-1})$是第 $t-1$ 期实际收益;$E(R_t)$是在第 $t-1$ 期所预期的第 t 期的收益;$E(R_{t-1})$是在第 $t-2$ 期所预期的第 $t-1$期的收益;β 为常数$(0 \leq \beta \leq 1)$。

适应性预期是指投资者通常一步步地修改自己对未来前景的看法,以适应未来经济环境变化的预期。适应性预期阶段的经济行为主体的预期并不是独立于其他经济变量之外的某种心理状态,而是以他们过去的预期误差来修正他们现在的预期。各种预期通常根据现时预期收益率与实际收益率之间的差额进行修正和调整。适应性预期虽然认为各个经济行为主体总是能够一步一步地纠正自己过去的错误,但其形成机制有一个很大的不足之处,即它在预期形成时只注意投资者受过去经验和经济变化的影响,而忽略了其他方面的信息来源,尤其是没有考虑到政府的经济政策因素对于预期的作用和影响。因此,适应性预期在政府经济政策变化时,便会削弱其预期的准确性。也就是说,如果投资者不去利用与他们有关的政府当局所遵循的制定经济政策的规则,那么,就会在纠正自己过去的错误时不断地犯新的错误,或者说系统地犯错误。因为投资者在适应性预期中只能处于被动的地位,只是随客观经济的变化和政府经济政策的变化来调整自己的预期。

处于适应性预期阶段的投资者通常一步步修改自己对未来经济前景的看法,以适应预期收益的变化。在进行适应性预期时,他们的信息是不充分的,主要根据自己的经验或记忆来预期未来,并且准备随时调整自己的预期。随着投资者经验的积累,他们由适应性预期发展到理性预期。中国资本市场投资者现阶段的预期正处于由适应性预期向理性预期的过渡阶段。尽管资本市场上会出现各种干扰因素,发生一些偶然情况,但可以事先计算出它们的概率分布,从而选择风险最小的方案、避免出现最不利的后果以获得最多的预期收益。

(4)理性预期形成阶段: $tR_{t+1}^e = E(R_{t+1} | I_t)$

上式中,R 是预期收益变量值,tR_{t+1}^e 是在 t 期对 $t+1$ 期收益的预期值。I_t 是 t 期投资过程中所反映的信息集合,$E(R_{t+1} | I_t)$ 是 $t+1$ 期的变量在 t 期信息集合条件下的条件期望值。在这一阶段,投资者投资的预期收益 $E(R)$ 和实际收益 $A(R)$ 的预期误差 ε_{t+1} 越来越小,几乎接近于 0,也就是理性的投资预期使 ε_{t+1} 减少到最小程度,最终趋于 0,但不可能为 0。

理性预期假定单个经济行为主体在形成预期时使用了一切有

关的、可以获得的信息,并且对这些信息进行了科学的分析。在这一基础上,经济行为主体对未来经济变化的预期是有充分根据的,并且也是明智的,在很大程度上是可以实现的,且不会轻易改变。正如穆斯(1961)所说的,由于预期是以未来事件为根据的预测,所以它与有关的经济理论的预测本质上是一致的。这种预期就叫做理性预期。

理性预期理论可以用公式表示为:

$$tX_{t+1}^e = E(X_{t+1} | I_t)$$

式中,X 是经济变量,如价格、收益、利率等,tX_{t+1}^e 是在 t 期对 $t+1$ 期的经济变量的主观预期值。I_t 是 t 期经济过程所反映的信息集合,$E(X_{t+1} | I_t)$ 是 $t+1$ 期的经济变量在 t 期信息集合条件下的条件期望值。依据信息集合 I_t 所作的预期误差的期望值为零,即 $E(\varepsilon_{t+1} | I_t) = 0$,这表示了预期误差 $\varepsilon_{t+1} = X_{t+1} - E(X_{t+1} | I_t)$ 具有的性质。它意味着,理性预期是建立在信息有效利用的基础之上的,且其有效程度之高使得已知信息不可能再减少预期的误差。因此,已知信息使预期误差减少到最小程度,也就是说,已知信息和预期误差之间的相关性等于零,即 $E(\varepsilon_{t+1} \cdot I_t | I_t) = 0$。将这一理论运用于资本市场投资预期收益形成机制,便得到了理性预期形成阶段的预期收益公式。

投资者对经济未来变化的理性预期总是尽可能最有效地利用现在的所有可以被利用的信息,而不是仅仅依靠过去代替适应性预期的结果,模型中的投资者会注意到政策的变化,从而改变他们的决策,以便充分利用一项新的政策产生出来的任何有利机会。理性预期并不认为每个经济行为主体的预期都是完全正确的和与客观情况相一致的,而是说这些投资者的预期与经济理论的预测是趋向一致的。前者常常是指主观结果的概率分布,后者常常是指客观结果的概率分布。根据这样的要求和表现,中国资本市场投资者现阶段的预期还不是完全的理性预期。

(5)孔明预期形成阶段:$A(R_t) = E(R_t)$

资本市场投资者的理性预期也不是十分准确或不犯错误的,有时甚至是与客观实际很不一致的。但是,确有少数投资者,他们就像《三国演义》中的孔明一样,对未来的事件会料事如神,会形成非常精确的孔明预期。之所以会形成这样的预期,是因为他们掌握了全部经济信息,对不确定性和未来风险了如指掌。他们根据自己的知识、投资经历并结合当时和即将发生变化的资本市场形成预期。这种预期与客观实际完全一致,即预期收益与实际收益、预期不确定性和风险与实际不确定性和风险完全一致。他们不仅不犯错误,就连误差也是可以忽略不计的。当然,能够形成孔明预期的投资者毕竟是非常有限的。如果人人都能形成孔明预期,就不会有孔明预期了。在孔明预期阶段,往往第 t 期投资的实际收益 $A(R_t)$ 与第 t 的预期收益 $E(R_t)$ 是完全一样的,即 $A(R_t) = E(R_t)$。在资本市场孔明预期阶段的投资决策是孔明投资者在孔明预期条件下作出的。任何未来外界经济环境的变化都不会影响到这种决策,即使政府或一般投资者认为进行投资肯定会获得可观的预期收益,孔明投资者也不会去进行投资,他们是有先见之明的。现阶段,中国资本市场投资者的预期达到了孔明预期的是微乎其微。

由此可见,预期的发展经历了一个由低级到高级、由简单到复杂、由不成熟到成熟的发展过程。此外,本书提出的准理性预期或亚理性预期也是理性预期的表现形式,但不是预期形成和发展的阶段。所以,中国资本市场预期包括已经经历的静态的、外推型的、适应性的预期和正在经历的理性预期以及将要经历的孔明预期等五个阶段。

6.5 中国资本市场预期的特征

在资本市场上,投资者是重要的参与主体。他们的预期对于资本市场波动有着重要影响。对于中国资本市场的预期来说,预期是上一期股票、债券实际价格及其预期、实际收入及其预期、本期的收入预期与政策变量的函数。该函数依赖于其知识结构、文化背景和经济心理承受能力。"不能不指出,预期主体问题,在非既定的条件下,不能绝对地否定其重要性。不同身份、地位的经济人,其预期有区别。同一类型的经济人,其对信息的掌握也有很大区别。"[①] 由于改革的渐进性,使得中国制度变迁的进程相对缓慢,人们对未来收入和支出的预期呈现出粘性预期(李拉亚,1991)特征。[②] 这种粘性预期势必强化了人们预防性储蓄的动机,投资和消费都会受到影响。人们无法得到充分的信息,也缺乏处理大量信息的手段和能力。盲目"追随"和"趋同"的现象,在资本市场中时有发生。一条不真实的消息,就可以掀起一场风波。

理论界普遍认为,资本市场投资者都是理性预期者,即投资者依据所搜集的信息进行理性预期,在此基础上作出投资决策以追求预期收益最大化和预期风险最小化。但是,中国资本市场投资

---

① 李晓西:《20年观察与思考——李晓西论文集》,经济科学出版社1999年版。
② 粘性预期就是指预期某种制度迟早是要变革的,但何时变革以及变革会给自身利益带来什么样的影响都是随机和不确定的。

者的实际情况并非都是如此,他们常常犯系统性的错误(决策失误),从而导致对各种预期的偏差,使资本市场显现出一些特异性现象。总结这些特异性现象,有助于我们更加深刻地认识中国资本市场的预期特征。中国资本市场的预期有如下特征:

首先,中国资本市场投资者的预期还不是理性预期。对中国资本市场预期问题的研究发现,中国资本市场投资者的预期已经跨越了适应性预期的阶段,但由于多方面的限制,不可能是完全的理性预期。因为理性预期要求预期既是无偏差的,也是有效的;既没有系统性的预测误差,也没有浪费信息。系统性误差和浪费信息等现象都是中国资本市场投资者预期普遍存在的。所以,预期是不确定的,富有弹性的,这种不确定性主要受政府政策、未来经济环境变化和资本市场行情波动的影响。投资者虽然对资本市场能够进行带有理性预期特征的预期,但那只是介于适应性预期与理性预期之间的准理性预期或亚理性预期,还不是真正意义上的理性预期,更不是孔明预期。长期以来,国家对资本市场特别是股市的监管以调控股价指数为目标,并且随着国家对股市发展看法的转变而调整监管方向和监管力度,扭曲了资本市场的内在运行规律,人为地改变市场的运行方向,加大了波动空间,某项政策的出台往往导致资本市场的巨大波动甚至振荡。同样,未来经济环境的变化和资本市场的供求波动也使资本市场上投资者的预期具有极不确定的特征。今天预期看好的资本市场投资,明天实际发生的结果并非如此,这使投资者难以形成比较准确的理性预期。

其次,就投资者个体对信息的处理方式来看,在目前的情况下他们并非都能利用有关的经济信息进行预期。不同投资者对待信息的处理方式不同,这是"由于信息存在着成本以及投资组合的时间安排上的差异,投资者对信息的反应能力和预期也不一样"①。一些投资者可能根据预期的变化趋势而采取行动,一些投资者可能在变化趋势还不明确时就采取行动,还有一些投资者在变化趋势已经很明确时才采取行动,且行动迟缓,犹豫不决。不同身份的投资者作出的预期不同。这是由于形成预期的依据不同,如一般人的预期依据可能是一两个核心的指标,或者是专家的意见,或者是广播电视、报刊杂志等新闻媒体的宣传,情绪化的成分很大,有盲目跟从的现象;专家的预期依据的指标很多,考虑了许多制约因素,有众多假设条件,但受不同经济观点的影响,这些指标的权数不一,从而面对同样的形势,也会得出不同的结论,有时甚至是相反的结论。当股市高涨时,许多投资者将家庭储蓄的很大比例投入了股市,甚至动用了原本用于消费或预防需求的资金,而由于在信息获得和利用等方面的劣势,当股价回调时他们不免沦为牺牲品。从某种程度上说,这是中国资本市场特别是股市不稳定的重要原因之一。中国股市的投资者经历了一系列的考验之后,知识存量在不断增长,投资经验在不断丰富,当他们掌握并理解了政府对股市发展的信息时,往往形成对股市走势的同构预期。结果是当政府推动股市上升的信号发出时,投资者得出股市要涨并且要持续稳定上涨的心理预期;当政府对股市降温的信号发出时,投资者又会得出股市要跌,并且一跌再跌的预期。投资者顺势而为的特征表现得非常明显。

再次,预期的从众性,体现为"股市人气"对中国资本市场预期操作的影响,即普遍的"牛市吃进、熊市退出"的心态。由于中国资

---

① 曹红辉:《中国资本市场效率研究》,经济科学出版社 2002 年版。

本市场上散户众多,投资呈现较强的"羊群"特质。投资者能够获得有关不确定性方面的变动信息极其有限,并且在投资者之间很不对称。这时候,缺乏信息来源的投资者主要是通过观察别人的行为来获取信息,形成预期。认为别人买进某种股票可能是因为他们得到了利好消息,就预期股价还会再上涨,于是也跟着买进;别人卖出某种股票可能是因为他们得到了股价将会下跌的信息,就预期股价还会再跌,于是也跟着卖出。个人投资者买卖频率通常较高,长期持股享受分红派息的很少,盲目追涨杀跌又助长了一边倒的市场态势,造成股市膨胀时降温难、低迷时启动难。因此,他们的预期是不确定的,具有从众性的特征。正如曹红辉博士所指出的:"投资者在获得信息和预期上的差异与信息的不确定性使得他们并非根据其获得的信息独立地进行决策,而是参照其他投资者的行为来进行决策。"[1] 当股价上涨或下跌到一定程度后,投资者的理性战胜盲从,股价开始回复。由于羊群行为涉及许多投资者的相关性行为,在投资者从众心理作用下,他们会忽视自己的信息和预期,相互模仿作出决策,从而导致市场整体供需失衡,引起整个资本市场的波动。可见,"不同行为主体的利益差别在预期的形成过程中有很大的影响,他们互相影响,并对彼此的行为产生很大的作用。"[2]

如果进一步对中国资本市场预期的特征进行分析,那么,还会有许多更具体的表现特征。如图6—2所示:

---

[1] 曹红辉:《中国资本市场效率研究》,经济科学出版社2002年版。
[2] 申海波:《预期理论与资本市场》,上海财经大学出版社2000年版。

```
资本实力 ──→ 投资者预期特征 ←── 年 龄
经 验 ──↗              ↖── 文 化
```

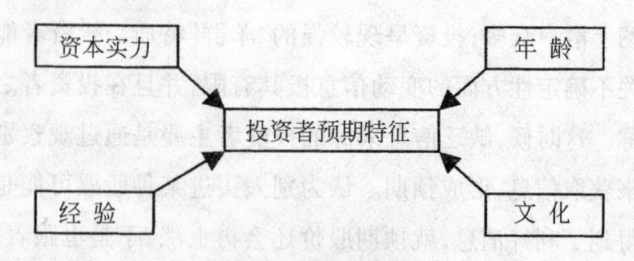

图 6—2 不同投资者预期特征图

从图 6—2 中,我们可以看出:

(1) 不同资本实力的投资者的心理预期不同。不同投资者因其资本实力的不同而形成的投资预期也会不同。对于收入水平较低、资本实力较小的投资者来说,其预期看好的倾向要弱一些,往往非常倾向于集中投资重仓持有一只股票,股市的盈亏直接会影响到他们的预期形成,这是因为资产套期保值和转换受到其收入的硬性约束。相比之下,收入较多、资金实力雄厚的投资者预期看好的倾向就大得多、强得多,对未来经济的影响也较大。这是因为他们具有较好的风险承受能力,往往拥有相对较为完备的信息,有能力利用政策与上市公司的信息形成预期,并有可能实现获取预期收益的目标。

(2) 不同年龄组的投资者的心理预期不同。资本市场特别是股票市场具有较强的时效性,反映在股价上以及交易节奏的把握上,需要果敢、快捷的操作。年龄不同,心理预期也会不同。一般说来,年轻投资者由于时间多、精力充沛、感觉敏锐、处事果敢,他们往往能够较好地抓住稍纵即逝的有利时机,买进卖出,预期形成简单,在行为上多倾向于一时冲动,交易频次相对较高,但往往对不确定性和风险估计不足;中年投资者情绪稳定、风格稳健,不易受外界因素干扰,独立性较强,在行为上往往表现为冷静理智,对各种信息能够客观辨别,预期考虑得比较周到,能较好地把握获利时机;老年投资者接受新事物较为迟缓,心态平和,由于其投资多为充实离退休后的闲暇,操作上相对较为谨慎、保守,一旦进行投资,往往能够确保预期收益。

(3)不同经验的投资者的心理预期不同。由于中国资本市场发展的时间不长,所以,总体来看,资本市场投资者的经验还不很丰富。但是,它还是培育了一大批坚定的市场追随者,并逐步形成了不同经验的投资者群体。经历丰富的投资者大多已积累了相当的投资资本,理念也相对成熟,不易为市场的波动及噪声的干扰而改变初衷,预期形成也较为稳妥;相反,新入市的投资者往往风险意识淡薄、分辨能力差,盲目追涨杀跌的现象普遍,形不成良好的心理预期与结果。

(4)不同文化的投资者的心理预期不同。预期的形成本来就不是"1+1=2"的简单过程,而完全是由有着不同文化背景的人完成的。进行资本市场投资需要有多方面的文化知识。一般说来,文化层次较高的投资者,他们的经济及金融知识较为丰富,善于从各种信息中利用有价值的信息形成预期,进行投资决策较为理性,因此,他们的预期理性成分相对多一些,其预期行为也是理智的,且十分谨慎;相反,文化层次较低的投资者,他们往往缺乏理性判断,大多是非理性的,他们的预期主要是经验性预期,仅凭过去的经验来预测未来,预期行为带有盲目性,容易受到各种信息噪声的影响而形成不正确的预期,难于进行独立的投资决策。

因此,对预期这一兼具心理行为和经济行为特征的行为不能笼统而论,必须区别情况进行认真分析。否则,就无法给出解决中国资本市场预期问题的正确对策。

6.6 中国资本市场预期存在的问题

由于中国资本市场起步晚、发展不规范,不仅资本市场的效率低,而且预期存在的问题也很多。许多投资者对资本市场都抱有不切实际的预期,投资行为受政策与机制的影响极大,投资者行为常常表现为非理性化行为。投资者的预期及预期收益的不确定性是中国资本市场发展的重要障碍。中国资本市场预期存在的问题主要有信息尚未被充分利用、预期收益值偏高、预期不确定性估计不足、预期风险难以预测等。

6.6.1 信息尚未被充分利用

如前所述,中国资本市场的预期还不是理性预期,而是准理性预期或亚理性预期。因为投资者还没有充分掌握一切可以利用的信息,而且预期的结果并不完全符合未来将会发生的事实。他们不但难以获取历史提供的各种可以利用的信息,而且对能获得的信息也没有进行周密的思考和精确的判断,没有对它们加以理智的处理,预期结果常常与事实(实际收益、风险等)发生一定的偏差。如果用有效性来检验问题,中国资本市场投资者能够预期非条件均值,却不能准确预期条件均值。这是由于他们不仅难以获得信息特别是内幕信息,而且对仅有的信息,其处理能力也不是很高,即使是滞后一期的预期收益率中的信息也没有被充分地利用。虽然投资者的预期没有系统的偏差,但是精度不是很高,如果能够将其他信息利用起来,预期就会更加精确。正是信息尚未被充分利用,所以,中国资本市场上的预期出现两多两少:适应性预期多、理性预期少,准理性预期多、孔明预期少。因此,中国的资本市场还是弱型的有效市场。要大力发展中国资本市场,还必须改变这种弱型有效市场,使信息得到充分利用。

6.6.2 预期收益值偏高

在资本市场投资中,有两类不同预期的投资者。一类投资者预期过于悲观。他们往往是经过熊市的打击的,经历过熊市的投资者在牛市来临时,心里特别紧张,生怕熊市再次来临。所以当股票刚刚上涨一些时,为了确保已经获得的预期收益就立即抛掉股票,后来该股票可能涨过当时的几倍,这时投资者会后悔自己没有找准抛出的时机。之后,他们的信心变得盲目坚强起来,大胆跟进,往往在高位套牢,结果实现不了预期收益。另一类投资者预期过于乐观。在行情看涨的股市中,他们往往期望在最高价位时抛出;反之,在跌势中,他们又希望在最低价位买进。可是,在涨势回跌中,想抛已无人接盘,因为此时想抛的人太多;而在跌势反弹中,想买也买不到,同样此时想买的人也太多,过高的、不切实际的预期收益是其主要原因。因此,股市中有一句名言:"空头多头都能赚钱,惟有贪心不能赚钱。"当前,中国资本市场投资者信心不足,而信心不足的根源又在于市场运行的实际状况与投资者的预期背离,使投资者失去了进行投资判断的依据。投资者一定要有适当的预期值。当进行新的资本市场投资时,应客观地评价自己的预期值。良好的心理预期有利于克服贪婪与恐惧这两大人性弱点。只有这样,才能获得应有的预期收益。一般说来,中国资本市场投资者的预期收益值普遍偏高,往往预期收益大大高于实际收益。这是投资者不恰当预期的结果。"资本市场本身就是一个典型的历史动态过程:其中人们利用任何可能的指标预期未来,但结果与预期经常不符,这将导致不断变化的预期与不断变化的结果。"[1]

6.6.3 预期不确定性估计不足

预期本身就是不确定的。有不确定性才会有预期的存在和作用。由于资本市场投资具有很大的不确定性,所以投资者必然会对未来的外部经济环境和变动状况作出一定的预期,对自己的收益前景进行预测,以决定是否投资,投资多少。根据凯恩斯的看法,投资者是否投资的决策取决于投资者对利息率与资本投资边际效率的比较。资本投资边际效率是使用未来收益折算成现值恰好等于新增的资本设备重置价格的贴现率,即供给价格等于折现值的预期收益。如果资本投资边际效率(即预期收益率)大于利息率,投资者有利可图,他便会进行投资;否则,他便会放弃投资。如果预期收益率超过利息率很多,投资者投得也多;相反,投资者投得也少。预期总是在一定的时间进程中作出的。随着经济形势和政治、军事的变革和动荡,预期主体分析问题的能力和方法也会改变,因而预期是动态发展的。投资者在短期内的预期往往是确定的,但从长期来看,由于信息的不断变化,不确定性的增加或减少,风险的大小变化,都会使投资者预期具有不确定性,而且投资者本身对预期变量所作出的分析判断往往也具有不确定性。

所谓预期的不确定性包含两种意思:第一是关于未来需求和目前投入某种资本货物的未来收益的不确定性。第二是关于资本市场预期价格的不确定性。预期不确定性包括内生不确定性和外

---

[1] 章融、金雪军:"对噪声交易的分类研究",载《财贸经济》2003年第7期。

生不确定性两种。前者是指资本市场发展本身所引起的投资者产生的预期不确定性,后者是指资本市场发展之外所引起的投资者产生的预期不确定性。它们都使投资者所进行投资的资本市场具有预期不确定性风险。此外,从预期主体来看,预期不确定性包括政策不确定性和人为不确定性两种。政策不确定性通常是指政府对于宏观经济运行的调控方向和调控力度、税制变化、利率变化、公共财富提供等对资本市场运行的影响,在股市中则还要加上政府对于股市的调控设想,包括新股上市的规模与进度安排,对国有股、法人股以及定向募集股份公司股票上市等历史遗留问题的消化处理安排等;人为不确定性通常是指在资本市场投资中买方或卖方人为制造的交易风险,在股市和期市中常见的如幕后交易、制造虚假信息、主力联手造市操纵价格等等。正是由于预期的不确定性,使得投资者很难作出充分的估计。投资者往往都是失败了,再来总结失败的教训,而并非在投资前就能充分估计。对预期不确定性估计不足带来的结果是投资者信心的丧失。他们不敢投资,不知该投什么资、投多少资。所以,预期不确定性的估计不足"难以树立人们的信心,增强预期效应"[①]。

6.6.4 预期风险难以预测

现代经济是有风险的经济。进行资本市场投资,必然存在风险。有风险,就有风险预期。风险一般是指预期收益的不确定性,是指在将来一段时间内遭受损失的可能性,而投资风险就是指造成投资损失的各种可能性。风险的存在具有不确定性,对这种风

---

① 曾康霖:《经济金融分析导论》,中国金融出版社2002年版。

险的判断与估计也具有不确定性。这就使得预期风险存在不确定性。预期风险存在的不确定性,亦即投资者对风险事件发生的时间、地点、规模、后果难以确定,无法作出准确的判断与估计。风险发生的时间往往带有突发性;风险的程度及后果,事先难以预料,有时甚至是灾难性的后果或全局性的损失。投资在一定意义上说就是一种以获得预期收益为目的的垫支行为,由于未来时间中各种不确定性的存在,投资风险总是或多或少存在的。这些风险有的可以被投资者及时预期到,有的不能被投资者预期到。所以,风险的存在使投资者的预期行为更具有复杂性,预期收益的估计与预测也就更困难。

中国资本市场上的许多投资者在进行投资决策时不是基于对预期收益和风险相关因素的周密分析和全面判断,不是充分利用准确的市场信息和有效的技术手段,而是抱着侥幸心理企图钻资本市场的空子。他们大多出于经验主义考虑,往往抱有"赌博"心态进行短期投机,将自己的希望寄托在"碰运气"上,对预期风险没有作充分的估计。资本市场投资潜在的风险是投资者最容易忽视的因素。投资者在进行投资决策时,往往侧重于预期收益的考虑和分析,而对潜在风险因其难以预测而往往考虑较少。由于种种误导,使得一些投资者盲目进行投资,对资本市场投资潜在的风险估计不足,对资本市场上投资的预期收益走势和投资风险缺乏独立的有见解的分析,往往受大众传播媒介和股市、债市行情分析以及代理人的支配和误导,没有风险防范意识和行之有效的风险防范措施,一旦投资往往蒙受巨大的损失。实际上,包括资本市场投资在内的任何投资都有风险,只有对风险有充分的估计,才能确保投资者获得理想的投资收益。

6.7 由信息、不确定性和风险引起的资本市场预期问题表现

由于影响资本市场预期形成和调整的因素是多种多样的,主要包括信息、不确定性和风险等,所以中国资本市场预期问题有各种不同的表现形式。本书就是按信息、不确定性和风险思路探索下去的。研究这些表现,可以更好地认识中国资本市场预期问题的特点和作用,建立切合中国实际的资本市场投资预期收益模型,可以更好地发挥积极预期对中国资本市场的作用,克服消极预期对它的影响,制定出切实可行的措施和办法。

6.7.1 由信息引起的资本市场预期问题表现

在资本市场上,投资者在投资决策过程中,总是不断地搜集可以利用的信息,然后采取各种各样的方法处理、分析这些信息,形成资本市场投资风险预期和收益预期,并根据这些预期进行投资决策。在股票市场上,股票价格还具有反映预期信息的功能,由于未来的不确定性,投资者只能根据自己所掌握的相关信息,判断投资该股能带来的未来收益流量,对股票的价值作出预期。如果预期乐观,投资者就会大量持有该股,扩大对股票的投资;如果预期悲观,投资者就会抛出该股,另寻他股。这里的预期乐观,主要是投资不确定性少,风险不大,预期收益可观;相反,预期悲观,主要是指投资不确定性多,风险大,预期收益低。在债券市场上,债券投资者要收集有关债券投资信息、银行利率变化、利率期限结构信息以及相关股票投资变化信息等,以决定是否投资于债券,投资什

么种类的债券,投资多少。虽然投资于债券,其收益较为稳定,风险也较小,但进行这方面的投资难以实现投资者预期收益最大化的愿望。所以,债券投资者要根据所掌握的信息进行他的预期。总之,不管在股票市场,还是在债券市场,资本市场投资者都会搜集、利用信息来形成他们的预期。有预期,必然有信息的作用和影响。投资者搜集和利用信息,就会影响他的预期形成、修正和调整。由于未来充满不确定性和风险,因此未来投资去向与多少在事前一般很难确定,即使拥有比较充分的信息也是如此,只不过在拥有更多信息情况下,事前估计和判断(预期)犯错误的概率相对而言要小得多。

6.7.2 由不确定性引起的资本市场预期问题表现

缺少信息会导致不确定性,从而影响资本市场投资者的预期。投资者拥有的信息越多,他面临的投资不确定性就越少。正因为如此,投资者会利用一切手段收集信息、利用信息。在有限理性的支配下,他们经常会在乐观预期与悲观预期之间摇摆不定,从而导致资本市场预期收益和未来走势的不确定性。不确定性包括内生不确定性和外生不确定性:内生不确定性包括资本市场发展本身的因素所引起的投资者产生的预期不确定性,外生不确定性包括资本市场发展之外的因素所引起的投资者产生的预期不确定性。前者通常在市场经济中表现为买者、卖者彼此是否能找到合适的对手,双方博弈力量对比是处于均衡线的哪一位置;在股市中则表现为上市公司的业绩如何,股票供给与投入股市资本的力量对比如何。它们都使投资者所进行投资的资本市场具有预期不确定性风险。后者通常表现为市场以外的力量对市场供需产生的影响,在股市中则表现为经济运行中某些偶发因素的出现,如外商参股某一上市公司使投资者预期该公司业绩会改善,成为股市炒作中的并购题材。有些非经济的外部因素如自然灾害、战争等不可抗力现象会通过资本市场投资者的行为活动对其预期产生作用和影响。这些因素反映在资本市场预期的作用和影响上就表现出不确定性。一旦产生这样的不确定性,又会反过来影响和作用于资本市场投资,往往使投资者产生悲观的预期。自然灾害、战争持续的时间越长,出现的不确定性因素就会越多,投资者的悲观预期就会越难改变。投资的不确定性使投资者心理预期谨慎,他们一般不会贸然投资。即使投资,都是在预期收益不佳情况下的冒险投资。如果投资成功了,证明他们冒险成功了。通过分析可见,不确定性会影响资本市场投资者的预期形成和调整。越是存在不确定性,投资者越有预期的冲动。"由不确定性引起的投资者预期状况是资本市场预期问题的突出表现。"[①]

6.7.3 由风险引起的资本市场预期问题表现

资本市场中的不确定性非常多,尤其是外生不确定性使得预期的准确程度常常会发生巨大变化,这就使得资本市场中的风险大于一般的市场经济风险。风险表现为事件未来结果的不确定性。当不确定性因素发生并使资本市场投资发生波动时,如果这种投资波动可能导致投资者所关心的不利情况发生,那么,这就意味着资本市场投资波动具有风险,否则就说不具有风险。资本市

---

① 江世银:"中国资本市场预期问题分析",载《河南金融管理干部学院学报》2004年第2期。

场投资的目的是为了获得预期收益,预期收益是发生在未来的某一时间,这就产生了时间的因素。现在预期能够获得收益的,将来是否能获得预期收益却是不确定的。由于未来的不确定性,就会产生投资成本和预期收益损失或减少的可能性。资本市场投资波动是对不确定性的全面反映,投资风险则体现了资本市场投资不确定性导致的预期收益难以实现的程度。

有投资风险,就会有投资者对其进行的预期。进行资本市场投资的投资者,他们往往会用一切手段搜集和利用信息,判断将会出现的投资不确定性,充分估计方方面面的风险,并预测其大小,从而形成风险预期。之所以会形成投资者的资本市场预期,最根本、最关键的原因就在于风险的存在。投资者的预期总是受制于投资风险,预期收益的实现在很大程度上取决于对风险的判断能力,但不同的风险对投资者的预期及其判断能力的影响是不同的。由风险引起的资本市场预期比由不确定性引起的资本市场预期更加重要。资本市场预期收益的大小、投资效益的高低、不确定性的多少都是与风险密切相关的。不确定性因素多,风险大,预期收益就会小;反之,不确定性因素少,风险小,预期收益就会大。在前一状况下,投资者的预期悲观,往往投资较少甚至干脆不进行投资;在后一状况下,投资者的预期乐观,往往投资较多。

7. 中国资本市场投资预期收益模型的建立

预期是心理经济行为的核心,每一个经济决策都是在当前一定的状态下作出的关于未来的决定。在没有对预期进行严格的数学模型化之前,预期指的是人们对某事物未来可能出现的各种结果以及由这些结果引起的各种其他结果的主观判断和构想。凭借人们对预期内涵的直觉而非学术化的理解,预期概念可以用来解释人们的很多理性的和非理性的行为,这不致引起理解上的困难。而当经济学变得越来越"数量化"和"精确化"的时候,经济活动就变成了数理模型中的变量,预期就是变量的数学期望并因此变成了数字。如果要进行资本市场投资的运算,例如,计算预期收益、不确定性、风险程度等,那都是十分复杂的,因为预期本身既是一种复杂的心理现象和心理行为,又是一种具体的经济行为。由于受多种因素的制约,因此其数学模型就是非常复杂的。"从某种意义上讲,投资是用确定的现行价值换取未来不确定价值的牺牲,由于对未来评价的不确定性,资本回报率的计算是复杂的,复杂性产生于过去的经验、知识积累、信息的多样性,产生于分析对象所运行的基础结构的多样性和不规则性。"[①] 在估计从一种投资中获

---

① 刘怀德:《不确定性经济学研究》,上海财经大学出版社2001年版。

得的总收益时,明智的投资者会将这种投资的持续不断的收益(利息、红利、租金等)与其潜在的资本投资预期收益结合起来考虑。而在对不同投资的预期收益进行比较时,也存在两个问题。一是预期收益可能发生在不同年份。一种花费100万元并在第二年获得30万元收益的资产投资要远远优于同样花费100万元而在5年之后才获得30万元的资产投资。今天获得的收益比以后获得的收益更有价值。为了对时间差异进行调整,我们需要对预期收益的贴现值进行比较。二是即使两种资产投资都在第二年获得全部预期收益,这两种资产却都没有有保证的预期收益。为了在这种情况下进行正确的比较,本书应用预期收益的概念。这是遵循传统预期理论分析思路的。"到目前为止,全部市场均衡模型都是根据预期收益建立的。"[1] 本章通过对不同的信息、不确定性和风险的条件下预期收益数学模型的建立,以揭示它们之间的内在联系。一种资产投资的预期收益是统计上的加总,即综合了每一元投资的各种可能的预期收益和实际获得这些收益的可能性的一个数值。未来的预期平均收益才是真正应该予以考虑和重视的,过去投资的实际收益只为有关未来绩效的预期提供基本的线索。

要建立切合中国资本市场实际特别是具有可操作性的预期收益模型,需要利用价格进行成本—收益分析。所以,在建立预期收益模型之前还需要先进行资本市场预期价格和学习成本分析。

7.1 资本市场预期价格

由于资本市场上各种证券的价格能够充分地反映所有可能获

---

[1] [美]史蒂文·M.谢弗林著,李振宁译:《理性预期》,商务印书馆1990年版。

得的信息,且预期收益信号又是资本市场中资本有效配置的内在机制,一个有效率的资本市场会迅速准确地把资本导向效益最佳的环节。所以,资本市场的市场有效性便集中表现在证券信息利用、资本市场预期价格涨落和由此产生的预期收益多少上。资产价格的易变性较大,这是因为它通常由资产投资的预期收益决定,因而受到诸多不确定性因素的影响。一般说来,资产价格的变化反映了投资者相关资产(或标的物)未来预期收益的变化,其受货币政策的影响较大。[①]

在研究资本市场预期价格中,曹红辉博士(2002)认为,在普通投资者普遍非理性预期状态下,投资者对未来某时期 $t+1$ 期预期的价格为:

$$V_{t+1} = \sum_{s=1}^{m} \omega_{st+1}$$

V_{t+1} 为未来某一时期预期价格,ω_{st+1} 表示投资者 s 的预期价格变动水平。由于存在非理性的预期,如过于乐观,则 $E(\omega_s) > 0$;如过于悲观,则 $E(\omega_s) < 0$,即:

$$E(\omega_s) = E(\sum_{s=1}^{m}\omega_{st+1}) = \sum_{s=1}^{m}\omega_{st+1} > 0$$

或 $\quad E(\omega_s) = E(\sum_{s=1}^{m}\omega_{st+1}) = \sum_{s=1}^{m}\omega_{st+1} < 0$ [②]

我们可以借助他的研究思路和方法进一步对资本市场预期价格研究下去。不过,要研究中国资本市场投资预期收益,这里首先以资本市场上的证券价格为基础进行分析。在诸多经济理论的推导过程中,人们多少要依赖于对预期心理行为的某种假设:要么完

---

① 参见钱小安:《金融创新因果》,中国金融出版社1999年版。
② 参见曹红辉:《中国资本市场效率研究》,经济科学出版社2002年版。

全信息,要么非完全信息;或者理性预期,或者准理性预期;有的考虑投资风险,有的不考虑投资风险;等等。由于不同的预期心理行为假设可能得出不同的经济结论甚至是相反的结论,所以,研究中国资本市场预期问题同研究许多经济问题一样,首先都离不开研究的假设。

现假定资本市场是有效的,市场上的证券价格完全反映所有可知的和可用的信息;进行证券投资的预期收益率等于证券的资本利得加上现金付款,再除以原来购买该证券的价格,其公式为:

$$r_{E(R)} = (E(P_{t+1}) - P_t + C)/P_t$$

其中,$r_{E(R)}$ 表示从 t 到 $t+1$ 这一时段进行该证券投资的预期收益率,$E(P_{t+1})$ 表示 $t+1$ 时持有该证券的预期价格,P_t 表示 t 时该证券的价格,C 表示从 t 到 $t+1$ 期间的现金支付款项,它包括利息或股息。

考虑在 t 时开始就进行证券投资,就要对其收益率进行预期,由于现价 P_t 和现金支付款项 C 在开始时就是已知的,那么在上述预期收益率的定义中惟一不确定的变量就是下期即 $t+1$ 期的预期价格 $E(P_{t+1})$,也就是未来的预期价格。本书把对资本市场未来价格的预期看作是运用现在所有可知信息作出的最佳预测值 $E(P'_{t+1})$。也就是说,投资者对未来资本市场价格的预期是合乎理性的,不会发生太大的偏差。即使发生一定的偏差,也是由不确定性和风险带来的,而非预期本身造成的。所以

$$E(P_{t+1}) = E(P'_{t+1})$$

由此可推出进行资本市场投资的预期收益 $E(R)$ 将等于该收益的最佳预测值 $E(R')$,即:

$$E(R) = E(R')$$

对债券市场供求的分析表明,投资债券的预期收益率有向均衡收益率即向供求量相等时的收益率靠拢的趋势。资本"市场均衡决定金融资产的价格和预期收益率。金融资产的价格与预期收益是反方向联系的。例如,当债券价格高时,其收益率低。相反,当债券价格低时,其收益率较高。"[①] 供求分析根据以下均衡条件决定一种证券投资的预期收益率:一种债券的预期收益率 $r_{E(R)}$ 等于其均衡收益率 r_{R^*},而均衡收益率是该债券供求量相等的收益率,即 $r_{E(R)} = r_{R^*}$。由此可以决定均衡收益率,并用均衡收益率来决定预期收益率。

运用上述均衡条件,并在理性预期方程式 $E(R) = E(R')$ 中用理性预期值 R^* 代替 $E(R)$,就可以推导出一个描述有效市场上资产投资预期收益的等式,即 $E(R') = R^*$。

这个等式表明,资本市场上的现价决定于一定的预期水平。在这个预期水平上,用所有可知信息(包括客观信息和主观信息)对某种债券收益率作出的最佳预测值等于该债券的均衡收益率。因此,如果市场是有效的并且受到投资者预期的作用和影响,那么,资本市场上一种债券的价格完全反映了所有可知和可用的信息。不过,投资者并非按理性预期模型所描绘的方式行事,投资者也许不知道如何理解已知的信息,而是结合过去的信息来决定现在的行动。

在股票市场上,信息的拥有程度决定了投资者对股票的投资决策。由于市场上新信息的出现会不断地改变投资者对股票价格

---

① 杰弗里·萨克斯、费利普·拉雷恩著,费方域译:《全球视角的宏观经济学》,上海人民出版社1997年版。

和收益的预期,这就促使投资者不断地挖掘信息,一旦预期到价格的未来变化,投资者就会抢购或抛售股票,使股票价格变动到一个合理的价位。随着影响投资者预期因素的有关信息进入资本市场,投资者将不断地改变其预期并通过市场作用而改变价格,因此股票市场价格除受其内在的一些基本因素影响外,同时还受市场行为因素的制约。由于新信息的出现是难以预期的,因而股票价格呈现出连续的随机波动,最后使得现在的股票价格包含了所有可以获得的信息。

证券投资成本和预期收益在任何时点上都是证券内在价值的最佳评估。资本市场的供求均衡状况是资本市场预期价格与实际价值的一致,这种状况可用预期收益报酬来表示。在考虑到定价信息时,某一证券投资的预期收益等于当时的实际收益加上当时的预期投资风险。假如 C_{jt+1} 表示 j 种证券在时点 $t+1$ 上的投资成本;Φt 是花费在时点 t 上可获得的预期收益信息;$E(R_{jt+1})$ 是 j 种证券在时点 $t+1$ 时的预期收益;C_{jt} 是 j 种证券在时点 t 上的投资成本,那么有如下公式:

$$E(C_{jt+1} | \Phi t) = C_{jt} + E(R_{jt+1} | \Phi t)$$

上式表明:证券市场投资不仅能完全反映全部信息,而且对新的市场信息的反应也是迅速而准确的。今天的有关预期收益信息充分反映在今天的资本市场预期价格和明天的预期收益上,明天的预期收益又考虑到预期收益信息的期望值,与新信息相应的资本市场预期价格和投资成本变动是随机的,它们之间是相互独立的。因此,在一个有效的资本市场中,在决定未来预期收益的概率密度函数时,资本市场投资者利用了所有可获得的信息。

在资本市场中,投资者都抱有强烈的获利愿望。当预期收益

为负即出现风险而导致预期损失时,他们往往减少投资或不再进行投资。因此,成本—预期收益模型的期望报酬存在以下数量关系:

$$E(R_{jt+1}|\Phi t) \geqslant 0 \text{ 或 } E(C_{jt+1}|\Phi t) - C_{jt} \geqslant 0$$

上式表示,当预期收益信息得到充分反映时,预期收益总是大于或等于支付信息成本和其他成本后的实际收益,这就保证了投资者进行持续的投资。也就是说,当收益序列的描述呈现为某一随机过程时,在将来某一点上的预期收益始终大于或等于过去的收益,任何投资都可能获得支付信息成本和其他成本后的预期收益。进行资本市场投资的投资者掌握和运用了时点 t 的可获得信息,如果说所有投资者在这一时点上进行证券投资选择的机会均等,很难有投资者在证券的投资和交易中通过不正当手段来获得超额预期收益,这种状况使投资者投资于该证券的稳定性增强。随之带来的假设是在任何时点上可获得的信息收入都被算入预期收益之中,证券投资成本和预期收益也就成为证券真实价值的最佳评估,成为各类相关信息通过市场机制归纳后的结果。

资本市场预期价格是投资者进入市场并预期未来收益的变量,相对稳定的价格能使投资者对投资作出合理的收益预期。而过度波动的资本市场价格会造成信息失真,使投资者不仅在短期内难以对未来的收益进行合理的估计,更影响了对资本市场投资长期收益的预期。"股票和债券等金融资产的价格波动直接引起市场主体资产结构的变动,进而影响投资者的收入预期……"[1]

---

[1] 曹红辉:《中国资本市场效率研究》,经济科学出版社 2002 年版。

7.2 预期的学习成本

预期是一个博弈的过程,也是一个不断学习的过程。一方面,投资者从他自己过去的经验中学习,不断纠正预期误差;另一方面,投资者向他人学习,模仿他人的预期行为,这样,少数人较为正确的预期通过学习功能转化为大多数人的预期。因此,投资者在作出收益、不确定性和风险预期时,不能只考虑自身的行为可能带来的预期收益,他们还必须考虑其他行为人的行动选择对自身经济利益所带来的作用和影响。

下面,我们先来分析一下预期不受时间影响、不存在学习成本影响这一前提条件的情况。假如进行证券投资的预期收益 $E(R)$ 不随时间 t 的变化而变化,那么以往收益数据的任何时间序列相关都表明市场失灵。可用下式来表示预期收益不变假设:

$$E[A(R) - E(R) | I_{t-1}] = 0$$

它表示的是预期收益与实际收益之差同任何以往信息都毫不相关。否则,投资者就会利用以往信息获得经济利益(即预期收益)。在均衡中,预期收益的自相关往往导致某种实际收益的自相关。事实上,这只是一种假设。

在一个不确定性和预期心理充斥着的资本市场条件下,投资者的预期缺乏相应的标准,他们只能互相以对方的投资选择作为依据,并在相互学习过程中作出各自的投资决策。这就是干中学。它意味着随着投资者从他人的投资中获得经验,其预期学习成本会逐渐下降。当投资者在一次一次的预期中出现错误时,他们并不会永远按照这种方法行事,他们会从错误中学习,并且在未来的预期中尽量修正这些错误。所以,随着时间的变化,投资者投资预期形成的学习成本是不同的。在决策过程中,信息不断地对其施加影响,为决策者提供学习机制,以此减少学习成本。不仅如此,它还要求学习机制随时间的延续而减少信息的不完备性,并对知识和技术加以创新,为今后的预期形成打下基础并提供决策参考的依据。当然,并不是每个投资者都要掌握复杂的经济数学模型和计算各种数据,他们可以听取专家的预测和政府的预报,正像农民种地只需听天气预报而不去进行天气预报一样。

预期的形成过程也就是一个学习的过程。学习过程中的一些因素可能具有不确定性,它们对预期的形成具有一定的作用和影响。在预期形成过程中,有些错误信息和学习习惯会影响到预期的正确形成。事实上,在预期形成的学习过程中,每个经济行为主体是在与其他经济行为主体进行博弈。学习过程就是一个纳什均衡的形成过程。在博弈中,有的人掌握了博弈的信息,有的人不完全拥有信息。当博弈具有惟一理性均衡时,每个人均采用了纳什均衡预期。纳什均衡预期的形成依赖学习过程是否收敛,特别是理性预期均衡更是如此,因而张圣平博士认为:"学习过程是否收敛到理性预期均衡以及交易者学习的方法也是理性预期均衡实现机制的一个重要方面。"[1] 如果学习过程不是收敛的,那么纳什均衡预期就不可能是一个合理的预期假设,更不能达到理性预期均衡。也就是说,在资本市场上进行的投资收益预期与实际收益就会发生偏差。正是预期的形成过程是一个学习的过程,所以预期

---

[1] 张圣平:《偏好、信念、信息与证券价格》,上海三联书店、上海人民出版社2002年版。

形成与开始学习之间便会有一个时滞。学习过程中的诸多不确定性因素和风险的存在使收敛会发生渐进性调整,这就为政府制定和实施适度的投资政策提供了条件,政府因此对投资者的预期可以进行不同的调节和引导。

预期的学习成本分为两个方面:一是投资者从自己过去的预期经验中学习,不断降低预期所需的成本 Ce;二是投资者向他人学习,模仿别人的预期行为所需的成本 Co。一般说来,$Ce > Co$。投资者向他人学习,是一种社会心理传播功能的发挥,除在金融经济理论(行为金融学理论)中研究外,也可以在社会心理学中研究,这是社会心理学与金融经济理论结合的一个领域,姑且把它称为经济心理学领域。预期的学习功能也会促使灰箱假设预期的结果逐渐被大家所接受,成为投资者的普遍预期。少数人较为正确的预期通过学习功能将扩散成为多数人的共识。只是预期的学习与传播也需要时间,少数人的正确预期成为大家的共识,不可能在很短的时间内达到,投资者预期需要不断地修正和调整。模仿别人的行为产生的预期,可以减轻信息成本的时滞,这实际上也表现了投资者的理性,如沿海、大城市投资者的预期一般比内地、小城市、农村的投资者要准确,因此内地、小城市、农村的投资者倾向于向他们学习,这可以以较少的成本获取较多的预期收益。另外,初入资本市场、投资经验缺乏的投资者往往向资本市场上的投资老手学习,这也可以减少他们的学费。可见,资本市场上不需要大家都作出准确的预期,只要一部分人能作出准确预期就足够了。正确的预期会逐渐被大家接受,错误的预期将被市场淘汰。

对资本市场预期学习成本的研究表明,随着投资者时间和经验的增加,投资者预期的学习成本会逐渐下降,从而更有利于投资者进行具有高风险的资本市场投资。在对资本市场预期价格和预期的学习成本进行分析后,我们就可以建立各种不同的预期收益模型了。

7.3 不同信息条件下的投资预期收益及支付信息成本后产生的预期收益模型

7.3.1 信息对预期收益的影响

在资本市场预期问题中,如果只考虑信息而不考虑不确定性和风险等因素对预期收益的影响,那么,投资者的最优策略就是充分利用自己拥有的知识和信息形成自己最优的投资收益预期,以便据以调整自己的投资经济行为,从中获取最大投资效益。在资本市场上,投资者每天面对着大量而庞杂的信息,搜集和处理这些信息用以指导投资需要时间、精力和能力。不同投资者由于知识、能力、投资资本多少、所处地位的不同,在搜集和处理信息上的成本是不同的。如果用 C 表示成本、I 表示信息量,那么,就会发现投资者所获得的信息与其付出的成本成正比;如果用 R 表示风险,那么,就会发现投资者拥有的信息量 I 越多,他的风险就越小。于是,每个投资者进行投资的 $I-C$ 曲线与 $R-I$ 曲线的交点就是在其信息搜集的均衡点上。信息对于预期的形成是非常重要的。有无信息、信息的多少和对信息的利用程度往往使投资者预期相差很大。如图7—1。

在没有信息影响的条件下,预期收益线是一条平行于横轴的水平线。预期收益在任何时点都是一样的。在资本市场上信息不充分的情形非常普遍,可以说是常态。事实上,由于投资者的个人

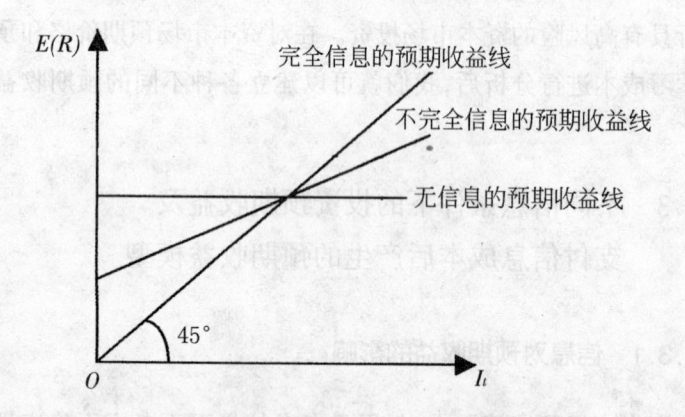

图 7—1 由信息影响形成的预期收益线

精力、智力与技能总是有限的,不可能在投资决策时了解所有的相关信息,而且,由于资源是稀缺的,不同利益主体之间常常处于冲突之中。为了各自的经济利益,他们往往会给竞争对手设置人为的信息壁垒,甚至给之以错误的信息,以致获取完全信息的成本太高,所以投资者常常处于一种信息不完全的决策环境中,从而影响了投资决策。在不完全信息影响的条件下,预期收益线是介于完全信息的预期收益线和无信息的预期收益线之间的。

在 t 期开始时,投资者据以形成自己的投资预期的知识和信息包含在信息集 I_t 中。在完全信息条件下,该信息集包含了有关管理层的决策目标和决策规则的所有信息。投资者在信息集 I_t 的基础上形成的投资预期可表示为 $E(R_t | I_t)$

$$R_t = E[R_t | I_t]$$

假如资本市场上的两个投资者 A、B 具有相同的信息集 I_{t-1},投资者 A 进行资本市场投资形成的预期收益为:

$$E(R_{t,t-1}) = k(I_{t-1})$$

式中 k 为任意的常数，且 $k \to 0$。

再假如投资者 B 退出投资的投资损失函数为：

$$L_t = a(l_t - k\bar{l}_t)^2 + b[E(R_t)]^2$$

式中 $a, b > 0$，l_t 为 t 时的损失率，且 $l_t = \bar{l}_t - \alpha[E(R_t) - E(R_{t,t-1})]$，$\alpha > 0$。则有：$\bar{l}_t = \lambda \bar{l}_{t-1} + (1-\lambda)\bar{l} + \varepsilon_t$，$\lambda$ 为发生概率，且 $0 \leq \lambda \leq 1$。

投资者 B 将选择 $E(R_t)$ 极小化 $E(R_{t-1})L_t$。如果 p 是对投资损失的变量，且 $0 \leq p \leq 1$，将 $\bar{l}_t$ 和 $E(R_{t,t-1})$ 两式代入 L_t 式，有：

$$L_t = a\{[(1-p)(\lambda \bar{l}_{t-1} + (1-\lambda)\bar{l} + \varepsilon_t)] - [aE(R_t) - k(I_{t-1})]\}^2 + b(l_t)^2$$

由于极小化 $E(R_{t-1})L_t$ 的一阶条件是：

$$\frac{\partial}{\partial l_t}[E(R_{t-1})L_t] = 0$$

将 L_t 式代入得：

$$\hat{l}_t = \frac{a\alpha}{b}\{-\alpha[\hat{l}_t - k(I_{t-1})] + (1-p)[\lambda \bar{l}_{t-1} + (1-\lambda)\bar{l}]\}$$

由于投资者 A 可以预期到上述 $\hat{l}_t$，所以预期机制满足：

$$E(R_{t,t-1}) = \hat{l}_t$$

从中解出 $k(I_{t-1})$，得到预期收益函数式：

$$E(R_{t,t-1}) = k(I_{t-1}) = \frac{a\alpha}{b}(1-p)[\lambda \bar{l}_{t-1} + (1-\lambda)\bar{l}]$$

$$= \frac{a\alpha}{b}(1-p)E(R_{t-1})\bar{l}_t$$

在上述投资博弈中，博弈双方的单方欺骗均不能增加预期收益或减小预期损失。按照纳什均衡定义，可知其纳什均衡满足：

$$\hat{l}_t = \frac{a\alpha}{b}(1-p)E(R_{t-1})\bar{l}_t = E(R_{t,t-1})$$

根据上述模型分析可见，投资者 A 可以预期对方采取的行为，并采取相应的最优行动对策，以此增加投资的预期收益。投资者 B 也可以预期投资者 A 对他退出投资的反应，据此选择最优策略，以此减少投资的预期损失。

为了简化起见，假设一种资产是花费了 1000 万元的股票，长期以来一直支付每年 40 万元的红利。因此，红利提供了 4% 的回报；但是对其潜在的资本投资收益需要进行估计，也就是说要进行预期。投资者为实现资产的最高预期价格，需要付出相应的时间寻找最佳买主。可见，随着时间的增加，投资者获得更高出价的可能性将会越大，即资产的预期价格将会越高，但出价的增加幅度呈递减趋势。投资者在寻找买主过程中需花费时间及相应费用，即信息成本。随着时间的推移，信息成本将不断增加，且每天增加的边际成本是固定的，不会出现递减。投资者的投资目的和原则是获取最大化的预期收益。基于这个目的和原则，投资者将根据成本和收益来权衡是否搜寻信息。只有当投资者预期的未来收益大于搜寻信息的成本时，他才会选择搜寻信息的投资策略。更详细的分析将在 7.3.3 支付信息成本后产生的预期收益模型中进行。

预期作为一种心理活动，我们不能直接进行测量，但可以借助于货币、价格、收益与预期之间的关系，间接地测量预期及其变动。由于任何人都无法事先准确地判定未来收入流量是多少，因此只能根据所获得的各种收益加以推测。对一种金融资产投资的未来收益公认最准确的预测，叫做预期收益，也叫做预期的未来收益。它是投资者预期的投资项目内部收益率。存在信息结构条件下的预期收益与实际收益往往存在一定的差额，用数学关系来表示，就是：

$$\frac{P_{i,t+1} - P_{i,t}}{P_{i,t}} = \frac{E(P_{i,t+1}/y_t) - P_{i,t}}{P_{i,t}} + \varepsilon_{i,t+1}$$

其中 $P_{i,t+1}$ 为资本市场中某项投资 i 在 $t+1$ 时的实际价格, $E(P_{i,t+1}/y_t)$ 为该投资 i 在给定 t 时点信息结构 y_t 时 $t+1$ 时点的预期价格, $P_{i,t}$ 为该投资在 t 时点的价格, $\varepsilon_{i,t+1}$ 为实际收益率与预期收益率的差额。在样本足够大和对不确定性、风险较为准确预期的情况下,资本市场投资的预期收益近似地等于其实际收益。也就是说, $\varepsilon_{i,t+1}$ 在样本足够大和对不确定性、风险预期较为准确时,其值趋于 0。当 $\varepsilon_{i,t+1}$ 为 0 时,它表明不存在预期因素对资本市场投资收益的作用和影响,实际收益的变化只能来自没有预期到的新信息。这只是一种特例。

7.3.2 投资的不完全信息博弈

资本市场投资预期的形成过程,实际上就是投资者之间的一种博弈过程。这个博弈过程通常是在不完全信息条件下的博弈过程,因此,研究资本市场投资的不完全信息博弈非常重要。在分析资本市场投资的不完全信息博弈之前,先简要地介绍一下完全信息博弈。投资者投资的完全信息博弈包括完全信息静态博弈和完全信息动态博弈。在完全信息静态博弈问题中,并不是每一个博弈问题都有惟一的纳什均衡,有时可能会出现若干个纳什均衡。当存在多个纳什均衡时,如果能把它们进行动态处理,问题就可望得到解决。于是,就出现了完全信息的动态博弈问题特别是无数次反复进行下去的重复博弈。假如投资者都追求预期收益最大化,并用 $E(R_1), E(R_2), \cdots\cdots, E(R_n), \cdots\cdots$ 分别表示投资者在各个子博弈中获得的预期收益,那么他在所有子博弈中所获得的预期收益值之和为：

$$E(R) = \sum_{n=1}^{\infty} a^{n-1} \cdot E(R_n)$$

上式中，a 为投资乘数系数，且 $a = \dfrac{1}{1+i}$，i 为银行利率。

不完全信息博弈是在完全信息博弈基础上更复杂的博弈，包括不完全信息静态博弈和不完全信息动态博弈。假如证券出售者的融资成本函数有高成本情况和低成本情况两种，他们具有完全信息，而投资者具有不完全信息。也就是说，前者知道自己选择的是高成本情况还是低成本情况，后者不知道他所面临的投资是高成本情况还是低成本情况。再假如资本市场投资者知道证券出售者是高成本情况，那么他会选择投资；如果知道为低成本情况，那么他不会进行投资，这样就出现如下图 7—2 的资本市场投资与否的不完全信息静态博弈行为。

		证券出售者	
		合作	斗争
投资者	投资	60,250	-20,0
	不投资	0,500	0,500

证券出售者高成本情况

		证券出售者	
		合作	斗争
投资者	投资	40,400	-20,450
	不投资	0,800	0,800

证券出售者低成本情况

图 7—2　资本市场投资的不完全信息静态博弈

如果投资者能够了解证券出售者两种成本情况的概率分布信息，在投资不完全信息博弈中，他可能会采取有利于实现预期收益的投资选择。例如,如果投资者掌握了证券出售者属于低成本类型的概率为 p,属于高成本类型的概率为 $(1-p)$,其中 $p \in [0,1]$。当投资者进行资本市场投资时,他的预期收益函数是:

$$E(R_1) = p \cdot 40 + (1-p) \cdot (-20) = 40p - 20 + 20p = 60p - 20$$

当投资者不进行资本市场投资时,他的预期收益函数又是:

$$E(R_2) = p \times 0 + (1-p) \times 0 = 0$$

对投资者来说,只有当他选择投资所获得的预期收益不小于不投资所获得的预期收益时,他才会进行资本市场投资,即满足条件:

$$E(R_1) \geqslant E(R_2) \text{ 或 } 60p - 20 \geqslant 0$$

解上式得:当 $p \geqslant 33.33\%$ 时,投资者将会进行资本市场投资;当 $p < 33.33\%$ 时,则不会进行资本市场投资。

上式所得的解在博弈论中被称作贝叶斯均衡(Bayesian equilibrium)或贝叶斯—纳什均衡。也就是说,当投资者遇到因信息不完全(不对称)引起的不确定性投资问题时,他将对客体作出主观概率的判断,并据之进行决策,以实现收益最大化。只不过这一收益不是以纳什均衡中的实际收益来表示的,而是用预期收益来表示的。贝叶斯均衡在资本市场上进行投资博弈的意义是:在给定参加博弈的直接当事人的类型及其他参与人类型的概率分布的条件下,每个参与者都达到了预期收益的最大化。

有了资本市场投资的不完全信息静态博弈,就可以进一步研究投资的不完全信息动态博弈了(张圣平,2002)。现在,在上述基础上简要地分析一下资本市场投资的不完全信息动态博弈情况。假如在资本市场上证券出售者知道自己的投资成本情况,而投资者只知道证券出售者存在两种类型,却不知道他究竟属于哪一种。

也就是说,证券出售者具有完全信息,投资者不具有完全信息。可用图7—3资本市场投资的不完全信息动态蜈蚣博弈来表示①。

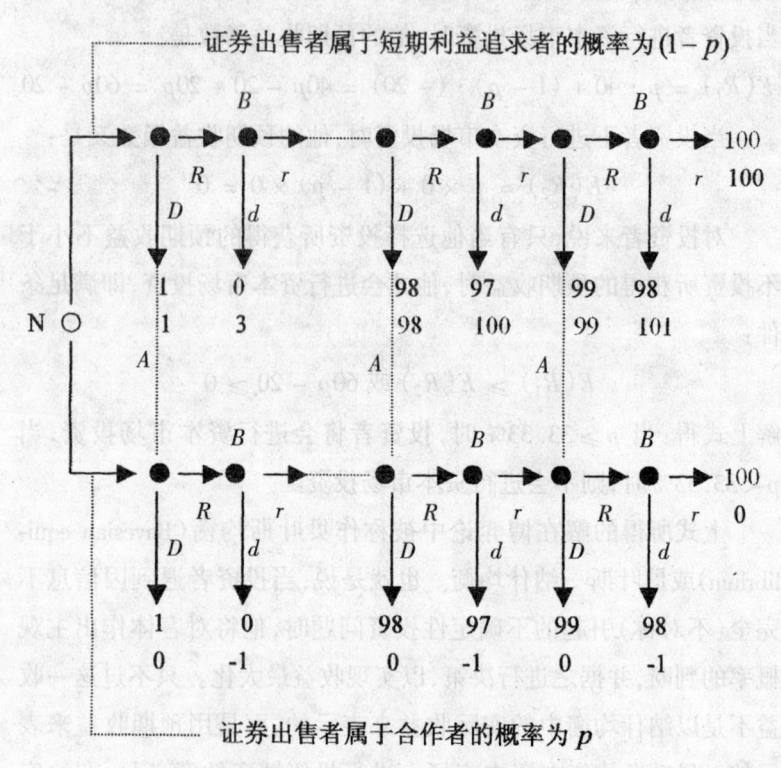

图7—3 资本市场投资的不完全信息动态蜈蚣博弈

我们将证券出售者分为合作者和短期利益追求者两类。假设证券出售者属于合作者的概率为 p,$p \in [0,1]$,那么他属于短期利益追求者的概率为 $(1-p)$。当投资者首先选择 R 进行投资时,他的预期收益为:

---

① 参见李雪松:《博弈论与经济转型——兼论中国铁路改革》,社会科学文献出版社1999年版。

$$E(R_1) = 100 \cdot p + 0 \cdot (1-p) = 100p$$

当投资者首先选择 D 进行投资时,他的预期收益为:

$$E(R_2) = 1 \cdot p + 1 \cdot (1-p) = p + 1 - p = 1$$

投资者会在是首先选择 R 还是首先选择 D 之间进行博弈。不过,只有当首先选择的投资预期收益比其他选择的投资预期收益可观或至少相当时,投资者才会作出这样的投资选择。可见,只有当投资者首先选择 R 所获得的预期收益不小于选择 D 所获得的预期收益时,他才会首先选择 R,即满足条件:

$$E(R_1) \geqslant E(R_2) \text{ 或 } 100p \geqslant 1 \text{ 或 } p \geqslant 1\%$$

也就是说,只要 $p \geqslant 1\%$,投资者总是首先选择 R 进行投资。否则,他会进行其他投资选择。资本市场投资的不完全信息动态博弈是比静态博弈复杂得多的投资博弈。限于目前的研究能力和水平以及投资者投资博弈的实际需要,就暂不再进一步地研究下去了。

7.3.3 支付信息成本后产生的预期收益模型

正如前述,投资者所进行的资本市场投资预期是与信息密切相关的。信息的有无、信息的多少和对信息的利用程度直接影响投资者预期收益的多少,从而影响到他们资本市场投资的多少。

假设投资者通过支付信息成本 $C_i(C_i \geqslant 0)$ 可以得到该投资的更多信息,在支付了信息成本后,投资者会产生两种不同的预期:一种是乐观的投资预期,他预期该投资的未来投资收益为 R_o;另一种是悲观的投资预期,他预期该投资的未来投资收益为 R_p。如果实际收益为 $A(R)$,那么有:

$$R_o > A(R), \quad R_p < A(R)$$

R_o 与 R_p 的差距越大,表示该投资的不确定性越多、风险也越大;相反,R_o 与 R_p 的差距越小,表示该投资的不确定性越少、风险也越小。差距总是存在的,只是差距的大小随不确定性和风险而变化。

如果乐观投资预期的概率为 p,那么,悲观投资预期的概率为 $(1-p)$。投资者在支付信息成本 C_i 并获得相应的信息之前,他们并不知道自己将对投资前景持乐观态度还是持悲观态度,惟一能做的是预测预期收益 R_o、R_p 的发生概率,且此时的投资者所能做的是持 $p=1-p$ 即 $p=0.5$ 表示相同概率的态度。

当 $C_i=0$ 时,表示投资者没有花费信息成本,这是一种特例。这时,投资者不投资的预期收益 $E(R)=0$,进行该投资的预期收益为:

$$E(R) = pR_o + (1-p)R_p$$

投资者为了获得更多的收益,需要准确的预期,以免出现投资损失,他必须为此获得信息而支付信息成本,但这并不是所有投资者都愿意支付或承担得起的。更何况,"在实际中并不是所有的投资者都能及时公平地得到所有的信息,投资者自身的差异也会造成对信息理解和接受程度的不同,……"[①] 在获得信息后,如果他认为预期乐观,那么他就要进行投资并且尽可能多地投资;如果预期悲观,他就尽量少投资或干脆不投资。投资者是否搜寻信息,在于预期收益与信息成本的比较。如果信息成本 C_i 大于或等于预期收益 $E(R)$,即 $C_i \geq E(R)$,投资者是不愿意搜寻信息和充分利

---

① 顾娟、刘建洲:"信息不对称与股票价格变动——我国证券市场信息传导机制的经济学分析",载《经济研究》2004 年第 2 期。

用信息的。判断投资者信息搜寻的关键在于找到一个停止搜寻的临界点。如果 C_n 表示 n 次搜寻的机会集合, c_n 表示 C_n 中的最优选择,那么 $MaxR(C_n) = R(c_n)$ 为 C_n 带来的最大收益。如果投资者搜寻进行了 k 次,$R(C_{k+1}) > R(c_{k+1})$,那他会继续花费成本进行搜寻;如果投资者搜寻进行了 k 次,$R(C_{k+1}) \leqslant R(c_{k+1})$,那他不会继续花费成本进行搜寻。投资者进行 $k+1$ 次信息搜寻可能带来的预期收益是不确定的,多进行一次信息搜寻所花的成本也是不确定的。所以,投资者是否花费成本进行信息搜寻完全取决于搜寻后所得的预期收益。预期收益越多,他越愿意进行搜寻;预期收益越少,他越不愿意进行搜寻。支付了信息成本 C_i 后的投资预期收益为:

$$E(R) = pR_o + (1-p) \times R_p - C_i$$

实际上,只有在预期乐观状态下进行的投资的预期收益 R_o 才会影响投资者的投资,而在预期悲观状态下进行的投资的预期收益 R_p 的下降与投资无关,因为预期悲观会使投资者减少投资或根本不投资。由于绝大多数投资者是风险中性的,因而资本市场的投资均衡就是使投资者得到的预期收益最大化。即

$$E(R) = MAX[pR_o + (1-p)R_p]$$

7.4 不确定性状态下的投资预期收益模型

无论是在自然科学还是在社会科学领域,都会有一系列相互依赖又相互制约的经济变量:一种是确定性的函数关系,只要确定了外生变量的值,内生变量的值就完全确定;另一种是不确定性的相互关系,这类变量之间尽管存在着相互影响、相互制约的变动规

律性,但由于各种不确定性因素的影响,使变量间的关系又具有某种程度的不确定性。资本市场中预期收益受风险作用和影响就是这样的不确定性。资本市场存在着许多不确定性,对于投资者来说,往往要受到它的作用和影响。通常,不确定性变量很难放入数学模型中使其内生化,这就很难用纯经济理论对之进行量化分析。在当代经济理论中,预期行为及其形成机制是内生于经济系统的,对具有不确定性经济变量的投资预期收益只能作近似估算而不能精确计算。因此,对不确定性作出一种确定的判断并进行有理性的控制常常是很困难的,但这并不意味着我们无能为力。我们可以对投资的不确定性进行探索,找出影响这些不确定性因素的深刻原因,从而为投资决策提供科学的依据。假如先考虑一个资本市场投资变化的将来变量的预期典型模型,并且是在确定性条件下的,再假如用 $E(R_t)$ 表示资本市场投资在 t 时刻的预期收益,$A(R_{t+1})$ 表示将来的实际收益,r_t 表示在周期 $(t, t+1)$ 里投资所获得的股息,θ 表示贴现率,那么,其时间均衡条件是:

$$E(R_t) = \frac{1}{1+\theta}[A(R_{t+1}) + r_t], \quad t \geq 0$$

上式是投资获得股息的资本市场投资预期收益模型。在不确定性条件下,如果用它的预期收益代替将来的实际收益,I_t 表示在 t 时刻的信息集合,那么有:

$$E(R_t) = \frac{1}{1+\theta}[E(R_{t+1}|I_t) + r_t], \quad t \geq 0$$

一般地,上式中投资所获得股息 r_t 和贴现率 θ 在时刻 t 是已知的。它是假定在不确定性条件下的均衡模型,并且是直接由确定性条件下模型推导出来的,某些确定性变量由它们的条件期望来代替。

在不确定性状态下，资本市场投资者可能得到的预期收益 $E(R)$ 不仅取决于他自己的投资行为选择（i），而且还取决于未来经济社会及其他投资者可能发生的状态和采取的投资行为选择（o）。假如投资者可能的投资行为集合为 I：

$$(i_1, i_2, i_3, \cdots, i_i, \cdots, i_n)$$

且未来可能的经济社会状态和其他投资行为选择集合为 O：

$$(o_1, o_2, o_3, \cdots, o_i, \cdots, o_n)$$

那么，资本市场投资者在不确定性状态下的预期收益函数为：

$$E(R) = f(i, o), i \in I, o \in O$$

由于投资者的投资行为结果不仅取决于他自己的选择，而且受未来经济社会可能发生的状态或其他投资者的投资行为选择即不确定性的影响，所以，在此状态下的决策就是风险决策。正因为如此，不确定性状态下的投资预期收益与实际收益肯定就存在着一定程度的偏差。经济状态越具有不确定性，偏差就会越大。

在进一步考虑不确定性大小 β 的条件下，预期收益函数为：

$$E(R) = f(i, o) = \alpha E(R_i) + \beta E(R_u)$$

其中，$E(R_i)$、$E(R_u)$ 为投资者自身投资选择的预期收益和存在不确定性条件下的预期收益，α、β 为权数且 $\alpha + \beta = 1$。

当 $\beta > 0$ 时，β 值越大，表明越不稳定，预期损失越大，预期收益越小，则实际收益也会越小。

当 $\beta < 0$ 时，这种不确定性会给投资者带来额外收益，这叫做好的不确定性。好的不确定性给投资者带来意外之财，是实际收益 $A(R)$ 与预期收益 $E(R)$ 的偏离。如果 β 值越大，偏离也越大。

当 $\beta = 0$ 时，$E(R)$ 函数公式变成了简单的不考虑不确定性作用和影响的实际收益公式 $E(R) = A(R) = E(R_i)$。

资本市场投资是一种较长时期的投资,每年的收益都是不同的。如果将时间因素考虑进去,资本市场投资的预期收益就更不确定。如果任何一年(第 t 年)的预期收益可看作前一年(第 $t-1$ 年)预期收益按比率 g_{et}(它可正、可负,也可为 0)增长的结果,那么有:

$$E(R_1) = A(R_0)(1 + g_{e1})$$

$$E(R_2) = E(R_1)(1 + g_{e2}) = A(R_0)(1 + g_{e1})(1 + g_{e2})$$

$$E(R_3) = E(R_2)(1 + g_{e3}) = A(R_0)(1 + g_{e1})(1 + g_{e2})(1 + g_{e3})$$

……

$$E(R_n) = E(R_{n-1})(1 + g_{en}) = A(R_0)(1 + g_{e1})(1 + g_{e2})\cdots(1 + g_{en})$$

上式中,$A(R_0)$ 是过去一年的实际收益,$E(R_1)$ 是今年的预期收益,$E(R_2)$ 是下一年的预期收益,$E(R_3)$ 是再下一年的预期收益,……$E(R_n)$ 是第 n 年的预期收益。时间越长,不确定性因素越多,收益预期也越不确定。并且,比率 g_{et} 本身也是很不确定的,它并非是一个固定不变的增长率。特别是有些年份为正,有些年份为负,还有些年份为 0。有些年份 g_{et} 大些,有些年份 g_{et} 小些,因为上述研究是在假设条件下进行的,所以此研究可以说是对不确定性投资预期收益模型的研究。

7.5 存在风险条件下的投资预期收益模型

7.5.1 预期收益与风险的关系

预期收益与风险是资本市场投资的核心问题,无论是个人投资者还是以投资银行、基金为代表的机构投资者在进行资本市场投资组合选择时,都首先要考察所投资的证券及证券组合的预期收益与风险。

资本市场是一个具有风险的市场,特别是股市的风险还特别高。在研究存在风险条件下的预期收益时,第1章从定性方面已作了基本概念界定,本章主要从定量方面进行分析,所以,首先还应区分清楚不确定性和风险。学界在对风险进行定量研究时,往往把风险与不确定性视为相同的概念来看待,如平狄克(R.S. Pindyck)和鲁宾费尔德(D.L.Rubinfeld)等。我对这两个概念进行了进一步研究,发现风险在直观上可以理解为遭受损失的可能性,这种遭受损失的可能性是由投资者面临的不确定性造成的。也就是说,不确定性可能使投资者实现不了预期收益,也可能使投资者能够实现其预期收益,而且还可能获得更多的预期收益。我认为实现不了预期收益的不确定性就是风险,能够获得更多预期收益(通常称为意外之财)的不确定性就不是风险。可用图7—4来表示。

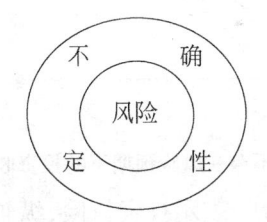

图7—4 风险与不确定性关系图

即 $R \in U$,R 为风险(risk),U 为不确定性。

可见,风险一定属于不确定性,而不确定性不一定就是风险。有的不确定性是风险,有的不确定性不是风险。能够给投资者带来预期收益的不确定性就不是风险;使投资者遭受损失、实现不了预期收益的不确定性就必然是风险。既然风险与不确定性是有区别的,那么,存在风险条件下的投资预期收益与不确定性条件下的投资预期收益就是不同的。

风险是指实际未来资产值对预期未来资产值的可能偏离,风险的大小取决于偏离程度的高低。资本市场预期心理是投资者在投资中心理波动的"预警系统"。因此,必须首先揭示投资风险与预期收益之间的关系。

如果不存在风险预期对资本市场的影响,那么资本市场投资风险与投资收益之间的关系可用图 7—5 表示。

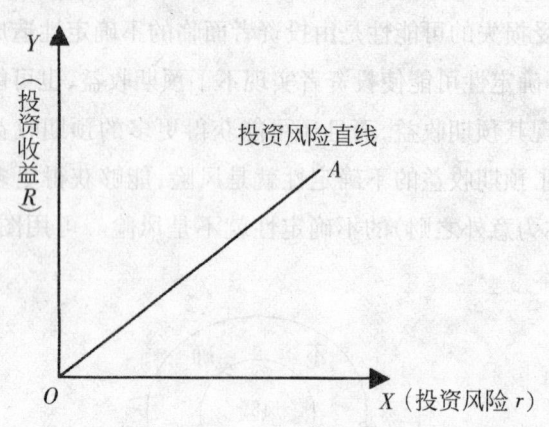

图 7—5 资本市场中不存在风险预期下的投资收益与投资风险关系图

在上图中,横轴 OX 表示投资风险,纵轴 OY 表示投资收益。从原点 O 出发的直线 OA 表示投资风险与投资收益的关系,即资本市场投资风险—收益线。这是一种特例。资本市场中现实的情况是预期不仅普遍存在,而且发挥着重要的作用和影响,这就使它们二者之间的关系发生了变化。这种变化可用图 7—6 来表示。

上图中,横轴表示投资风险 r,纵轴表示投资预期收益 $E(R)$,OA 线表示的意思与上图相同。该图大致反映出预期对资本市场

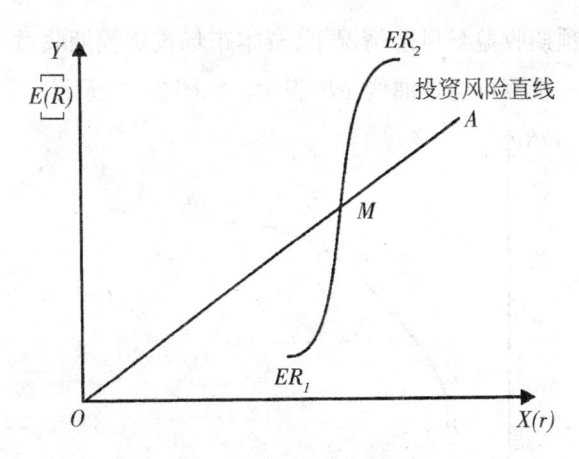

图 7—6 考虑风险预期影响下的投资预期收益与投资风险关系图

投资收益有一种加速或减速的作用。在 OM 段,投资风险较小,预期收益比实际收益要少,即 $OM > ER_1M$;在 MA 段,投资风险较大,预期收益比实际收益要多,即 $MER_2 > MA$。可见,我们是不能忽视资本市场中风险预期因素对它的作用和影响的。实际上,进行资本市场投资的投资者之所以会形成不同的预期,就在于对风险持有不同的态度和看法。

预期收益与风险是对立统一的关系。它们的对立性表现在风险会预期收益的损失,是预期收益与实际所能得到的收益之间的偏差;而预期收益的增加正是战胜风险的结果。它们的统一性体现在预期收益与风险是并存的,风险是预期收益的不确定性,收益是风险的报酬;只有风险而没有收益,或只有收益而无风险的资本市场投资是根本不存在的。因此,要想取得预期收益,就必须承担风险。较高的预期收益必然蕴涵着较高的投资风险。资本市场投资的目的是以最小的投资成本和风险获得最大的投资预期收益。

如果用 $E(R)$ 表示投资预期收益,用 D_r 代表风险程度大小,在只考虑预期收益与风险情况下,资本市场投资预期收益与风险关系可用一投资可能性曲线 PP' 表示。如图 7—7 所示。

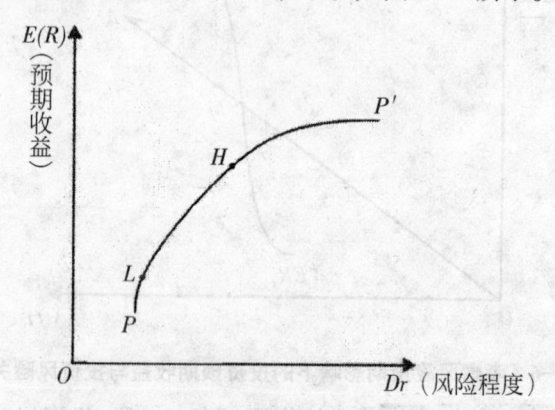

图 7—7 预期收益—风险可能性曲线

投资可能性曲线表明,有的投资者可能选择 L 点,此点虽然预期收益较少,但与其相联系的风险系数也较小;有的投资者可能选择 H 点,此点表示可获较多的预期收益,但与其相联系的风险系数也较大。一般说来,选择 L 点进行投资的投资者,通常就是风险厌恶型的投资者;选择 H 点进行投资的投资者,通常就是风险爱好型的投资者。

投资者进行证券投资的目的是为了获取高的投资收益,这种收益不仅指的是实际收益而且还包括预期收益。资本市场投资者在作出投资选择时只能依据对某种证券投资预期收益的估计和判断,而不可能确切地知道实际收益。由于风险的存在,资本市场投资的实际收益率与预期收益率之间会有一定偏差。当某种投资的实际收益率低于预期收益率时,投资者就会倾向于抛出这种证券,转而投资于预期收益率较高的其他证券。因此,资本市场投资的实际收益率与预期收益率的偏离程度,就成为投资者对某一证券持有期偏好程度的依据。

根据上面的研究,如果不考虑其他因素对预期收益的影响,那么,存在风险条件下的资本市场投资预期收益模型应为:

$$A(R) = E(R) + aL_r$$

上式中,$E(R)$ 为预期收益,$A(R)$ 为实际收益,L_r 为风险损失,a 为系数且 $a>0$。根据此模型可看出,预期收益是大于实际收益的,aL_r 表示的是由风险带来的投资损失。

为了避免和减少风险,现假定不考虑成本(投资成本、获得信息的成本以及其他成本等)因素,资本市场投资者将在不同的投资或投资组合中作出符合他预期的投资选择。在资产投资组合中引入无风险资产后,资产组合的选择范围进一步扩大,同时在一定范围内使资产投资组合比未引入无风险资产时在一定的预期收益下具有较小的风险,或在一定的风险程度下具有较高的预期收益,这一点在图7—8中新的投资组合有效边界(efficient margin)TPB 中的 TP 段表现得尤为明显。

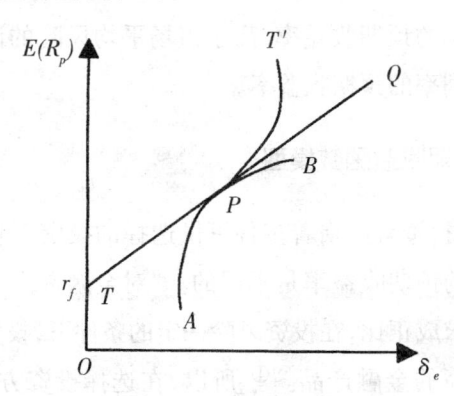

图7—8 预期收益与风险

上图中,APB 为风险资产组合的有效边界,TPB 为引入无风险资产投资后产生的新有效边界，TP 段为由无风险资产和风险资产所组成的有效资产组合，而 PB 段则表示投资者为获取超出资产投资组合 P 点的预期收益而将全部资本投入的由风险资产组成的有效资产组合。TPB 以下的所有资产组合均为无效资产组合。如果投资者能够获得固定利率的无风险借款，他将借入的固定利率资本投入资产投资组合 P 中，增加具有更高预期收益和风险投资资产所占的比重，使资产投资组合具有更高的预期收益与风险。同样，在 TPB 的右上方还可获得一系列的可实现的资产投资组合，有效边界也从 TPB 变为 TPQ；如果投资者不断追加资产进行投资，TPQ 即新的有效边界将会无限制地向左上方伸展，由 TPQ 移向 TPT'。在风险和预期收益对等的原则下，投资者必然为其一定的投资策略行为而承担的投资风险要求适当的回报。在预期收益相等的情况下，则选择风险小的投资；在风险大小相当的情况下，则选择预期收益多的投资。从上述可知，市场风险越大的投资，预期的收益也越大。因此，低于市场平均风险的证券将提供少于预期市场利率的预期收益率，高于市场平均风险的证券将提供大于预期市场利率的预期收益率。

7.5.2 预期收益函数模型

一般说来，投资者面临着多种可供选择的投资项目或投资方式。每种投资的预期收益率是不同的。"对金融资产未来收益的预期与投资需求成正比，在投资风险一定的条件下，投资者总是选择预期收益极高的金融产品。"① 所以，在选择投资方式时，总是

---

① 王振山：《金融效率论》，经济管理出版社 2002 年版。

优先选择预期收益高的投资。预期收益的多少,直接影响到投资者的投资行为选择。现假定投资者可通过实物投资、购买股票、购买债券、投资基金、投资期股期权和将钱存入银行等多种方式获得预期收益。实物投资、购买股票、购买债券等投资所获得的收益为变动性的预期收益,因为不确定性和风险的存在,在决定投资的时候,投资者只能有一种不确定性的预期,而无法知道未来的确切收益。将钱存入银行(在西方经济学中也被认为是一种投资[①])所获得的收益为固定性的预期收益,在投资者投资的时候,未来的收益已经能够算出。投资者是选择变动性预期收益的资产还是选择固定性预期收益的资产进行投资,主要取决于投资者本人的风险偏好。对绝大多数投资者来说,他们总是在其他情况相同的条件下希望进行风险最小、预期收益最多的资产投资。如果用 i 代表金融投资方式,用 n 代表可能出现结果的情况,P_i 表示一种结果出现的客观概率,R_i 表示一种可能出现的收益。那么,资本市场投资中预期收益函数[②]模型则为:

$$E(R) = \sum_{i=1}^{n} P_i R_i$$

上式中,第 i 种投资方式获得预期收益与其概率的乘积加总求和即是预期总收益 $E(R)$。投资中的预期收益函数描述了以概率为权数的平均总收益。一个变量的预期值是这个变量过去取值的加权平均数。但预期收益与实际收益之间往往存在一定的差距,这

[①] 在西方,斯蒂格利茨等人认为,将钱存入银行也被认为是一种投资方式。参见斯蒂格利茨著,梁小民、黄险峰译:《经济学》(第二版)上册,中国人民大学出版社 2000 年版。笔者也是持这种看法的。

[②] 江世银:"中国资本市场预期收益模型及政策建议",载《安徽财会》2003 年第 3 期。

是由资本市场投资中的不确定性和风险导致的。例如,某种证券投资的预期收益是 30%,但是投资该证券的投资者实际获得的收益是 10%,两者相差 20% 就反映了风险的存在。实际收益与预期收益偏差越大,投资于该资产的不确定性和风险也就越大。对单个资产投资的不确定性和风险常用统计中的方差 δ^2 或其平方根标准差 δ 来表示,其计算公式为:

$$\delta^2 = \sum_{i=1}^{n}[A(R)-E(R)]^2 P_i \text{ 或 } \delta = \sqrt{\sum_{i=1}^{n}[A(R)-E(R)]^2 P_i}$$

方差 δ^2 或标准差 δ 越大,表明实际收益与预期收益期望值离散程度越大,选择该资产投资的不确定性就越大,风险也越大;反之,则越小。理性的投资者都是在预期收益最大、风险最小的条件下进行投资的。要达到这样一种投资状态,投资者是要支付一定成本的,往往也不是按他们所预期的那样进行。这当中存在一个前述的投资预期收益与风险的博弈问题。各个投资者会根据他自己预期情况采取相应的对策。

如果所有投资者可以得到相同的信息,拥有相同的投资经验,其处理信息的方法也相同,那么他们对上述变量的预期也是一样的,这叫作一致性预期。在这种情况下,各个投资者面对的如果是相同的无风险借贷利率,那么每个投资者有相同的最佳投资组合。

事实上,在资本市场中,各个投资者的情况是很不一样的,他们预期的结果也不相同。假定一个投资者已知其第二年资本投资收益的五种可能结果,它们是:

结果	可能的预期收益率	可能性实现的概率
1	50%	0.1

2	30%	0.2
3	10%	0.4
4	−10%	0.2
5	−30%	0.1

利用上述公式和数据，可得其预期收益率为：

$$E(R) = 50\% \times 0.1 + 30\% \times 0.2 + 10\% \times 0.4 + \\ (-10\%) \times 0.2 + (-30\%) \times 0.1 = 10\%$$

在资本市场上，一个投资者如何在不同的投资组合中进行投资选择呢？根据上述研究和规则，可以得出如下适用于任何投资者的结论：(1)如果两个投资组合有相同的投资风险和不同的预期收益，高预期收益的投资组合更为可取。(2)如果两个投资组合有相同的预期收益和不同的投资风险，投资风险小的组合更为可取。(3)如果一个投资组合比另一个有更小的投资风险和更高的预期收益，它更为可取。为了验证这些结论，下面用预期收益与风险组合投资选择曲线图来说明，如图7—9所示：

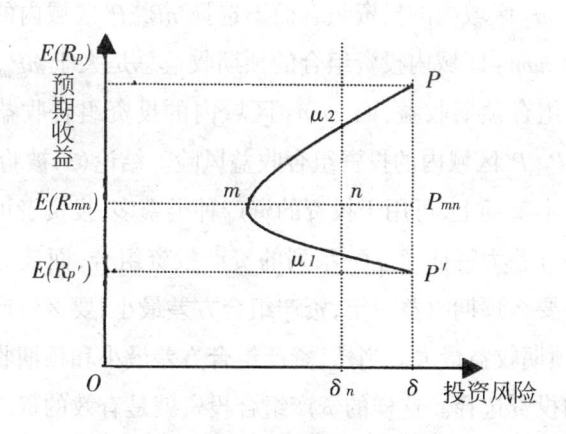

图7—9 预期收益与风险曲线图

在图7—9中,横轴表示投资风险,纵轴表示预期收益。根据组合投资理论,预期收益是指投资者的投资平均收益,收益的标准差反映了投资的风险,那么,图7—9的预期收益与其标准差的组合投资曲线 PP′ 称为预期收益与风险曲线。

在上述曲线中,mP 段是投资者的有效边界。在一定的风险条件下,投资者将选择预期收益比较大的组合投资。例如,理性投资者选择 P 点的投资,而不选择 P' 点的投资。因为 P 点和 P' 点风险相同,而 P 点的预期收益大大高于 P' 点的预期收益。结论(1)被验证。

在相同的预期收益下,理性投资者将选择不确定性和风险小的投资。例如,在上图中,投资者选择 m 点的投资,而不选择 n 点的投资,因为 m、n 表示相同的预期收益投资点,但 m 点的风险大大低于 n 点的风险。结论(2)被验证。

在不同的预期收益和不同的风险组合中,理性投资者总是选择最多的预期收益和最小的收益风险进行投资。例如,理性投资者选择 $nm\mu_2$ 区域内的投资组合而不选择 $nP_{mn}P'$ 区域内的投资组合。因为 $nm\mu_2$ 区域内投资组合的预期收益总是大于 $nP_{mn}P'$ 区域内的投资组合预期收益,而 $nm\mu_2$ 区域内的投资组合收益风险总是小于 $nP_{mn}P'$ 区域内的投资组合收益风险。结论(3)被验证。

在资本市场上,可用于投资的资产种类繁多,投资者可以其预期收益与方差为特征建立一系列的资产投资组合,而最为有利的投资组合要么预期收益一定,资产组合方差最小;要么资产组合方差一定,预期收益最大。当然,资产组合方差最小和预期收益最大是最佳的投资选择。这样的资产组合投资就是有效的资产组合投资。

假定投资者的投资资本由两种资产构成，X_1 和 X_2 是两种资产所占的比例，从而有 $X_1 + X_2 = 1$。我们先来考察预期收益的情况，一般说来，投资者无法准确地知道预期收益的多少，但是，他对不同资产投资的可能收益的概率有一预期。如果某一证券投资在下一时期可能实现的预期收益的变动范围为 $(-\infty, +\infty)$，概率密度函数为 $p(r)$，比如说是一个正态密度函数，那么进行该证券投资的预期收益为：

$$E(R) = \int_{-\infty}^{+\infty} r \cdot p(r) dr$$

上式中，$E(R)$ 为进行该证券投资在一般情况下的预期收益，r 为某种情况下的预期收益。假定预期收益服从正态分布，第一种资产投资在平均情况下的投资收益为 $E(R_1)$。当然，他的预期可能会大大偏离实际收益，但这并不重要，因为投资者是根据自己的预期判断去行动的。同理，他的第二种资产投资的预期收益为 $E(R_2)$。根据概率的计算原则，两个正态分布之和也服从正态分布，全部资产投资的预期收益值可以由加权平均方式得到，即

$$E(R) = X_1 E(R_1) + X_2 E(R_2)$$

上式中，X_1 和 X_2 分别为所投资产占总投资资产的比例，$E(R_1)$ 和 $E(R_2)$ 是两种资产投资的预期收益。如果不考虑其他因素，一般说来，当 $E(R_1)$ 大于 $E(R_2)$ 时，投资者会把全部资产投在 X_1 上；当 $E(R_2)$ 大于 $E(R_1)$ 时，投资者会把全部资产投在 X_2 上；当 $E(R_1) = E(R_2)$ 时，投资者会把全部资产均分投在 X_1 与 X_2 上。

7.5.3 不同投资者投资的预期收益—风险选择

不同投资者的预期收益—风险偏好是不同的。当投资者面对

多种投资选择时,某一投资相对于其他投资的预期收益高低就成了主要的决定因素之一。但仅仅重视投资的预期收益显然是不够的,因为高收益率往往伴随着高风险,很可能使投资者的投资预期收益落空。预期收益与风险是呈同向变动的,在预期收益比较低时,人们只愿意承担较低的风险;只有在预期收益较高时,人们才愿意承担与预期收益相对应的较大风险。风险与预期收益率之间有一定的转换关系,可以用风险—投资预期收益率等价曲线来表示。如图 7—10 所示:

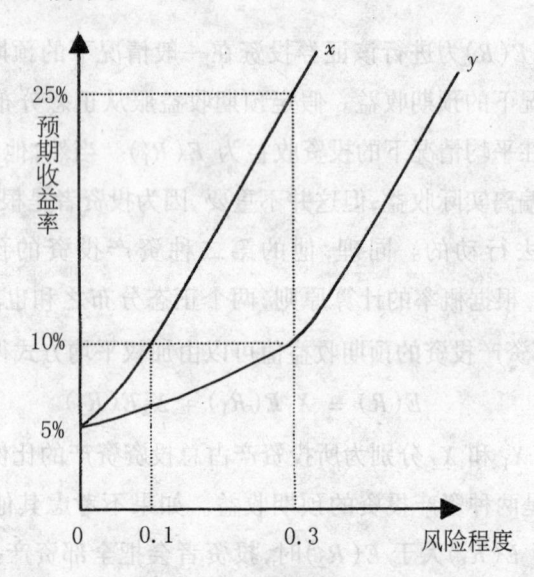

图 7—10 风险—投资预期收益率等价曲线图

在图 7—10 中,曲线 x 和曲线 y 分别表示投资者甲与投资者乙的风险—预期收益率曲线,两条曲线上的任何一点都代表一个不同风险和预期收益率的组合,同一条曲线上的任何一点都能使该投资者获得同样的满意度。例如,投资者乙的曲线在投资者甲的曲线下方,说明投资者乙比投资者甲更愿意冒险投资。在预期收益率同为10%时,投资者甲面临的风险程度是0.1,而投资者乙面临的风险程度是0.3。也就是说,投资者乙在风险程度是投资者甲的3倍时,他也要投资。这就是前面4.6.2中所讲的风险爱好者。在无风险的情况下,二者都要求预期收益率达到5%时才愿意进行投资,但当风险程度从0升至0.3时,投资者甲要求预期收益率达到25%时才肯进行投资,而投资者乙只要预期收益率达到10%就愿意进行投资。对于一个特定的投资者来说,其在无风险条件下所期望的收益率也不是一成不变的,当无风险预期收益率发生变动时,投资者的风险—预期收益率曲线就会随之平行地上下移动,形成一组风险—预期收益率曲线,这一组曲线就称为该投资者的风险—预期收益率等价曲线组,如图7—11所示：

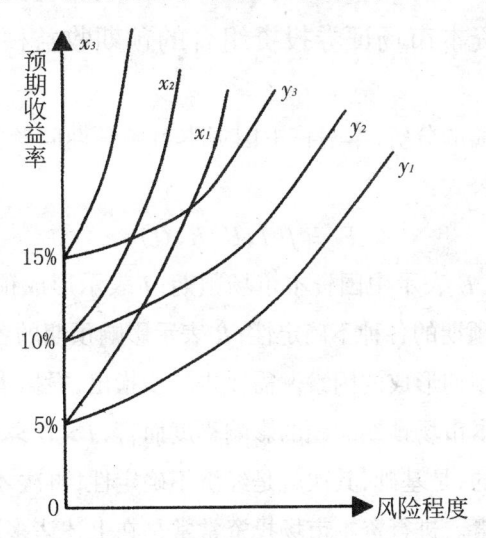

图7—11　风险—预期收益率等价曲线组

在图7—11中,当无风险收益率为5%时,x_1为投资者甲的风险—预期收益率曲线；当无风险收益率为 10% 时，x_2 为投资者甲的风险—预期收益率曲线；当无风险收益率为 15% 时，x_3 为投资者甲的风险—预期收益率曲线。这样就得到了投资者甲的一组风险—预期收益率曲线 x_1、x_2 和 x_3。同样，当无风险预期收益率分别为 5%、10% 和 15% 时，投资者乙的一组风险—预期收益率曲线分别为 y_1、y_2 和 y_3。就某个投资者而言，他对投资风险的态度基本上是保持不变的，因而他的一组等价曲线中各条曲线在形状和斜率上是基本一致的。等价曲线形状和斜率的一致性也正说明了某个投资者对待风险的态度在一定环境和一定时期内是基本确定的。而通常来讲，不同的投资者会对风险和预期收益的组合有不同选择。

7.6 资本市场证券投资组合的预期收益模型

通过上面的分析，本书将中国资本市场预期问题描述成以下的函数关系公式：

$$E = f(I, U, R, O)$$

上式中，E 表示中国资本市场预期；I 表示形成预期的信息；U 表示影响预期的各种不确定性；R 表示影响预期的各种风险；O 为其他影响预期形成的因素。需要进一步指出，根据本书的分析，就对中国资本市场预期问题的影响程度而言，$I > U > R > O$，即信息是第一位的，是基础，其次就是经济不确定性，再次才是风险，最后是其他因素。进行资本市场投资常常是在上述诸多因素作用和影响下的投资组合选择。

一个投资组合的预期收益是构成它的部分证券投资预期收益

的加权平均数,以投资比例作为权数：

$$E_p = \sum_{j=1}^{m} X_j E_j$$

上式中,E_p为投资组合的预期收益,X_j为第j种证券在投资组合中所占的比例,E_j为第j种证券的预期收益。这里所有证券都可以被包含在内,因为如果证券j没有被包含在组合内,$X_j = 0$。

一个投资组合的实际收益率是构成它的部分证券投资的实际收益率的加权平均数,使用投资比例作为权数。E_p的公式表明预期的(预测的)收益率成立的一种比较关系。

根据上述公式,证券组合已经实现的收益率应该等于在投资期内组合获得的预期收益总额除以组合的初始投资价值,而预期收益总额是组合中每种证券的初始投资额和各自收益率相乘后的总和。因此,证券投资组合的收益率等于各种证券在组合中所占的比重与其收益率乘积之和,即各种证券收益率的加权平均值。用公式表示为：

$$r_p = \sum_{j=1}^{m} X_j r_j = X_1 r_1 + X_2 r_2 + \cdots + X_m r_m$$

式中,r_p为证券投资组合的收益率；

X_j为第j种证券在投资组合中所占的比率；

r_j为第j种证券的收益率；

m表示证券投资组合中有m种证券可供投资选择。

在建立投资组合之后,证券投资组合的预期收益率模型为：

$$E(r_p) = \sum_{i=1}^{n} h_i r_{pi}$$

式中,$E(r_p)$为投资组合的预期收益率；h_i为各种不同情况出现的概率；r_p为第i种情况下投资组合的收益率,即第i种情况下组合的预期收益率,也即组合中各种证券预期收益率的加权平均值 $\sum_{j=1}^{m} X_j r_{ij}$。那么,

$$E(r_p) = \sum_{i=1}^{n} h_i (\sum_{j=1}^{m} X_j r_{ij}) = \sum_{i=1}^{n} \sum_{j=1}^{m} h_i X_j r_{ij} = \sum_{j=1}^{m} X_j (\sum_{i=1}^{n} h_i r_{ij})$$

这里,$\sum_{i=1}^{n} h_i r_{ij}$ 又是第 j 种证券的预期收益率 $E(r_j)$。因此,$E(r_p) = \sum_{j=1}^{m} X_j \cdot E(r_j)$,也就是说投资组合的预期收益率等于投资组合中各种证券预期收益率的加权平均值。

由于一种证券投资组合的预期收益率取决于它所包含证券投资的预期收益率的加权平均数,因而每一种证券对证券投资组合预期收益率的贡献依赖于它自身的收益率和它在期初资本市场价值中所占的比例。根据方程 $r_p = \sum_{j=1}^{m} X_j r_j = X_1 r_1 + X_2 r_2 + \cdots + X_m r_m$ 可知,一个想要得到最大可能收益的投资者应该只进行一种证券投资:即投资于他认为有最大预期收益率的证券。但是只有极少数投资者是这样做的。绝大多数投资者常采取分散投资的方法,把投资不是投向一种而是多种证券。这是因为,资本市场投资特别是股票投资是一种高风险投资,投资分散化能够减少投资风险,确保其投资预期收益。

如果投资者对未来收益的分布不具有相同的预期,那么他们将有不同的有效边界和选择不同的市场组合。林特耐(John Lintner,1967)的研究表明,不一致性预期[①] 的存在并不会给证券组合

---

① 不一致性预期是相对于一致性预期而言的,是指资本市场上的投资者由于文化知识、信息的搜集和利用、投资经验等的不同而形成各自不同的预期。例如,有的预期看好,有的预期不佳。

投资造成致命影响,只是证券组合的预期收益模型中的预期收益和协方差需使用投资者预期的一个复杂的加权平均数。尽管如此,如果投资者存在不一致性预期,资本市场投资组合就不一定是有效组合,其结果导致该模型是不可检验的。这是不一致性预期作用的结果。

7.7 均衡的预期收益率模型

投资者进行资本市场投资,目的是要获得最大的预期收益。何时能够达到这一目的呢?只有当投资实现了均衡的预期收益率时,投资者才达到了目的。这里的均衡与物理学上的均衡并不相同,单摆的静止或减幅振荡并不是经济均衡,也不是经济非均衡,我认为最根本的原因在于单摆没有预期的作用和影响。经济均衡总是意味着某种与经济行为者预期相吻合的结果。也有许多经济学家认为,任何经济行为主体总是追求最优的预期,也就是说,经济均衡还需要更进一步的条件。正确的预期是均衡的基本特征。

在资本市场投资特别是证券投资中,根据资本资产定价模型,资本市场预期价格调整将持续到均衡产生,即每一种证券都位于证券市场线上。同样地,在均衡条件下,在未来持有证券阶段里投资于证券 n 的均衡预期收益率等于:

$$r_n^e = r_f + (r_* - r_f)\beta_n$$

式中,r_n^e 表示投资证券 n 的均衡预期收益率,r_f 表示无风险收益率,r_* 表示投资组合的预期收益率,β_n 表示证券 n 的 β 系数。

可通过实例来验证上述均衡的预期收益率。假定市场证券投资组合的预期收益率是 15%,无风险收益率是 10%,此外,还假定

证券 A 和 B 的 β 系数分别是 1.2 和 0.8，在这种情况下，证券 A 均衡的预期收益率 $r_n^e(A) = 10\% + [(15\% - 10\%) \times 1.2] = 16\%$。与此类似，可以计算出，证券 B 均衡的预期收益率 $r_n^e(B) = 10\% + [(15\% - 10\%) \times 0.8] = 14\%$。

从上面的计算可以看出，资本市场投资均衡的预期收益率是扣除了无风险收益率的，即是包含投资风险的预期收益率。如果不加以扣除，那么证券 A 的预期收益率 $r_n^e(A) = 10\% + 15\% \times 1.2 = 28\%$；证券 B 的预期收益率 $r_n^e(B) = 10\% + 15\% \times 0.8 = 22\%$。它们的值都是大大高于均衡的预期收益率的。事实上，要达到这样一种状态是很难的。均衡的预期收益率为资本市场投资者投资达到的一种理想的状态，但它却是暂时的。更多的情况是会发生一定程度的偏差，有时甚至是很大的偏差。

7.8 债券投资的预期收益模型

在发达国家，债券是资本市场中最主要的融资工具，其规模和所占比例远远大于股票。债券不仅为投资者提供了投资工具，也为中央银行实施货币政策从而影响资本市场的投资供求提供了基础。2000 年末，全球债券市场余额达 31.4 万亿美元，大体上与同期全球 GDP 相当。2001 年上半年全球通过债券融资 9240 亿美元，同期发行股票和可转换债券仅 1027 亿美元，债券市场融资规模相当于股票市场的 9 倍。债券在发达国家资本市场结构中占据了主体地位。

债券投资与股票投资是不同的，因而决定它的预期收益的因素也是与股票投资有差异的。它受风险影响的程度不如股票那么大，而且与银行利率及利率期限结构密切相关。在建立了股票投资预期收益模型之后，再来分析和建立债券投资预期收益模型就有一定的基础和可供参考的依据了。假定经济活动中只存在货币和债券这两种金融资产。货币这种金融资产虽然最具有流动性，但却是几乎没有收益的；而债券则泛指那些流动性不强，但能给投资者带来可观预期收益的资产。虽然货币也具有预期回报率，但它相对于债券的预期回报率来说可以忽略不计，特别是在经济不景气时期更是如此。与货币不同，债券可以具有较大的预期收益。它的预期收益来自两个方面：一是利息收入，二是预期资本利得。一个对利率未来方向形成种种预期的投资者，将利用债券互换来改变证券期限组合，以获得预期利率波动之利。这被称为利率预期互换。如果预期利率下降，例如期限较长的债券将同现有证券组合中期限较短的债券进行互换以获得预期价格和预期收益发生较大变化之利；相反，如果预期利率上升，那么进行相反方向的互换。利率上升会导致债券价格下降，如果预期利率上升，那么债券预期价格下跌，从而导致投资者负的资本利得，即投资者预期收益的损失。如果预期利率大幅上升，资本损失将超过利率收入，债券的预期投资收益率将变为负值。在这种状况下，投资者宁愿将钱存入银行或进行其他投资，因为它比债券安全可靠，具有更高的预期回报率。可见，根据市场利率预期变化和债券间利息差额的变化来改变债券的投资组合构成，可以获得最大的预期收益。投资者的预期，特别是他们关于未来利率的预期是对债券投资有重要作用和影响的。

事实上，几乎所有的投资者都认为利率会趋向某个正常值 β。如果利率低于正常值 β，投资者预期未来债券利率将会上升和债券价格将会下跌。他们更愿意以非债券的形式(例如,股票投资、基金投资等)进行投资以获得预期收益,从而导致货币需求增加。当利率超过正常值 β 时,投资者将预期未来利率下降,债券价格上升,投资债券可获得预期收益。利率越高,投资者预期投资债券的收益越高,并会超过存入银行或进行其他投资所获得的预期收益,他们越愿意用货币投资债券,从而使得货币需求减少。可见,在资本市场上,不仅投资者投资于股票可以获得预期收益,投资于债券也是可以获得预期收益的。

现假定投资债券预期收益为 $R(n,t)$,确定性模型为现实资本市场提供了一个恰当的近似值——除了现在必须由预期收益的均等代替确定性条件回报的均等之外,这里,预期收益可以看成是可能回报的主观概率分布的平均值,或者说是其他集中趋势的类似度量值。尤其是在任一日期 t 和对于每一个时间段 n,n 期债券的预期收益率 $r(n,t)$ 都必须等于 $r(1,t)$ 减去由 n 期利率的预期变化所决定的预期资本投资收益率 $\Delta r^e(n,t)$,即

$$r(n,t) = r(1,t) - \Delta r^e(n,t)$$

否则,较低预期收益的债券投资者会想办法出售其债券,从而使价格降低和预期收益率得到提高。不仅如此,债券投资者会尽量投资较高收益的证券,这样又抬高了较高收益证券的价格,且使其收益率下降,直到满足上述关系的公式时为止。

假如 $\delta^2 HPR$ 为债券投资收益的方差,HPR 为持有期收益;f 为未来经济环境状况;P 为各种经济环境状况发生的概率;$E(HPR)$ 为投资预期收益;考虑未来经济环境状况对债券投资预期收益多寡的作用和影响,如果用一个公式来表示,那么,债券持有期收益(即债券投资预期收益)的方差模型为:

$$\delta^2 HPR = \sum_{f=1}^{n} P_f[(HPR)_f - E(HPR)]^2$$

上述模型表示了未来经济环境好坏状况的变化可能对债券投资预期收益的作用和影响。未来经济环境好,债券投资预期收益率高;未来经济环境差,债券投资预期收益率低。所以,要增加债券投资的预期收益,就得改善未来经济环境。但改善未来经济环境是政府的职责,是单个债券投资者无能为力的。良好的经济环境是吸引投资者购买债券的前提条件。可见,要想充分发挥债券融资对于经济增长的促进作用,政府应担当起改善未来经济环境的职责。

在债券投资预期收益模型中,存在一种风险溢价模型,它使债券预期收益模型更加复杂化。风险溢价模型是债券预期收益模型的一个变形,这个模型表示的是不同到期日的预期收益率通过对未来长期利率、因而也对短期利率的预期而相互关联,不过它更强调短期内因投资不同期限证券所得预期收益的不确定性程度的差异。虽然投资于短期证券的预期收益较为确定,但由于未来利率及证券的期末市场价格和预期收益的不确定性,较长期限证券的收益并不能得到保证。由于距离到期日越远,长期利率的一个给定变动往往会使终值产生更大的变化,故债券的到期日越长,产生的不确定性就越大,特别是风险的不确定性更难预测。这样,由于投资者通常都是风险厌恶者,因此可以预测,如果所有到期日的预期收益都相等,他们会更倾向于选择安全性较大的短期投资工具。因此为了引诱投资者去投资由长期借款者提供的长期证券,在这些到期日的预期收益中就必须增加预期风险或流动性溢价,从而超过短期投资工具的收益。根据这点,由于距到期日期限的延长增加了风险溢价——这些风险溢价的大小通常取决于较长到期日的相对供应量及投资者的风险厌恶程度——所以预期收益曲线通常在债券预期所蕴涵的收益曲线的上方。

投资者受较高预期收益的吸引而冒险改变其自身偏好,进行资本市场投机行为;经纪人则通过采取在预期收益低的到期日范围内借入资金或在预期收益高的到期日范围内借出资金的活动来谋取暴利。现假定 n 期债券的预期收益率为 $r^e(n,t)$,n 期债券的收益率为 $r(n,t)$,预期资本收益率为 r^e,当前短期利率为 $r(1,t)$,相关供给因素的净影响为 NE_t,NE_t 可为正,也可为负,还可为 0。那么,n 期债券的预期收益率 $r^e(n,t)$ 的数学模型或计算公式为:

$$r^e(n,t) = r(n,t) + r^e = r(1,t) + NE_t$$

上式意味着长期利率 $r(n,t)$ 与短期利率 $r(1,t)$ 的利差 $s(n,t)$ 主要取决于长期利率的预期变化 $\Delta r^e(n,t)$,它表明了利差也受到原生借款者的长期、短期债券供给量与原生贷款者相应需求的相关关系的影响。需要说明的是,这里的原生借款者是指借款者而不是指套利者。这一关系在一定程度上也反映了现行的风险厌恶、交易成本、预期收益及有效套利操作的关系。解出 $r(n,t)$,如果设资本投资预期收益率与长期利率的预期下降 $-\Delta r^e(n,t)$ 成一定比例,这样,上式也可写成 $r(n,t) = r(1,t) - r^e + NE_t = r(1,t) + \beta\Delta r^e(n,t) + NE_t$。

其中,β 为预期资本收益率与长期利率的预期下降的一定比率,它为一常数。由上述分析可见,债券预期收益模型是一个复杂的数学模型。

债券预期收益模型可以用以解释中国资本市场(债券市场)上的短期利率和长期利率之间的关系,而且对长期利率的一般预期包括了对最近变化的外推和对长期标准水平回归的一种融合。可以得出结论,一种长期债券的预期利率是短期债券的预期利率的函数,因此,它与短期利率之间的关系取决于限期短期利率与预期未来短期利率之间的关系。

在研究债券预期收益问题时,还需要进一步分析债券投资者们的区间偏好。这就要涉及区间偏好理论,它最早是由莫迪利阿尼(Modigliani,1966)和撒琪(Sutch,1966)提出的,实质上是对确定性条件下的利率结构预期理论到不确定性条件的一个改写。在不确定性条件中:

第一,未来利率实际上是极不确定的,它受政府当时实施的政策和投资者预期因素的影响;

第二,投资者们都对其希望投资或要求筹措资金的时间长度有一个明确的偏好,也就是说,他们都有一个到期日区间偏好;

第三,这些投资者是理性的投资者,通常都表现为风险厌恶(个别除外)。

在其他条件不变的情况下,他们更愿意按各自的偏好习惯在其投资组合中对到期日进行搭配选择,以确保其投资成本和预期收益。在一般情况下,当预期收益差异的诱惑足以抵消其行为风险时,他们会同时在不同的到期日范围内买卖各种债券,进行债券的投资。

不同到期日利率之间的关系大体上可以由上述的区间偏好条件和预期假定的相关变形来解释。我们知道,未来短期利率也是不确定的,对它们的预期可以由可能利率的概率分布合理地描述出来,当然,这需要借助数学的帮助。那么,一个具有 n 期偏好的投资者,欲得到投资成本和预期收益的确定性,唯一的办法就是仅

投资于 n 期债券或借入 n 期债券。这样，短线投资者将承担余下的相关期间内买卖各种债券的不确定性风险，长线投资者将承担未到期债券在欲清算时市价的不确定性。如果投资者对风险无差异，这就意味着 n 期利率只是未来 n 期预期短期利率的一个平均。如果债券投资者是风险厌恶者，他们将更愿意按符合其区间偏好的到期日进行债券投资，除非投资于其他到期日的预期收益具有足够的吸引力去诱使他们承担该风险。假如具有 n 期偏好的购买者的资金需求大于在与所有债券的预期投资收益率相同的利率水平下出售者所愿意提供的 n 期资金，那么，n 期利率就必须提高到足以使一部分投资者退出或可从其他区间偏好者手中吸取额外资金，直到供需达到平衡。

7.9 投资者预期收益贴现模型

投资者进行资本市场投资，获得了预期收益。但这种收益还不是现实的可支配的收入，还必须要进行投资者预期收益贴现。贴现是金融学中很常见的一个名词。它的意思是指持票人在票据到期之前为获得现款而向银行贴付一定利息所作的票据转让。在资本市场中，也存在贴现问题。但这里的贴现是指投资者投资价值的实现，而且是真正价值的实现，实际上就是投资者衡量他的预期收益实现状况。它并非是一种实际的票据转让。所以，资本市场中的贴现是投资者预期收益的贴现。投资者预期收益贴现是通过对投资者未来投资预期收益的折现来表示投资者投资价值的。贴现值的计算涉及人们对资产未来收益和贴现因子的预期。事实上，资本市场的投资者作为一个理性的"经济人"，其真正的价值体现就在于投资者未来的投资赢利能力,他们所掌握的信息会充分体现在对资产基本价值的估计和计算中,这也是吸引投资者投资的主要原因。因此,对资本市场上一个理性"经济人"的投资者来说,对未来预期收益的贴现最能反映其投资的真实价值,即投资的理论价值应为:

$$V_{E(R)} = E(R)/r_{E(P)}$$

式中,$V_{E(R)}$为投资者预期收益贴现;$E(R)$表示投资者未来每年的预期赢利(通常假定为常数);$r_{E(P)}$表示投资者的预期收益率,一般取无风险收益率。

投资者预期收益贴现既是投资者判断证券定价合理与否的基础,又是投资者衡量投资预期收益的重要指标之一。

假如某种证券的预期收益按一定的增长率 g 持续增长,即

$DIV_2 = (1+g)DIV_1$,

$DIV_3 = (1+g)^2 DIV_1$,

……

$DIV_n = (1+g)^{n-1} DIV_1$,

那么该证券的贴现值数学模型为:

$$PV = \sum_{i=1}^{\infty} \frac{DIV_1(1+g)^{i-1}}{(1+r)^i} = \frac{DIV_1}{r-g}$$

式中,DIV_i为第 i 个时期的预期收益,r 为资本化利率。

投资预期收益贴现 PV 与投资者期初的预期收益 DIV_1、资本化利率 r 和预期收益增长率 g 相关。DIV_i、g 越大,PV 则越大;r 越大,PV 则越小。所以,投资预期收益贴现与期初的预期收益和预期收益增长率成正比,与资本化利率成反比。当增长率 g 较高时,投资者对这种证券投资有信心,其投资能从中获得稳定增长的

预期收益,也就是说他们愿意为这种投资支付较高的成本。

如果进行资本市场投资的预期总收益的贴现值大于其投资的成本,投资者就会进行投资而且是立即大量投资。我们可以通过一次性成本 k 为资本市场投资再建立一个投资者预期收益贴现模型。$E(R_t)$ 表示在 t 期从这项投资中获得的预期收益,并再假设投资者在计算未来预期收益时的贴现率为 r,$E(R_t)$ 服从随机游动过程,则有:

$$E(R_{t+1}) = \begin{cases} E(R_t)(1+\eta) & \text{概率为 50\%} \\ E(R_t)(1-\eta) & \text{概率为 50\%} \end{cases}$$

那么 $E(R_{t+1}|R_t) = E(R_t)$

且有 $E(R_{t+n}|R_t) = E(R_t)$

其中,$n = 1, 2, 3, \cdots$

根据上式,在 t 时期对资本市场投资的未来预期总收益的贴现值数学模型为:

$$\sum_{n=1}^{\infty} \frac{1}{(1+r)^n} E(R_{t+n}|R_t) = E(R_t) \sum_{n=1}^{\infty} \frac{1}{(1+r)^n} = \frac{E(R_t)}{r}$$

只要预期收益的贴现值大于一次性投资成本 k,投资者就会立即进行投资。即:

$$\frac{E(R_t)}{r} > k \quad \text{或} \quad E(R_t) > rk$$

也就是净收益 $E(R_t) - rk > 0$

如果投资者不是立即进行投资,而是再等待一个时期进行投资,那么,当 $E(R_{t+1}) = rk(1+\eta)$ 时,等待一个时期后的预期净收益为 $\eta E(R_t)$;当 $E(R_{t+1}) = rk(1-\eta)$ 时,等待一个时期后的预期净收益为 0,理性投资者是不会这么做的。因此,其预期净收益的

期望值应是:

$$\eta E(R_t) \times 50\% + 0 \times 50\% = \frac{\eta E(R_t)}{2}$$

如果在 $t+1$ 时期贴现,则有:

$$\frac{1}{1+r} \cdot \frac{\eta E(R_t)}{2} > 0$$

即 $\eta E(R_t) > 0$

如果立即投资的实际收益远远高于 rk,那么继续等待的投资收益将可能远远低于由于等待一个时期而损失的现期投资收益。在这种情况下,投资者还不如立即投资。尽管再等待一个时期,投资机会不会马上消失,但资本市场投资的未来预期收益毕竟还是具有许多不确定性和风险的。

通过对资本市场投资者预期收益贴现的研究可以看出,投资者进不进行资本市场投资、何时进行资本市场投资对于预期收益是有很大影响的。

8. 解决中国资本市场预期问题的对策

从上述分析可以看出,中国资本市场投资者的行为是在一定的经济利益引导下进行的,对未来收益的预期直接决定了投资者所采取的行动。当经济生活中的主导部门——资本市场引致整个经济生活的信用程度降低时,整个社会对未来的预期就会发生混乱,投资者难以形成长期稳定的预期,不可能真正估计和判断自身可能的投资收益状况。中国资本市场发展缓慢的原因是在整个市场缺乏诚信的条件下,投资者对未来预期的不确定性,特别是对未来预期收益难以形成较为确定性的估计。因此,投资者的投资意愿受到抑制。中国资本市场是普遍存在着预期因素作用和影响的。好在预期具有可调节性,这也就在客观上为通过调节和引导来减少预期对资本市场产生的消极影响、发挥它的积极作用提供了现实可能。特别是为了使经济政策充分发挥其效力,政府必须考虑和顾及投资者投资行为的预期活动,从而使其制定的政策具有长期的稳定性或符合投资者积极投资的预期活动。政策的长期稳定,可以从根本上解除投资者因担心政策的频繁变动而为其带来不良后果的后顾之忧,从而无须寻求应变之策,而集中精力去追求投资预期收益最大化。

近年来,受多种因素影响,我国资本市场投资需求不旺,尽管政府采取了许多办法和措施来改变这种状况,但投资者投资收益预期仍然不佳。"1998年以来扩张性的宏观调控政策的工具使用之多、操作节奏之快、措施力度之大,在我国历史上罕见,但是宏观经济政策效果与人们的预期差距之大也是历史罕见的。"[①] 诚信的缺失导致投资者难以形成长期较为确定性的预期,投资者活动充满了风险,对未来预期收益的追求要受到更多的风险制约,经济不确定性增多,风险成本加大,从而减少了资本市场的投资。因此,必须调整投资者预期、解决中国资本市场的预期问题。

资本市场的稳定发展是一个长期的过程。如何才能使投资者树立投资信心、愿意投资、敢于投资呢?关键在于提高资本市场投资的预期收益水平,降低并尽可能减少其整体的系统性风险,增强投资者对中国资本市场的长期稳定性预期,使资本市场的正常泡沫通过经济增长得以消化。

8.1 提供和保证充分的信息,发挥投资预期的积极作用

资本市场中的信息包括所有直接或间接影响预期收益的因素,甚至包括心理因素等。信息的完全性可表示为 C,它是影响预期收益的各因素 $a_1, a_2, a_3, \cdots, a_n$ 的函数。各因素作用的大小取决于信息披露的及时性、完整性、准确性与真实性,也取决于投资者理性投资的意识和水平,即资本市场信息与其之间的互动程度。实际上,市场竞争的不完全性使信息的真实性、及时性和完整性成

[①] 张新泽:"是融资收缩还是通货紧缩",载《资本市场》2000年第5期。

为一种纯粹的假设;而且获得信息也需支付成本,投资者获得信息和分析信息的能力也存在差异。另外,投资者非理性的投机心态也是无法预期和控制的。这些因素都可能引起预期收益偏离实际收益。

市场信息是一种稀缺资源,投资者在形成预期时总是要充分利用一切可以利用的信息。资本市场上投资者的预期不仅需要包括所有有关经济变量的时间序列,而且包括对于有关经济系统结构的知识。精确的预期不仅需要投资者在预期过程中的每一个阶段都能作出正确的决策,还需要掌握大量准确的经济信息。"证券价格取决于人们对未来收益的预期,未来收益的随机性会诱致交易者产生一种搜集信息的'天性',以尽量减少未来不确定性,提高预期的精确性。"[①] 换句话说,预期是经济信息与预期者判断的结合体。现代社会是信息社会,预期的客观依据是经济信息。信息的获得和利用是获得投资预期收益的重要影响因素。没有信息的收集和利用,就没有预期。没有充分的信息、不能正确地利用信息,就难有准确的预期。

资本市场投资者在作出投资变量(预期收益、风险等)的预期时必须有效地利用一切可以得到的信息,因为对经济变量估计的精确程度关系到投资者自己的切身经济利益。对行情的估计越精确,投资者所能从中得到的实际利益越大;而信息的利用率越高,对行情的估计也必然会更加正确。因此,为了得到自己的最大经济利益,一个合乎理性的投资者必然会以最有效的方式充分利用

---

① 张圣平、熊德华、张峥、刘力:"现代经典金融学的困境与行为金融学的崛起",载《金融研究》2003年第4期。

一切可以得到的信息形成他的预期,以此进行资本市场投资决策。

投资者搜集信息要付出代价,如时间、金钱等等,这些代价就是预期的成本,即获取信息的成本。信息搜集得越多,对预期的准确性帮助也就越大。但是,搜集信息的成本也随着搜集信息的增加而增加,如果搜集信息的成本大于正确决策所带来的投资预期收益,那么就得不偿失了。事实上,中国资本市场上绝大多数投资者是通过各种非正式渠道获得信息的,如地方性报刊、广播电视、各种信息中介机构以及投资者之间口耳相传等。这些渠道传播的信息量大,接收方便,影响范围较广,所费成本相对较低,但存在许多问题:第一,信息漏损。有些媒介在发布信息时不作全面报道,而是有选择地传播它认为是重要的信息,造成了大量的信息缺失或漏损。正因为如此,投资者或许并不知道某些可供利用的信息,所以他们对未来的预测一般说来不会是十分正确的。第二,信息失真。虽然中国的许多上市公司和证券经营机构为公开、真实、准确的信息披露作了不少努力,但仍有些上市公司在本公司的资本构成、资产负债、盈亏状况、招股说明书等关键信息方面提供虚假信息,从而推动本公司的股票价格过度上扬,造成股市波动,给投资者形成正确的预期带来了一定的阻碍。很多信息在传播过程中被人为掺杂了一些虚假的信息,如有些机构投资者为了操纵价格,通过与他们有利益关联的媒体故意散布谣言,扰乱视听,造成中国资本市场上真假信息混淆不清的状况。据财政部2000年对157家企业的调查结果显示,利润、资产不实的竟然占到154家,失实率接近100%。第三,信息误导。不少媒体对信息的报道、宣传言过其实,捕风捉影,为庄家造势,左右股市舆论倾向,妨碍投资者对各种信息作出正确的判断和估计。在尚未成熟的资本市场上,赢利预测信息主要来源于分析师和上市公司管理层。由于分析师为投资银行工作,而投资银行与上市公司往往保持着密切的经济利益关系,因此他们不可能对公司的赢利前景提供客观的预测。一般而言,分析师的预测具有乐观的趋势。而公司管理层对于自己的公司往往也过分自信或过分乐观,为了吸引更多投资者的投资,他们也会过分乐观地预测公司的赢利前景,而对其将会产生的不确定性和潜在的高风险只字不提或谈之甚少。慢慢地,投资者会发现他们对赢利预测信息的过度反应,即由于公司的真实赢利低于分析师的预期,投资者会逐渐改变对公司的评价,这样就引起了资本市场投资需求的不足。

此外,我国有不少以营利为目的的信息中介机构或所谓消息灵通人士向有信息需求的投资者收取昂贵的信息费用,有一些机构投资者对重要信息进行封锁和垄断,这都在一定程度上影响了信息传播扩散的速度和效率。这是一种典型的不确定性问题,它会使投资者得不到他所需要的信息,从而难以作出正确的投资决策,这可能导致资本市场投资行为的紊乱或不确定。

从投资者对信息获取的角度来说,同样存在许多问题:第一,由于认识能力有限而造成的信息获取问题。投资者不可能知道资本市场上发生的全部情况,尤其在社会分工越来越细的时代,每个人仅能从事某方面的工作,不可能成为什么都知道的"万金油"或"百科全书"。资本市场投资者正是由于受到认识能力的限制,因而不可能随时都得到自己需要的信息。获取信息的能力上的限制导致了他们进行资本市场投资预期所利用的信息是不充分和不完全的。第二,由于信息特殊而造成的信息获取问题。信息是一种特殊的商品,与普通商品不同,投资者无法事先了解其价值。他们之所以愿意花时间和金钱获得信息,是因为需要它。一旦掌握了它,投资者就不愿再花时间和金钱等信息搜寻成本了。因此,投资者在利用信息进行预期前不可能充分了解和获得各种信息。信息这一商品的特殊性也导致他们进行资本市场投资预期所利用的信息是不充分和不完全的。第三,由于获得信息的成本太大而造成的信息获取问题。投资者要获得与自己密切相关的所有信息虽然很难,但并非不可能,只不过与掌握这些信息后的实际收益和预期收益相比,成本太大了,很不合算。一个理性的投资者在搜集信息达到一定程度后必然会放弃进一步搜集信息的努力。获取信息的巨大成本也导致了他们进行资本市场投资预期所利用的信息很少是充分和完全的。

鉴于这些情况,政府为投资者所能做的应该是提供和保证充分的有用信息,从而为投资者预见未来(预期)提供充分的依据。提供和保证充分的信息的渠道是促使公司正确地披露信息。进行信息披露的目的是为资本市场投资者提供正确决策所需要的有用且恰当的信息,以此保护投资者的利益,减少投资不确定性和风险,使投资者获得更多的预期收益。它不仅可以改善投资者之间信息不对称的状况,防止少数人利用内幕信息获得超额预期收益或利用虚假信息欺诈,而且还能为发现问题提供有利条件。目前,我国上市公司披露的信息主要刊登在中国证监会指定的全国性报刊如《中国证券报》上,同时,有关的重要文件、资料还须置备于公司住处、证券交易所及证券经营场所,供投资者查阅。虽然通过上述渠道披露的信息比较正式规范,但由于有关报刊专业性强,发行面较窄,信息传播的范围不仅十分有限,而且信息传播的速度受报刊出版、发行周期的影响也非常缓慢。投资者到公司住处、证券交易所实地查阅资料以获得有关信息则更不方便。因此,这就需要改变信息发布和公开方式,恰当的信息发布和公开方式不仅可以降低交易费用,提高社会资本配置效率,而且可以增强投资者的信心,稳定投资者的预期。根据现阶段中国资本市场投资者预期的需要,要改变信息披露的方式,政府可以从以下几方面着手:

首先,要采取切实有效措施进行信息披露,防止虚假包装上市,避免上市公司随意改变募集资本投向,损害投资者利益。信息是资本市场特别是股市之魂,股市是最具信息性的市场,有人甚至把股市称作"消息市",这是很准确的。信息披露不真实是上市公司招股、上市、配股和公布年报等工作中存在的一个比较普遍的突出问题。有些企业为了达到股票发行上市目的,高估资产,虚报赢利,虚假包装,把"一根稻草说成一根金条",如成都红光公司就是一例,琼民源、大庆联谊、蓝田股份、黎明服装、银广厦、亿安科技等这些造假案例个个触目惊心,造假几同儿戏;有的上市公司严重违背投资者意愿,随意改变募集资本投向,间接造成信息不实;有的上市公司有意披露不真实信息;还有的公司为了配合庄家炒作本公司股票,在不同阶段发布一些误导投资者的虚假信息。信息披露的不合法、不及时、不准确以及地域限制等问题,使本已很脆弱的股市发生不应有的震荡,必须依靠信息披露系统的建立和完善来彻底解决这些问题,这就需要从新闻报道、信息披露、社会舆论等若干方面,建立健全保密制度、批评制度、反馈制度、宣传制度等。既然投资者主要基于对未来的预期进行投资决策,上市公司就应该通过适当的方式作出更多与未来有关的自愿披露,特别是应该包括管理层对公司未来收益潜力的预测。政府的证券市场监管部门应加强其监管,将重点放在信息披露上,而不是将它管死。

其次，要进一步提高信息披露标准，推进会计标准化进程，保证上市公司及有关中介机构信息披露的真实性、准确性、完整性、合法性和及时性，提高其科学合理性与具体可操作性。在这方面，中国可参照国外成熟资本市场（如美国资本市场）的经验，采用理性的方法来判断某项事实重要与否，即一项事实在理性的股东作出仔细考虑后，认为它具有的重要性。也就是说，对遗漏的事实若加以披露，如能被理性投资者视为会大大改变目前可获取信息所造成的混淆不清的状况，则该事实就是重要的。这种通过把信息与其接受体——投资者联系起来的方法比之目前我国把有关事件直接与股价相联系的判定方法，更具科学性与合理性，是值得提倡的。

最后，加强资本市场的网络建设，增强其辐射能力，尤其是使资本市场的网络逐步向中小城镇渗透，为投资者获得信息提供便利的条件。这是保证信息的充分提供、促进多元化投资所不可缺少的重要措施。为此，必须大力发展我国的信息产业，降低投资者获得信息这一稀缺资源的成本；另外，在制定和实施新的政策时很有必要在事前进行广泛宣传，这样使投资者尽可能多地了解新政策的内容和作用。

8.2 减少投资者对资本市场投资不确定性的预期

"经济行为者必须作出的多数决定都涉及对未来的不确定性。因此，任何意在临摹人类行为的经济模型都会涉及人们对不确定的未来经济变量的预期。"[①] 资本市场具有不确定性，就会有对资

---

① 《新帕尔格雷夫经济学大辞典》，经济科学出版社1992年版。

本市场不确定性的预期。"在现实中,即使是最简单的问题也充满不确定性。"① 不仅如此,"在任何一种经济系统中,都存在不确定性的影响。"② 中国资本市场更是如此。"不确定性的一个突出表现是'信息不对称',它意味着,拥有信息优势的一方可能采取机会主义行为损害对方利益,使有效率的交换难以实现。"③ 现代资本市场中的不确定性越来越多,对投资者的投资产生的作用和影响越来越大。投资者对资本市场未来前景的预测,不仅依靠推理的结果,也依赖直觉和预期、当时的情绪和心境等诸多不确定性因素。预期直接来源于未来经济的不确定性,投资者不能确知未来经济形势变动不居的情形。正是由于未来经济活动的不确定性,投资者才对未来进行预测或预期,以进行经济投资决策。

不确定性存在于不发生完全重复事件的历史长河中,无论投资者的预期多么具有理性,总不能改变未来的不确定性。资本市场中存在的不确定性很多,既有宏观经济走势和宏观经济政策动向的外在不确定性,又有上市公司业绩好坏和证券买卖方力量对比的内在不确定性,还有监管部门对新股上市规模和进度安排以及历史遗留问题处理的随机调控的不确定性。

资本市场的不确定性还表现在预期主体还会随时根据新的变化情况修改和调整预期,这就是预期的不确定性。随着最新信息的来临,投资者总是要校正原来的预期,一旦发现原预期有误,他就会重新修改和调整预期。投资者预期本身是变动的,预期同结果又是相关的。"一个旧的改变尚未充分展开其影响之前,一个新

---

① [美]斯蒂格利茨:《经济学》上册(第二版),中国人民大学出版社 2000 年版。
② 李拉亚:《通货膨胀与不确定性》,中国人民大学出版社 1995 年版。
③ 刘怀德:《不确定性经济学研究》,上海财经大学出版社 2001 年版。

的改变就又加上来了。故在任何一特定时间,经济机构中有许多错综叠陈的活动存在,都是以往各种预期状态的产物。"[1] 投资者修正和调整后的预期都是以原有预期为基础的,是原有预期的产物。投资者经常对未来一定经济环境中预期可能怎样变动感兴趣,因而他们常不满足于固定的预期模型和公式。这些模型和公式不考虑变动。实际上,如果发生变动,至少在一段时间之后,投资者会改变自己形成预期的方式。这种预期的随时调整大大加强了预期的不确定性。

中国资本市场是一个典型的"政策市"、"消息市"和"依赖市",不规范程度较深,违规操作、内幕交易、市场操纵等现象大量存在。"政策市"是指某项政策、法规或某领导人讲话引起股民预期变化,从而造成股价波动的现象。在过去10多年的中国股票市场中,就曾出现了50多次的剧烈波动,其中有30次之多的波动是由政策因素引起的[2]。这说明资本市场投资波动与政策性因素密切相关。所谓"依赖市",是指股价跌幅较大时,股民要求政府出面干预、救市。资本市场经常是暴涨暴跌、涨少跌多,并且暴涨暴跌基本上都常有宏观经济状况和微观市场主体的支持和配合。这样的市场很难给投资者一个良好的预期和稳定的投资收益,悲观的预期和不稳定的收益会导致投资者信心不足和投资减少。资本市场发挥作用的一个重要条件是资本市场能够保证较长时期的稳定发

---

[1] 凯恩斯:《就业利息和货币通论》,商务印书馆1997年版。
[2] 施东晖(2001)的研究指出:1992—2000年初,由政策性因素引起的资本市场波动约占60%。金晓斌与唐利民(2001)的统计数据表明:1992—2000年初,政策性因素是造成股市异常波动的首要因素,占总影响的46%,政策对股市的波动起着最主要的影响作用。其他一些研究也表明:政策与股价波动、资本市场投资预期收益有较强的相关关系。

展势头,避免过于频繁和过于剧烈的大起大落,从而给投资者一个稳定、良好的预期。面对上述不确定性,我们要认识不确定性、衡量不确定性、利用不确定性、防范不确定性和尽量减少不确定性。从复杂的不确定性世界中寻找确定性,从确定性中寻找不确定性,只有这样才能尽量减少不确定性以及由此带来的不确定性预期。

近年来,我国资本市场投资需求不旺,市值占 GDP 比重太低,没有发挥出资本市场对经济增长的长期作用,这是由于我国所处的经济体制转轨时期带来的诸多不确定性,使得居民投资意愿减弱、储蓄意愿增强。我国正处于体制转轨和结构调整时期,就业矛盾以及与之相关的社会保障问题是当前我国面临的重要问题。第一,随着经济结构的调整,国企改革的深化,为减员增效而进行的下岗分流使人们产生了"危机感",大大增加了人们的收入预期不确定性。因此,人们通常压缩现期消费和投资,而为未来储蓄一笔抵御风险的资本,对未来生活保障的预防性储蓄比重一直居高不下。因此,投资者对自己是否具有十分准确的对未来收益进行预期的能力是缺乏信心的。第二,我国住房、医疗、养老等社会福利体制改革正在不断深入,总的趋势是原来许多由单位负担的支出将转由个人承担。与此同时,我国社保体系至今尚未建立健全。虽然我国目前初步建立起了以城镇职工基本养老保险、基本医疗保险、失业保险和城市居民最低生活保险四项内容为重点的社会保障制度,但在社保资金筹集方面还存在许多突出的问题,资金积累规模与资金实际需求之间存在矛盾,有些保障措施还很难落到实处。与城镇居民相比,广大农村居民享有的社会保障程度更低。面对这样的社保体系,居民不得不在考虑收入支出时,具有较强的防患意识。第三,近年来,我国改革不断深入,开始推行教育产业化,居民及其子女上学需要花钱,教育费用加大也使居民的支出增加,而且这是一笔不小的预期支出,使得居民为后代教育进行储蓄的倾向也随之增强,储蓄转化为投资的意愿降低。"居民的储蓄动机中最主要的是应付未来支出的不确定性,这一动机在居民全部储蓄动机中的权重高达50%以上。从这一点上可以看到,要降低居民当前的储蓄倾向,改变居民的支出预期将是非常重要的一方面。而要改变居民的支出预期,就必须加快各项改革步伐,使各项改革措施尽快到位。因为支出预期影响居民替代行为,主要是预期中所包含的不确定性。"① 正是体制改革中带来的不确定性大大影响了居民储蓄向投资尤其是资本市场投资的转化。

目前我国居民预防性储蓄增加的主要原因包括:虽然城乡居民的收入在不断增长,但增长的幅度出现减缓的趋势,尤其是农村居民收入增长更是缓慢;与居民自身利益相关的改革在不断的深化,过去由国家负担的成本逐渐转移到个人身上;我国老龄化速度加快,迫使人们不得不增加储蓄。他们几乎没有投资意愿。可以说,未来收入的不确定性和支出增加的不确定性的预期是我国目前城乡居民进行预防性储蓄的根本原因。预防性储蓄的目的在于在未来收入减少和支出增加的情况下,人们可以用其存款来保证一定的投资和消费水平。预防性储蓄在某种程度上可以弥补资本市场投资的不确定性。

在信息化和金融自由化的当今社会,投资者心理预期的变化会对投资行为发挥决定性的作用和影响。改革开放26年来,中国

---

① 藏旭恒等:《居民资产与消费选择行为分析》,上海三联书店、上海人民出版社2001年版。

社会经济发展的制度安排与经济运行方式已经发生了巨大的变革。面对体制转轨带来的碰撞和摩擦，面对加入WTO带来的国内外激烈的市场竞争，我国投资者的心理预期变得模糊和不确定。投资者不仅担心进行资本市场投资带来的不确定性，而且还要考虑未来收入预期的不确定性和支出预期的不确定性。这些预期不确定性必然会强化投资者乃至普通大众的预防性动机，使他们努力减少当前的实际投资，从而使资本市场的市场价值占GDP的比重很低、资本市场投资需求不旺。要增加资本市场投资、保持旺盛的投资需求，必须减少人们对资本市场投资不确定性的预期。

面对这种情况，"所以现在需要有一个东西能够令大家再有一个信心。大家不愿意消费或投资，由于前景是钱不一定赚得回来，所以大家都停下来，假如你知道明年就会赚钱，你当然会花。所以预期很重要，一定要把现在的预期改过来。"[①] 中国目前经济不景气、资本市场投资需求不旺，刘遵义教授认为："我觉得最主要的还是经济预期，因为经济预期影响经济行为，消费的行为和投资的行为都是跟预期有关系的。假如我知道今年增长率是8%，而明年不确定，可能下降到4%的话，人们就没有太大的意愿去消费，更没有太大的意愿去增加投资，所以，一定要对经济有比较长期持续性发展的长期稳定预期不行。其实，现在中国面临的好像是在1991年左右同样的问题，货币政策并不紧而是相当地松，但是普遍来讲人们就是没有意愿去投资。后来到1992年，邓小平先生南巡以后，把整个的预期都改过来了。所以问题的关键是怎么样扭

---

① 肖梦："打破现有预期 创造新的平衡——专访斯坦福大学刘遵义教授"，载《资本市场》2000第1期。

转现有的预期。并不是没有钱去做,而是大家没有这个意愿去做。"① 因此,"政府要有一个认识,不能停停、走走,那会增加预期不确定性的麻烦。"② 刘遵义教授分析的现象正是中国资本市场预期存在的问题,是很有指导意义的。如果政府引导投资者的预期改变了,投资者就愿意进行投资了。未来收入和支出的不确定性是城乡居民进行预防性储蓄的根本原因,把未来不确定因素事先进行社会化预防,是今后推动我国城乡居民储蓄资金进行资本市场投资的根本出路。"当务之急应是稳定市场,消除市场不确定性的预期,恢复投资者信心。然后,根据市场发展进程,逐步探索化解各种矛盾的途径。"③ 政府只有引导投资者减少对资本市场不确定性的预期,才能改变投资者的投资意愿,资本市场投资者才会有积极的投资预期。只有有了积极的投资预期,资本市场的投资才会旺盛。

8.3 减少投资者对资本市场投资风险的预期

不确定性是客观存在的,投资者进行投资决策时不可能知道一切相关知识,更不可能准确地预见未来,这就决定了投资者从事任何经济活动特别是资本市场投资活动都会面临风险。也就是说,当投资者进行资本市场投资而不是将钱存入银行时,他们不得不承担由于投资结果存在不确定性而产生的风险。如果一切都在

---

① 肖梦:"打破现有预期 创造新的平衡——专访斯坦福大学刘遵义教授",载《资本市场》2000 第 1 期。
② 同上。
③ 曹红辉:《中国资本市场效率研究》,经济科学出版社 2002 年版。

投资者的预料之中,一切都在他们的控制之下,那么就不会有风险存在。但是,客观事实是,由不确定性带来的风险是不可避免的,没有风险的资本市场是不存在的。当然,风险是可以减少的,减少不确定性就可以减少风险。风险是实际未来资产值对预期未来资产值可能的偏离,它的大小反映了这一偏离的程度。对大多数投资者来说,风险是未来资产值小于预期值的可能性。现代经济是一种具有风险的经济,资本市场投资更是如此。任何具有理性的投资者考虑一项投资,尽管可能会给他带来极大的预期收益,但他首先考虑的是各种投资方式的风险。特别是在股票、债券、住房上的投资和绝大多数其他投资都存在着风险,其收益可能大大低于他的预期,或者会遭受一些损失,甚至血本无归。这样,投资者就会非常谨慎地投资。有的甚至选择退出交易,他们将不再进行资本市场的投资活动,而把资本投入能实现确定性收益预期的行道。最近几年,尽管我国想方设法扩大内需,但效果却不太明显,城乡居民储蓄存款余额高达11万亿元,连续8次降低利率,储蓄率并未降低,资本市场投资也不理想,其重要原因之一就在于投资者预期不佳导致的谨慎投资。预期支出的增加,预期收入的不确定性,再加之风险的存在,投资者不得不考虑这一严酷的现实。如果需要确保债券、股票市场投资的稳定与繁荣,政府必须考虑减少投资者对资本市场投资风险的预期。

有关研究表明,居民储蓄存款的增长与股指的波动存在负相关。1999年至2001年上半年,股市持续走牛,居民储蓄存款同比增速随之下降,后虽有所上升,但一直保持相对前期较低的水平。进入2001年后,居民储蓄存款增速开始出现恢复,而与之相应的是股市持续走弱。2001年6月,国有股减持政策出台后引起股市持续大幅下跌。新股在二级市场上市交易后也跌破发行价。由于股市暴跌后长期低迷,缺乏赚钱效应,致使场外的投资者持坐等观望的态度,而场内的投资者因惧怕风险,也从股市中把钱抽走,重新存入银行。此外,在一级市场上,管理层于2002年5月将股票发行方式变为市值配售,这也使聚集在一级市场专门"投资"新股的资本回归储蓄。近年来的股市变幻使得股市不仅没有分流储蓄,反而使股市资本向储蓄回流,从而导致了同期城乡居民储蓄存款出现高速增长的势头,投资愿望很弱,原因也在于投资的风险预期所带来的副作用。在资本市场上投资所花费的信息成本得不到补偿时,过多的资本为获得预期的投资收益会加大投资者对资本市场投资意见的分歧,特别是对不确定性和风险预期的分歧。如何加速培育起资本市场投资者长期收益的预期来帮助他们缩小在投资预期收益差别上的意见分歧是非常值得关注的问题。这就需要减少人们对资本市场投资风险的预期。

减少投资者对资本市场投资风险的预期,就是"创造新的契约关系,它的'核心,是给人们创造出一种预期,如预期自己拥有的资产更具有增值能力,更有赢利性;预期自己拥有的资产更具有社会的保障,更有安全性。'"① 事实上,赢利性、流动性和安全性都是与投资风险密切联系的。投资的安全性指的是投资风险的减少。投资风险的彻底消除是不可能的,但制定一系列法律法规、规范资本市场投资活动,减少投资的风险,则是可能的。只有资本市场投资风险预期减少了,投资者才愿意投资,才会多投资。能创造出一

---

① 曾康霖:《经济金融分析导论》,中国金融出版社2000年版。

种预期,特别是减少投资者对资本市场投资风险的预期,就能改变投资者的观念,支配投资者的行动,改善金融的风险局面。怎样才能创造出这种预期呢?曾康霖同志指出:"关键在于给人以信用,建立可靠的信用关系。……经济学(包括金融学)要结合社会学中的信用、信誉、信任、信心问题,研究预期,创造预期,推动预期的实现。"① 这是解决中国资本市场预期问题的很有针对性的对策之一。

此外,要减少投资者对资本市场投资风险的预期,必须转变资本市场发展思路,将"在发展中规范"转变为"在规范中发展"。在不完善的资本市场投资活动中,一些人预期将来收入增加,另一些人则预期将来收入减少。这就扩大了预期对有效需求的负面影响。如果资本市场完善,投资者预期看好,进行资本市场投资能够实现预期收益,那么,资本市场就会繁荣,投资就会进入良性循环。中国资本市场至今仍采取"在发展中规范"、"边发展边完善"思路指导实践,但是,"过于强烈的发展之声",特别是将"发展"与"规范"对立起来已将规范的力量挤压到了很小的空间。须知,无论是"在发展中规范"还是"在规范中发展",二者的基本目的都在于完善的发展、发展的完善,只是存在管理宽严、时间先后之别。而当前由发展优先带来的现有资本市场种种问题与矛盾状况已经进入到了必须转变资本市场发展思路才能继续健康发展的地步。只有这样,才能保证一个适度的投资增长率,才能保持经济的持续、快速、健康发展。

---

① 曾康霖:《经济金融分析导论》,中国金融出版社 2000 年版。

8.4 继续深化国有企业改革,提高上市公司质量,增强投资者对经济景气和股票价格指数的乐观预期

企业是市场的主体,国有企业又是目前资本市场的主体,国有企业改革可为资本市场的发展奠定良好的发展基础。中国资本市场的发展是与国有企业特别是上市的国有企业经济状况密切相关的。中国资本市场到目前为止,只有十多年的历史,它是在"姓资姓社"的争论中逐步兴起的。当然,争论的结果认为是中性的,资本主义可以有,社会主义也可以用,但社会主义用的底气不足。由于在运作中定位是为国企改革服务的,在股权设置上是国有股占主体,"一股独大"以体现"姓社",而在操作上则是"摸着石头过河"。投资者预期就是在这种背景下形成的。"中国资本市场普遍存在一种预期,即政府出于稳定宏观经济和社会秩序,促进国有企业改革和国有经济战略性改组的需要,将通过控制股票上市的进度来维持资本市场的局部均衡,因此也将维持市场高市盈率水平。但随着市场化程度的提高,……政府制造和维护市场预期的能力将受到挑战,而资本市场泡沫破灭的风险也将随之增加。"[①] 如果国有企业经济社会效益好,会给投资者带来收益的较好预期,投资者是愿意投资的。如果国有企业经济社会效益差,会给投资者带来收益不佳的预期,这样,他们便会谨慎投资,资本市场的发展壮大就会受到相当程度的制约。长期以来,我国国有企业效益低下,

---

① 曹红辉:《中国资本市场效率研究》,经济科学出版社 2002 年版。

主要原因是企业办社会普遍、管理体制不顺、产权关系不清和经营机制不灵等许多方面不能适应市场经济发展的要求。带着诸多问题进入资本市场，投资者对投资前景感到担心，从而使企业发展较难筹集资金。所以，资本市场上的投资者是否愿意对国有企业进行投资，投资多少，在很大程度上取决于企业的经济效益如何，取决于投资者对它们的预期。

中国的资本市场是在经济体制转轨过程中逐步建立和发展起来的，与国有企业改革关系非常密切。随着国有企业改革的逐步深入，不仅资本市场的一些制度安排直接关系到国有企业改革，而且国有企业的改革也直接关系到资本市场的健康发展。中国的资本市场现在仍以国有企业为主体。由于资本市场要为国企筹集资本脱困服务，而投资者又无法通过行使所有权影响公司的经营行为，上市公司的业绩就无法形成合理的股价，所以投资者预期收益多少与上市公司经营好坏关系是脱节的。并且，上市公司缺乏合理、有效的公司治理结构是上市公司业绩低下、缺乏长期发展能力的重要原因之一。"我国的国有企业在改制的过程中存在许多问题，从而影响了国有企业的筹资，也就是说，影响了投资者进入证券市场投资的信心。"[①] 许多上市公司只将发行股票、上市交易作为低价筹资的手段，上市后不注意筹资的方式、不注意企业形象，甚至用虚假广告欺骗投资者。一些上市公司受其大股东严密控制，有的甚至是一套机构、两块牌子。一些上市公司与控股股东之间的人、财、物不分，产权关系不明，使上市公司成为大股东和集团公司的"提款机"。还有些上市公司法人治理结构不完善，不听取

---

① 申海波：《预期理论与资本市场》，上海财经大学出版社 2000 年版。

股东意见,不关心股东利益,更不分红,他们任意改变资金用途。一些业绩好的公司以发展生产急需资本投资为由不分红,即使分红也多是以送红股的方式代替用现金分红的方式。还有的公司管理人员滥发奖金,个别公司在股票上市前抢先把优先股转变为普通股,股价上涨时悉数抛给其他投资者,股价直线下滑时拒绝回购部分股票,减少股票流通量,还继续推出高比例配股方案。上述种种做法挫伤了股民的投资热情,造成了股市低迷,常常使投资者达不到他的预期收益。预期收益实现困难造成了投资者信心的丧失,使中国资本市场的发展受到了很大的制约。

要改变这种状况,上市公司不应单纯凭"消息"和降息等因素进行短期的刺激,而应以良好的经营业绩和对股民的实质性回报来支撑和推动股票指数、激发人气,使投资者树立起对中国未来经济和股市的长期信心,改变股市的疲软态势,并增强货币政策传导机制的财富效应。所以,上市公司经营业绩是资本市场活跃发展的基础,只要上市公司能够创造效益,保证投资者能够实现他们的理性预期收益,投资者对资本市场发展前景就不会看淡,预期也不会糟糕到使他们不愿或谨慎投资的地步。"从投资者的角度来看,股市的吸引力在于财富效应的预期,而关键是上市公司的持续赢利能力。因为买卖股票就是买对上市公司的预期和成长性,所以,上市公司必须真正对股东负责,建立完善的公司治理结构和诚信体系,保持可持续的成长性。基础夯实了,吸引力自然就有了。"[①]

[①] 金晓斌:"股市吸引力在于预期与成长性",载《上海证券报》,2003年9月23日。

8.5 引导投资者树立正确投资理念,发挥股市的财富效应,变紧缩投资预期为扩张投资预期

投资者投资理念的正确与否、股市财富效应是否能充分发挥,这些对投资者形成预期、进行资本市场投资都有重要的作用和影响。只有投资理念正确了,股市的财富效应发挥出来了,这才会有利于投资者更加积极地进行资本市场投资。

财富效应起作用的首要前提是居民拥有一定的金融资产。金融资产尤其是股票是居民资产的重要组成部分,金融资产的价格变化会影响到居民对自己财富的评估,最终影响到资本市场投资。居民拥有的金融资产比重越高,货币政策对居民收入水平的影响越大,货币政策对投资的效力就越明显。这样,投资者就越具有资本市场投资的欲望。只要预期较好,投资乘数效应就会增大,资本市场投资就会越旺。预期已成为决定现阶段投资需求乘数效应的主要中间变量。借助股市来调整投资者预期,见效快,效果好。股市景气所引发的财富效应能刺激投资与消费。当股市上涨时,投资者账面上的金融资产迅速增加,投资者对未来经济及收入增长的预期看好,投资欲望增强。以日本、美国为例。1998 年,日本政府在面临物价持续下跌的情况下,通过采取防范通货紧缩的政策措施,为资产投资价格的稳定提供了足够的资金,这在一定程度上有利于保持投资者对日本经济恢复的预期;美国经济持续稳定增长 100 多个月,资本市场特别是股市功不可没。政府经常对宏观经济进行微调以引导投资者预期看好,使得 40% 的美国人入市,导致股市大涨,投资者大赚,对经济和收入的预期改善,投资热潮

一浪高过一浪。这样,促使投资者对经济活动的预期趋于上升,有助于抑制通货紧缩。日本政府通过提高资产价格,恢复市场元气,增强投资者对经济复苏的信心和美国政府提高投资者对未来经济活动的预期的经验值得我们发展资本市场参考和借鉴。

近年来,中国股市下滑使资本市场的融资功能大大丧失,广大投资者饱受"套牢"之苦,纷纷退出。特别是股市大幅下挫带来的"负财富效应"凸现,极大地改变了投资者对未来经济前景的预期,投资者普遍形成了一种紧缩投资预期。在这种预期下,整个资本市场投资需求不足,没有发挥出资本市场促进经济增长和融通资本的作用。这就需要治理通货紧缩,变紧缩投资预期为扩张投资预期。治理通货紧缩,就要努力促进社会消费需求和投资需求的回升。为此,政府要让投资者增强对未来的赢利预期,不仅自身要在正确的投资理念支配下合理扩大投资,而且更要积极引导广大投资者解决目前存在的投资心态失常与失衡的问题,变紧缩投资预期为扩张投资预期,以拓宽投资领域,扩大投资规模,提高投资增长速度和效益。要把扩张了的投资总量或新增投资主要用于改善和优化我国的经济结构,淘汰落后的夕阳产业,重点扶持新兴产业、朝阳产业、基础产业和高新技术产业以及那些具有高附加值、中远期经济社会效益看好的产业。资本市场要为这些产业的融资作出应有的贡献。经济结构优化了,总量过剩的问题便可迎刃而解。这样,通货紧缩与经济衰退便可挥之即去。

总而言之,在当前投资紧缩的情况下,投资者既要坚定信心,又要转变投资理念,抛弃在资本市场上投资追逐暴利的思维定式,寻找新的赢利模式,以获得更多的预期收益。只有投资理念正确和股市的财富效应发挥出来了,投资者才会改变紧缩的投资预期,才会有资本市场的稳定和繁荣。

8.6 充分发挥预期的作用,努力实现国家的宏观经济政策效应

由于预期因素的作用和影响,每当经济走势明确时,预期因素便要产生作用并强化经济在这个方向上的运行,这使得资本市场走势脱离了原来没有预期时的基本运行方式,以更快的速度达到了原来没有考虑预期作用和影响条件下的上限和下限。因此,政府在调控资本市场时,必须充分考虑预期的这种性质,在分析资本市场走势时,应首先估计到预期的基本走势,以防止其对政府调控政策效果的发挥产生的影响。

政府的政策影响着投资者对未来的预期。要使他们追求长远利益,就一定要建立一种保证对其行为的长远后果负责的制度;同时,要使其合理的预期收益能够实现。如果政府有政策,投资者有对策,那么,政府往往很难达到预期的宏观经济政策效果。政府任何宏观经济政策的实施效果都会遇到投资者预期的作用和影响。投资者与政府之间往往会进行博弈,双方都力图猜中对方的意图,以采取最佳对策。如果投资者看不到政府政策的意图,那么政府政策就会达到它的预期效果。而如果投资者很难准确地预计到政府的每一个策略,那么政府策略则很难奏效。这就好像下棋一样,对方跳马而准备下一步将军抽吃我方的大车时,如果我方识破了对方的目的,对方跳马将军的效果会如何呢?只有不会下棋或识不破对方的人看不出这步棋时,对方的招数才能奏效。也就是说,政府宏观经济政策实施效果主要取决于投资者对它的预期,只有

未被预期的政策才会产生作用和影响,而预期中的政策则不会产生作用和影响。这是因为,投资者会运用一切信息来逐渐改善他们的预期,他们会从吃亏上当中吸取教训。正是因为投资者对未来可能发生的变化作了缜密的思考,又有足够的思想准备,他们会采取预防性措施,比如"留一手"、"打埋伏",把"保险系数"增大一些等。对中国资本市场预期问题的研究已表明:投资者既然要进行投资的预期,那么他们也就能根据可能得到的最完备的信息来进行决策。因此,政府的任何调控政策都将失效。进行资本市场投资的理性投资者在进入市场以前就已经充分了解了以往的和现在的市场变化信息,并把它们结合起来,然后作出判断和决策。由于这些投资者的决策是经过深思熟虑的,因而不会轻易地改变。这样,政府准备实施什么政策,采取何种措施,往往在尚未实行前投资者就已了如指掌,并采取了预防性措施。这对于能够进行孔明预期的投资者来讲更是如此。虽然投资者可能会偶尔地犯认识上的错误,但是在长期中,他们却不会持续地犯错误。到了某一时期,一旦投资者掌握了更充分的信息,意识到自己预期的错误时,就会立刻加以纠正,并重新调整投资决策。

随着未来客观经济环境的变化和政府经济政策的变化,投资者会修正和调整自己的预期。投资者对将来的预期将会逐渐接近于准确。他们所预期的将来情况和将来的实际情况不会具有系统性和持续性的偏差。政府在制定政策时应充分考虑到投资者的利益,否则投资者就会对政府的政策产生疑虑,甚至不信任,他们会从过去的错误中学习,从而采取反措施,抵消政府政策的影响,这就是前面所讲的干中学。干中学使投资者积累了经验,抵消了政府宏观经济政策的实施效果。所以,虽然宏观经济政策在短期内是有效的,但从长期来看却是无效的。例如,1997年以来,在银行不良资产存量增加、企业预期效益下降、投资需求不旺、银行信贷资金供大于求、信贷传导途径不畅的情况下,中央银行为了刺激投资需求和消费需求的增加,连续8次下调利率,希望通过利率机制对银行高储蓄进行分流,鼓励投资者进入资本市场进行直接投、融资,获取更大的收益,发挥资本市场将储蓄转化为投资的重要功能,实现中央银行刺激投资的货币政策预期目标。而在投资者预期的作用和影响下,能够用来支持股市长期扩容的资本只能是投资者的部分储蓄存款。也就是说,我国居民预防性储蓄存款的特点决定了当前庞大的储蓄难以分流,绝不会像某些人想像的出台一个什么政策,大量的储蓄存款就会直奔资本市场。可以肯定地说,这样的事情几乎是不会发生的。鉴于这种情况,要发挥资本市场融资的作用,就需要不断发展和完善我国的资本市场尤其是证券市场。"发展和完善我国的证券市场首先要纠正政府预期目标的内在不足,从而降低证券市场的高度投机性,并使居民预期收益确定性增强,最终保证居民部门的资金顺利流入证券市场。"[①] 货币政策实际上是资本市场投资者预期形成的主要因素之一,而资本市场投资者的预期是影响资本市场均衡的重要因素。当前,把握货币政策信息公开度,引导投资者预期已成为政府对资本市场进行微调的重要方式。政府政策对资本市场的适当调节必不可少,但应尽可能减少政策对其过度的直接干预,有效发挥资本市场

---

① 申海波:《预期理论与资本市场》,上海财经大学出版社2000年版。

自主调节的功能,建立资本市场投资的自恢复和自适应机制。

如果一个宽松的货币政策被投资者预期为它会造成通货膨胀,那么,可能导致长期利率的上升、股票和债券价格的急剧下降,因而资本市场对扩张性货币政策的反映可能是收缩的,而不是扩张的。在一个通货膨胀率很高且不断攀升的条件下,一个急剧紧缩的货币政策可能会有助于恢复投资者对资本市场的信心,降低长期利率,提高股票和债券的价格。在通货膨胀和通货紧缩不太明显的时期,往往会有利于投资者形成正确稳定的预期。投资者正确稳定的预期有利于资本市场的长期稳定发展。资本市场是建立在投资者信心之上的,没有公众投资者对市场的信心,没有投资大众持久积极的参与,资本市场就会失去赖以生存和发展的群众基础,其市场的资源合理配置和有效性也可想而知。

在上述状况下,政府的作用在于对投资者的不确定性预期施加影响,改变他们的预期心理,引导他们的预期方向。当然,这种干预和引导是一个复杂的过程。从日本泡沫经济破灭以后对经济干预和调控的失败中,我们可以认识到改变预期的复杂性,尤其是干预的时机和力度,没有对干预时机和力度的适当把握,往往很难克服消极预期的影响、发挥积极预期的作用。因为此时的投资者预期不但难以改变,而且由于政府宏观经济政策的引导不当反而被强化。"在长期中人们终究要作出正确预期,从而这种政策不起作用,只会加剧经济的不稳定性。"[1]"为了保证宏观经济调控能够获得预期效果,应根据政策效果的反馈,随经济形势的变化,相机

---

[1] 梁小民:《经济学是什么》,北京大学出版社 2001 年版。

调整宏观经济政策工具变量的调控力度。"[1] 可以说,在资本市场中,预期在政策制定和实施中的重要性在逐步提高,在某种意义上,重视投资者预期因素比重视和规划货币供应量增长的若干个百分点更为重要。而要得到有关投资者预期的数据,除有关部门已有的民意调查和测验可作参考外,还应建立和完善现有的投资者市场预期调查,以及参考国家统计局的企业家信心指数[2]和消费者信心指数[3]等相关预期指标。所以,重视资本市场中投资者的预期引导已是当前我国宏观经济政策制定和实施中不可忽视的重要因素。"如果没有预期的考虑,就会出现对惯性的调控要花较长的时间,要付出更多一些时间的代价。在这个意义上可以说,政府调控市场运行惯性的政策操作要注意预调节,要注意在进行宏观调控时打提前量。"[4] 而实际上,所谓"预调节"和"打提前量"就是指克服消极预期的影响,发挥积极预期的作用。

---

[1] 吴军:《紧缩与扩张——中国经济宏观调控模式选择》,清华大学出版社 2001 年版。

[2] 企业家信心指数是根据企业家对企业外部市场经济环境与宏观政策的认识、看法、判断与预期(通常为对"乐观"、"一般"、"不乐观"的选择)而编制的指数,用以综合反映企业家对宏观经济环境的感受与信心。

[3] 消费者信心指数是国家统计局中国经济景气监测中心于 1997 年 12 月建立的中国消费者信心调查制度,并自 1998 年 8 月开始每月定期发布消费者信心指数。消费者信心指数由预期指数和满意指数组成。其中,预期指数反映消费者对家庭经济状况和总体经济走向的预期,满意指数反映消费者对当前经济状况和耐用消费品购买时机的评价,而信心指数则综合描述消费者对当前经济状况的满意程度和对未来经济走向的信心。消费者信心指数建立在对城市消费者进行问卷调查的基础上,其调查对象最初界定为北京、上海、广州、成都、武汉、西安六城市 15 岁以上的城市消费者。每个月上述城市各有 700 位消费者接受调查。由于调查样本根据严格的随机抽样程序决定,因此,每个城市的样本对其所在城市的全体 15 岁以上的消费者有代表意义。目前,消费者信心指数的调查范围已覆盖全国 20 个主要城市。

[4] 陈东琪:"对近两年宏观经济政策操作的思考",载《经济研究》1998 年第 12 期。

8.7 建立完善的社会保障制度和体系,减少流动性偏好,引导投资者形成正确的体制变迁预期

资本市场投资是一种有很大风险的投资,它的稳定发展需要有完善的社会保障制度和体系。从社会制度变迁的角度看,收入分配体制、消费体制、社会保障体制、价格体制、教育体制以及金融体制等方面的改革,使居民更多面临未来收入与支出的不稳定性。特别是"制度变迁对个人预期最大的影响在于对未来收入的不确定性。"① 由于居民对这些方面的体制性改革认识需要有个过程,加之各项措施集中出台,短期内加大了投资者的未来支出预期。制度变迁带来了很大的不确定性,迫使居民储蓄必须以预防动机为主,从而限制了居民对风险性资产的投资选择。特别是制度变迁增加了居民的不确定性预期,从而导致居民的金融资产选择行为带有明显的预防性特征。完善的社会保障制度和体系可以给投资者的长期稳定预期提供前提和基础,也只有完善的社会保障制度和体系才能保障资本市场的长期、稳定、可持续发展。资本市场投资波动必然会带来商业周期和经济周期波动,因为影响商业周期进而影响市场景气的因素,主要不是消费变动,而是投资变动。投资变动比消费变动大,对经济周期的影响更大。但从较长时间来看,消费会对投资形成制约,消费需求的不足也会导致投资需求的不旺。如果消费总量下降,就会导致投资下降。我国目前非国

---

① 谢平:"经济制度变迁和个人储蓄行为",载《风险、不确定性与秩序》,中国财政经济出版社2001年版。

有单位投资积极性下降就与消费市场疲软导致的预期投资收益下降有直接联系。但是,体制因素对投资的影响也非常突出。人们在心理上更喜欢以现金形式来保存自己的一部分收入或财富,这种愿意用货币形式保持自己收入或财富的心理动机就是流动偏好。这种流动偏好是与流动性联系在一起的。流动性,是指一种资产在不损害其原有价值的条件下,转换成现金的难易程度,也就是这种资产以原值脱手的难易程度。现金本身是流动性最大的资产,很容易利用它进行各方面的经济活动。其他资产形式,如有价证券、房地产、厂房设备等,要使其脱手换成等值的现金,需要经过一定的交易过程,付出一定的代价(如花费时间),这种代价称之为交易成本。资产的流动性越低,交易成本就越大,从而脱手兑现也就越困难。按照凯恩斯(1936)的分析,投资者在心理上存在着流动偏好,是出自于交易动机、谨慎动机和投机动机三方面考虑的。交易动机是指为了应付业务上或日常生活中的开支,投资者手中需要保持一定数量的现金便于交易;谨慎动机是指投资者出于谨慎的考虑,会在手中保留一部分现金,以防意外、用于应急和未来不确定性导致的收益不稳定等;投机动机是指投资者为了寻求获取更大预期收益的机会并及时抓住这种机会,也往往保留一部分现金在手中。流动偏好的存在,使投资者会谨慎投资,这是与社会保障制度的不完善相对应的。

完善的社会保障制度是市场经济的"减震器"和"安全网"。体制的变迁给中国投资者的生存方式带来了巨大冲击。为了减少这种冲击,必须尽快建立和完善养老保险、失业保险、医疗保险等制度,降低体制变迁给他们生存带来的冲击程度,稳定投资者对体制变迁预期的不确定性。加快社会保障制度改革,积极建立一套覆盖全社会劳动者的社会保障制度,可以降低城乡居民未来收入不确定性程度的预期,直接减少城乡居民的预防性储蓄。一方面,应尽快建立包括城乡居民在内的、覆盖全社会的失业、医疗、养老等社会保障制度,将个人的预防性储蓄直接纳入投资储蓄范畴;另一方面,加快住房体制改革,完善二手房上市制度和办法,国家应尽快开办具有还本付息性质的城乡居民住房贷款保险,为所有购房者强制性开办住房信贷保险,既可以确保商业银行的贷款利益又可以分流预防性储蓄存款,保证投保人的住房权利。同时,建立健全高等教育贷款制度和教育保险制度,推出新的教育储蓄品种和教育保险品种。"由于制度变迁所带来的不确定性的增加是影响居民储蓄的重要因素,因此应加快各项改革的进程,改变居民的预期,以减弱居民的储蓄动机。"[①] 只有解决他们的后顾之忧,才有可能使他们进行资本市场投资。为此,应降低资本市场投资活动的不确定性。在实施积极的财政政策和货币政策的过程中,加大运用财政资金建立、完善社会保障体系的力度,改变目前居民预期不稳定的状况。对于各项社会保障制度改革,要提高政策的透明度,给出一个量化的目标,使公众知道哪些方面、什么时候需要他们掏钱、为什么掏钱、掏多少钱,以形成稳定的支出预期。也就是说,要加强相关的信息披露制度建设,为公众创造一个稳定的预期环境。政府应让利于民,取信于众,政策的出台、体制的变迁应具有前瞻性、稳定性、连续性和透明性,避免政出多门、朝令夕改,让投资者对资本市场投资的前景有一定的预见性。还有必要积极调

---

① 藏旭恒等:《居民资产与消费选择行为分析》,上海三联书店、上海人民出版社2001年版。

整投资者的心理预期,增强他们的投资信心。当投资者预期未来有较多收益时,他们会进一步增加投资。这样,就会形成一个投资—预期收益多—再多投资—更多预期收益的良性循环机制,中国资本市场就会更加长期繁荣稳定。

8.8 切实作好预期的正面宣传和引导

投资者对经济变量变化的主观预期,是客观经济运行过程在人脑中的反映,因而是第二性的;同时这种反映是否正确,在很大程度上还要依赖于投资者对客观经济规律的认识能力,因而与现代科技信息系统的发展程度密切相关。这就存在一个预期的宣传和引导问题。宣传、引导得好,可以对繁荣资本市场投资起到事半功倍的作用;宣传、引导不好,则会抑制资本市场投资的扩大。

舆论宣传和引导是影响资本市场投资预期的一个十分重要的方面,特别是在信息传输手段日益发达、传输速度和效率提高很快、大众传播媒介广泛发展的今天,宣传导向对投资者预期的形成具有十分重要的作用和影响,有时甚至还是关键性的导向工具。资本市场传闻的危害性已今非昔比。与前几年市场上出现的传闻不同,现在的资本市场传闻往往由一些不负责任的媒体发布,并通过网络媒体广为传播。对中小投资者来说,实在很难分辨消息的真假。由于他们本身处于信息劣势的状况,有时候对传闻还不能一概不相信。尤其是在决策层较为低调的背景下,市场传闻更容易触动市场神经,使不明真相的投资者吃亏。目前中国资本市场上的小道消息满天飞,对资本市场中的不规范行为报道得少,讨论、宣传得少,有失公正性。如果这些媒体宣传引导不当,与政府的政策和目标相左,则投资者就很可能动摇对政策的信心,特别是在中国长期以来的"宁可信其有,不可信其无"的思维定式下,错误的宣传引导对投资者预期的影响是贻害无穷的。惟其如此,"较为成熟的资本市场的监管经验表明:媒体监管如果能够渗透到资本市场的所有环节和所有过程,充分发挥信息和新闻披露的职能,可以对资本市场起到意想不到的巨大的监管作用。"[①] 世界各国在资本市场投资预期导向实践中都十分注意舆论的力量,十分注重正面引导和宣传,给广大投资者以信心。只有这样,投资者才会有较好的投资预期,这对政府刺激经济发展来说,是一支非常重要的"无形力量"。如果政府能在信息量、信息内容、信息的权威性、信息的传播时间、信息的真实性等方面从信息源头和信息传播过程上进行必要的调控,引导投资者对资本市场投资不确定性和风险进行正确的预期,就能够对预期的形成产生直接或间接的影响,从而达到引导预期的目的。所以,正面的宣传和引导,既是政府意识形态的正确表现,也是政府用以解决资本市场预期问题的一个重要手段。

　　投资者对未来经济状况的预期是决定中国资本市场预期的重要因素。在资本市场中,如果绝大多数投资者能形成长期稳定的预期并由此作出投资决策,那么他们的投资行为集合所决定的资本市场供求将与宏观经济运行保持同步走向,他们所产生的合力能够将短期的非理性行为所带来的不切实际的预期拉回到与资本市场发展相适应的合理位置,这样是很有利于中国资本市场长期

[①] 邓乐平:"效率与公平——有关中国资本市场发展中几个问题的探索",载《财贸经济》2001年第8期。

稳定发展的。要达到这种状态,有关部门应通力合作,进行宣传和引导投资者理性预期和理性投资。从中国资本市场投资者预期的形成来看,需要引导投资者的正确预期。投资者在进行资本市场投资合理预期过程中非常需要政府的帮助。他们非常希望政府有长期稳定的宏观经济政策,希望政府把影响投资者预期的改革措施明晰化、具体化,以使个人投资决策更具有理性,使投资者的预期更加符合实际。反过来,政府正好可以因势利导,加强对有关宏观经济政策和改革措施的宣传,利用政府决策的权威性对投资者产生重要影响,通过宏观经济政策、资本市场发展政策或其他必要措施,矫正投资者不切实际的投资预期。只要政府宣传和引导得当,投资者就会形成良好稳定的预期。这样,就会更加促进资本市场的健康、有序发展,从而为经济发展作出应有的贡献。

目前,中国资本市场的现实情况是"大道消息不通",由此导致了"小道消息满天飞"。市场若较长时间处于消息失真中,投资者难以形成符合实际的投资预期,心态肯定会越趋脆弱,甚至出现迷惘的感觉。为此,建议不妨借鉴卫生部以及上海市政府等新实行的新闻发言人制度,在资本市场上也建立新闻发言人制度,让资本市场投资者享有更多对称的信息,从而抑制市场传闻借媒体以讹传讹的不正常现象。通过权威的新闻发言人制度,可使投资者得到更多的政策信息,并就某些疑惑找到答案。

预期虽然具有可调节性,但要使预期引导成为宏观调控的手段和内容之一,就必须解决如何调节资本市场投资的预期问题。根据信息是预期形成的基础这一预期与信息之间的内在联系,政府可把着眼点放在信息的传播过程上。对这一过程各环节进行调节是政府引导资本市场预期的现实途径。中国是一个十分注重舆论宣传和引导的国家,在这方面积累了丰富的经验。例如,我国1989年下半年开始出现的持续近两年的市场疲软,既是严厉的"双紧"政策的政策效应,也有对"治理整顿目标"的过度宣传引致的物价持续下降预期、投资环境不断恶化预期等预期因素的作用和影响。政府可以将之应用于中国资本市场预期问题的宣传和引导。具体来说,政府可以借助股票市场的信息传递功能、市场导向功能和价格传递功能,充分体现政策导向,调整投资者的投资预期和公众的心理预期,刺激投资和消费,推动经济增长。

中国证监会、中国银监会是作用于资本市场的主管部门,理应担当起宣传和引导投资者正确预期的重责。建议它们可与有关部门通力协作、创办以培育理性投资者为目标,以正确稳定预期为主要内容的《理性投资预期》杂志,利用高新技术宣传预期潮流,帮助中国资本市场投资者改变非理性观念和投资方式,由此形成长期稳定的正确预期。

预期是可以修正和调整的,它的这种性质为政府干预资本市场投资活动提供了理论依据。在研究资本市场走势时,应首先估计到预期的基本走势,以防止预期对政府政策目标的实现造成的障碍。如果政府希望尽快地实现某一目标,就需要通过公布有关政策、宣传和劝诱来改变预期,进而达到政府期望的效果。预期是可以进行引导的。预期的合理引导,对于投资者进行资本市场投资、防止经济的剧烈震荡,保持国民经济的长期稳定发展有着特殊的作用和功效。

至此,本书可以告一段落。从其研究中可看出,资本市场历来被看作是经济长期发展状况的"晴雨表",持续稳定发展的资本市场,再配合以健康良好的宏观经济形势,必然会增强投资者的信心和预期,有助于扩大消费和投资支出,从而促进经济的进一步增长,形成金融层面和实体经济层面的良性互动。积极维持资本市场的繁荣局面,保持长期的投资增长格局,力争使投资者对中国资本市场形成长期稳定发展的良性预期,使资本市场和宏观经济确立起一种良性互动的机制。需要指出的是,解决中国资本市场预期问题是一项长期艰苦的工作,要做的工作很多。"除了要创造条件,配合行事外,关键在于信心。关键在于信心,就是要解除人们的后顾之忧,改善人们的心理预期。"[①] 人们常说"要有信心",这可能是因为资本市场的发展出现了与投资者原来的预期不一致的走向,于是投资者改变了预期,"要有信心"就是要投资者相信资本市场还会发生与原来的预期相一致的变化。发展中国资本市场,调整投资者的预期,要在指导思想上确立发展资本市场对于繁荣国民经济的战略意义,摒弃以前单纯为国企解困服务的思路,鼓励发展前景好、经营业绩佳的不同所有制形式企业上市筹资,为资本市场的长期健康发展培育土壤,让投资者形成一个长期、良好、稳定的预期。

---

① 曾康霖:《经济金融分析导论》,中国金融出版社 2000 年版。

9. 结束语

9.1 重要结论

本书针对当代中国资本市场预期问题的现状、预期理论与中国资本市场实践所面临的问题，运用马克思主义的分析方法，并吸取现代西方理性预期与资本市场结合研究的最新成果，对中国资本市场预期问题进行了系统的探索，得出了一系列重要结论。

第一，中国资本市场是一个充满预期因素作用和影响的市场。在投资者投资之前，他要进行风险预期，考虑预期收益和投资的不确定性；在投资过程中，随着投资不确定性的变化，投资者要调整其投资行为；在投资以后，投资者要总结预期与实际发生结果的偏差，为今后投资作参考依据。预期不仅对中国资本市场投资预期收益、而且对中国资本市场效率都有重要的作用和影响。预期行为贯穿于整个资本市场投资过程中。从本质上来说，投资者投资于资本市场，就是投资于这个市场的未来收益预期。

第二，中国资本市场预期问题是信息、不确定性和风险等因素的函数。就它们对中国资本市场预期问题的影响程度来说，信息是第一位的，是基础；其次是经济不确定性；再次是风险；最后是其他因素。进行中国资本市场投资常常是在上述诸多因素作用和影响下的投资组合选择。

第三,中国资本市场投资者进行预期收益的实质是为了获得更多的预期利益。从投资者的主观愿望来看,他们中的大部分进行资本市场投资的目的都是为了获得预期收益,为了自己的经济利益。他们是出于经济利益的考虑才进行预期。

第四,预期的过程是一个博弈的过程,预期行为在本质上是一种博弈行为。预期作为一种心理现象,是经济当事人在自己作出行动决策之前对未来经济形势或某一经济变量所作的估计或预测。预期的过程就是对有关经济变量进行估计或预测的过程,也就是采取对策获得更多利益、尽量减少损失的过程,即是一个博弈的过程。只有当其他当事人的行为可预测时,预期主体才能采取相应的策略。

第五,中国资本市场投资者预期存在着许多突出的问题。由于中国资本市场起步晚、发展不规范,不仅资本市场的效率低,而且预期存在的问题也很多,主要表现在信息尚未被充分利用、预期收益值偏高、对预期不确定性估计不足、预期风险难以预测等。投资者的预期及预期收益的不确定性是发展中国资本市场的重要障碍。

9.2 尚待研究的问题

中国资本市场预期问题是一个崭新的课题,尽管笔者在写作本书时进行了很长时间的思考,但由于受笔者的水平、研究能力和时间所限,上述研究结论必定存在许多问题,还有待修正并提高。笔者认为,至少有如下问题尚待研究。

第一,人们的金融意识与资本市场预期问题的关系问题。金融是现代经济的中心。经济的发展离不开金融的发展,没有发达的金融也就不会有发达的经济。发达的金融需要人们强烈的金融意识,人们有了强烈的金融意识,资本市场才能有大发展的希望。目前,中国资本市场的发展状况与人们落后的金融意识密切相关。之所以存在消极预期的作用和影响,其中一个重要原因就在于人们的金融意识落后。要克服中国资本市场消极预期影响、发挥积极预期作用,必须进一步培育人们的金融意识,这是不言而喻的。但是,到底人们的金融意识与资本市场预期问题的相关程度怎么样,这还是需要进一步研究的问题。本书仅是提出了此问题,并没有作出深刻分析。

第二,中国资本市场孔明预期分析。预期经过了静态预期、外推型预期、适应性预期和理性预期几个阶段,形成了相应的预期理论。应该说,将这些预期理论应用于中国资本市场实际,是可以获得关于中国资本市场预期问题丰富的认识的。但是,经过笔者的研究,我认为还不够。为了推动理论的发展并正确地指导实践,还应该提出孔明预期并进行中国资本市场孔明预期分析。孔明预期是不同于理性预期的。理性预期是指经济当事人面对不确定的未来为避免风险和获得最大收益而运用过去和现在一切可获得的信息,对所关心的经济变量在未来的变动状况作出尽可能准确的预测。孔明预期是指能够进行理性预期的极少数经济当事人完全能够预测到经济变量未来将要发生的变化,所预测到的结果与实际发生的结果是完全一致的。本书仅是推出这一概念,但并没有结合实际进行中国资本市场孔明预期分析。

第三,中国资本市场准理性预期(亚理性预期)特征的原因分析。在分析中国资本市场预期特征时,笔者赞同目前国内一些学者所说的准理性预期或亚理性预期特征。特别是股民的预期既不是适应性预期,又不是理性预期,而是介于两者之间的准理性预期或亚理性预期。那么,为什么是准理性预期呢？本书的研究仅是从一般理论抽象进行的分析,而没有进行深刻的实证分析。特别是没有建立相应的数学模型进行量化分析。今后还需要分析这一特征的各种原因,为解决中国资本市场预期问题提供科学的决策依据。

第四,专家进行的预期对投资者的影响。由于中国资本市场发展的时间不长,特别是投资高风险的存在,有些投资者在进行资本市场投资时,往往会咨询一些经济专家,他们的建议会有效地使投资者较为准确地了解未来经济的发展趋势。但是,有多少投资者这样做呢？专家进行的预期对投资者实现预期收益的作用和影响有多大呢？这也是在本书中没有作出深刻分析和论证的。

本书是作者学习、研究金融学的部分心得。这是从全新的视角进行的探索,力求准确地建立各种切合中国实际的资本市场投资预期收益模型。但愿这份努力能对有兴趣的读者有所裨益。更进一步的理论认识将在《预期理论史考察》、《预期理论及其在宏观经济中的应用》和《预期作用于我国金融宏观调控的效率分析》中获得。所以,建议看了本书的读者再看一看今后新的分析。您不仅会发现更多的不足,或许您也会有新的认识。但愿如此吧！

经济学领域的研究越来越重视对人类心理预期与行为的研究。西方走在了前面,它们的资本市场预期理论能否运用于中国资本市场预期问题的研究,存在着一个本土化、中国化的问题。由于中国资本市场存在的历史时间不长,人们对它的认识不深刻,研究资料不是很多,许多中国资本市场预期现象有待于进一步深入研究,包括研究视角、研究内容、研究方法都应该作出有中国特色的研究来。例如,政府对中国资本市场的行政干预会对投资者的预期产生什么作用和影响,中国投资者心理预期与西方投资者有哪些不同,从一个相对封闭的资本市场向一个开放的资本市场过渡的时期,投资者的预期会发生什么样的变化,以及中国传统文化下投资者对西方预期理论的理解与困惑,都是很值得深入、系统研究的重要课题。

总之,本书作为一项探索性研究,尽管总体而言其研究结论是基本可信的,但仍然存在一些局限和不足。例如,所建立的资本市场投资预期收益模型不一定切合中国的实际;还有很多数据需要进行纵向和横向的比较才能更有意义和价值,书中尽可能地做到,但限于国内本领域研究数据和资料的缺乏,比较得还十分不够;并且提出的解决对策还要靠实践来检验是否是行之有效的;等等。这只有留待今后的进一步研究。

参 考 文 献

[日]饱户弘等:《经济心理学》,中国商业出版社 1987 年版。
[美]卡特等:《合理预期理论》,中国金融出版社 1988 年版。
[美]迈克尔·卡特、罗德尼·麦道克著,杨鲁军译:《理性预期:八十年代的宏观经济学》,上海译文出版社 1988 年版。
汪翔:《理性预期宏观经济学———一种新的宏观经济思潮》,中国人民大学出版社 1989 年版。
李伯溪主编:《经济均衡与非均衡理论、模型和应用》,改革出版社 1991 年版。
[美]斯蒂芬·罗西斯著,余永定等译:《后凯恩斯主义货币经济学》,中国社会科学出版社 1991 年版。
张守春:《中国储蓄心理学》,中国金融出版社 1992 年版。
[法]保罗·阿尔布著,符锦勇译:《经济心理学》,上海译文出版社 1992 年版。
[美]戈登·亚历山大、威廉·夏普著,霍小虎等译:《证券投资理论与资本市场》,中国经济出版社 1992 年版。
[美]戈登·亚历山大、威廉·夏普著,倪克勤、邹宏元、解川波译:《证券投资原理》,西南财经大学出版社 1992 年版。
[奥]赫尔穆特·弗里希著,费方域译:《通货膨胀理论》,商务印书馆 1992 年版。
[美]罗伯特·A.哈根著,郭世坤等译:《现代投资学》,中国财政经济出版社 1992 年版。
朱宝宪、赵家和:《当代金融市场》,中国统计出版社 1993 年版。
孙元明:《市场经济心理学》,西南师范大学出版社 1993 年版。
于川、潘振锋编著:《风险经济学导论》,中国铁道出版社 1994 年版。
刘长庚等:《西方经济学》,中国物资出版社 1994 年版。
杨炘:《证券投资理论及应用》,航空工业出版社 1994 年版。

李拉亚:《通货膨胀与不确定性》,中国人民大学出版社1995年版。
王晓群等:《金融投资风险论》,上海远东出版社1995年版。
徐诺金:《经济波动与通货膨胀的结构性分析》,中国金融出版社1995年版。
房汉廷:《现代资本市场的理论与实践》,东方出版社1995年版。
王晓群、陆朴领:《金融投资风险论》,上海远东出版社1995年版。
杨玉生:《理性预期学派》,武汉出版社1996年版。
张国光:《反通胀论》,西南财经大学出版社1996年版。
姜纬:《金融衍生市场投资理论与实务》,复旦大学出版社1996年版。
黄联生编著:《股市预测与操作》,青岛海洋大学出版社1996年版。
张维迎:《博弈论与信息经济学》,上海三联书店、上海人民出版社1996年版。
刘振亚:《计量经济学教程》,中国人民大学出版社1997年版。
刘海云、李仁芬、黄芳泉:《中国证券市场与证券投资》,华中理工大学出版社1997年版。
陈国进:《资本市场理论与现代投资分析》,中国金融出版社1997年版。
王振山:《证券市场与证券投资》,大连理工大学出版社1997年版。
黄家骅:《中国居民投资行为研究》,中国财政经济出版社1997年版。
林文俏:《股市风险透视与防范》,广东经济出版社1997年版。
曾康霖:《金融理论与实际问题探索》,经济科学出版社1997年版。
[法]让-帕斯卡尔·贝纳西著,袁志刚、王整风、孙海鸣译:《市场非均衡经济学》,上海译文出版社1997年版。
王广谦:《经济发展中金融的贡献与效率》,中国人民大学出版社1997年版。
孙杰:《货币与金融:金融制度的国际比较》,社会科学文献出版社1998年版。
陈学彬:《宏观金融博弈分析》,上海财经大学出版社1998年版。
陈浩武:《体制转轨时期的中国资本市场》,经济科学出版社1998年版。
吴易风等:《市场经济和政府干预》,商务印书馆1998年版。
[美]米什金著,李扬等译:《货币金融学》,中国人民大学出版社1998年版。
李健:《金融创新与发展》,中国经济出版社1998年版。
叶中行、林建忠编著:《数理金融——资产定价与金融决策理论》,科学出版社1998年版。
[美]弗兰克·法博齐等著,唐旭等译:《资本市场:机构与工具》,经济科学出版社1998年版。
厉以宁主编:《中国资本市场发展的理论与实践》,北京大学出版社1998年

版。
李雪松:《博弈论与经济转型——兼论中国铁路改革》,社会科学文献出版社1999年版。
童光荣:《动态经济模型分析》,武汉大学出版社1999年版。
陈岩:《通货紧缩》,福建人民出版社1999年版。
谢为安:《宏观经济理论与计量方法》,中国计量出版社1999年版。
余永定等主编:《西方经济学》(第二版),经济科学出版社1999年版。
许崇正:《中国资本形成与资本市场发展论》,经济科学出版社1999年版。
戴国强、吴祥林:《金融市场微观结构理论》,上海财经大学出版社1999年版。
钱小安:《金融创新因果》,中国金融出版社1999年版。
盛晓白、张进:《西方经济学导论》,世界图书出版公司1999年版。
沈沛主编:《资本市场若干问题研究》,中国金融出版社1999年版。
郑耀东:《中国资本市场分析》,中国财政经济出版社1999年版。
刘锡良主编:《金融机构风险管理》,西南财经大学出版社1999年版。
胡怀邦:《金融发展中的衍生市场研究》,中国经济出版社2000年版。
黄先开:《金融数学模型——多维动态货币供求建模研究》,世界图书出版公司2000年版。
陈雨露主编:《现代金融理论》,中国金融出版社2000年版。
史纹青:《中国通货膨胀问题研究》,中国财政经济出版社2000年版。
杨玉生:《西方经济学与中国经济发展》,中国经济出版社2000年版。
俞文钊:《经济心理学》,东北财经大学出版社2000年版。
申海波:《预期理论与资本市场》,上海财经大学出版社2000年版。
郝继伦:《中国股票市场发展分析》,中国经济出版社2000年版。
陆宇峰:《净资产信用率和市盈率的投资决策有用性》,上海三联书店、上海人民出版社2000年版。
陆剑清等著:《投资心理学》,东北财经大学出版社2000年版。
钱小安:《通货紧缩论》,商务印书馆2000年版。
武剑:《货币政策与经济增长》,上海三联书店、上海人民出版社2000年版。
汤光华:《证券投资的不确定性》,中国发展出版社2000年版。
[美]古扎拉蒂著,林少宫译:《计量经济学》,中国人民大学出版社2000年版。
曾康霖:《经济金融分析导论》,中国金融出版社2000年版。
殷孟波、曹廷贵主编:《货币金融学》,西南财经大学出版社2000年版。

庞皓主编:《计量经济学》,西南财经大学出版社2001年版。
戴建兵等主编:《股票投资分析》,中国金融出版社2001年版。
刘怀德:《不确定性经济学研究》,上海财经大学出版社2001年版。
陈学彬等:《当代金融危机的形成、扩散与防范机制研究》,上海财经大学出版社2001年版。
何德旭:《中国金融创新与发展研究》,经济科学出版社2001年版。
佘运久:《资本市场的协调发展》,中国发展出版社2001年版。
余甫功:《中国资本市场制度分析和机制研究》,中国财政经济出版社2001年版。
[美]威廉·E.夏普著,胡坚译:《证券组合理论与资本市场》,机械工业出版社2001年版。
吴军:《紧缩与扩张——中国经济宏观调控模式选择》,清华大学出版社2001年版。
李承友:《资本市场与企业制度创新》,企业管理出版社2001年版。
吴伟良、束金龙编著:《经济管理数量方法》,华东师范大学出版社2002年版。
曾康霖主编:《金融经济学》,西南财经大学出版社2002年版。
金道政主编:《金融投资学》,中国科学技术大学出版社2002年版。
孙强等:《信息非对称条件下资本市场》,中国社会科学出版社2002年版。
张圣平:《偏好、信念、信息与证券价格》,上海三联书店、上海人民出版社2002年版。
李翀:《金融资产投资》,中山大学出版社2002年版。
姚尔强:《股价波动的理论研究与实证分析》,经济科学出版社2002年版。
[美]保罗·A.冈柏斯、乔希·勒纳著,宋晓东、刘晔、张剑译:《风险投资周期》,经济科学出版社2002年版。
王洛林、李扬:《金融机构与风险管理》,经济管理出版社2002年版。
[法]简·菲利普·鲍查德、[比]马克·波特著,周为群译:《金融风险理论——从统计物理到风险管理》,经济科学出版社2002年版。
[英]特伦斯·C.米尔斯著,俞卓菁译:《金融时间序列的经济计量学模型》(第二版),经济科学出版社2002年版。
吴晓求:《处在十字路口的中国资本市场》,中国金融出版社2002年版。
张汉亚主编:《中国资本市场的培育和发展》,人民出版社2002年版。
史代敏:《中国股票市场波动与效率研究》,西南财经大学出版社2003年版。

R.J.巴罗:"理性预期和货币政策的作用",载《货币经济学杂志》第 2 卷,1976 年第 1 期。

李任初:"论预期在现代宏观经济学中的地位",载《南京大学学报》(哲学社会科学版)1986 年第 2 期。

沈卯元:"经济心理学理论模型的发展",载《心理学动态》1989 年第 1 期。

李拉亚:"我国预期理论研究述评",载《经济学动态》1989 年第 12 期。

刘颂:"经济心理学概述",载《国外社会科学》1990 年第 1 期。

孟鸿凌:"谈谈居民预期价格心理变化对市场的影响",载《经济预测与分析》1990 年第 4 期。

朱闵铭:"若干现代西方证券投资理论概述",载《金融科学》1992 年第 1 期、人大复印资料《财政金融》1992 年第 5 期。

李拉亚:"具有理性预期的非线性系统的行为分析",载《经济研究》1993 年第 9 期。

李拉亚:"预期与不确定性的关系分析",载《经济研究》1994 年第 9 期。

朱秋白:"预期引导应成为宏观调控的重要内容",载《经济学动态》1994 年第 9 期。

宋国清:"利率、通货膨胀预期与储蓄倾向",载《经济研究》1995 年第 7 期。

宋冬林:"市场有效性理论评析",载《经济学动态》1995 年第 10 期。

薛万洋:"预期、博弈与货币政策",载《经济研究》1995 年第 12 期。

赵宇龙:"会计盈余披露的信息含量——来自上海股市的经验证据",载《经济研究》1998 年第 7 期。

彭惠:"信息不对称下的羊群行为与泡沫——金融市场的微观结构理论",载《金融研究》2000 年第 2 期。

潘石:"通货紧缩预期对我国经济发展的影响及应对策略",载《吉林大学社会科学学报》2000 年第 1 期。

朱少醒、吴冲锋:"有关复杂经济系统的动态非均衡经济理论的评述",载《外国经济与管理》2000 年第 1 期。

肖梦:"打破现有预期创造新的平衡——专访斯坦福大学刘遵义教授",载《资本市场》2000 年第 1 期。

余隆炯:"预期性通货紧缩与体制因素分析",载《商业研究》2000 年第 4 期。

陈涛:"试析公众预期对我国货币政策的影响",载《山西财经大学学报》2000 年第 5 期。

赵莉:"理性预期与启动中国经济",载《北京行政学院学报》2000年第5期。

张思齐、马刚、冉华:"股票市场风险、收益与市场效率:ARMA—ARCH—M模型",载《世界经济》2000年第5期。

江世银:"论信息不对称条件下的消费信贷市场",载《经济研究》2000年第6期。

江世银、黄毅:"目前我国启动内需缓慢的原因及其危害",载《经济研究资料》2000年第2期。

吴松:"我国证券市场信息不对称的原因与对策",载《商业研究》2000年第11期。

肖赞军:"制约消费的六大预期及化解",载《经济学家》2001年第1期。

马洪潮:"中国股市投机的实证研究",载《金融研究》2001年第3期。

华民、陆寒寅:"经理激励、信息制造与股市效率",载《经济研究》2001年第5期。

陈信元等:"预期股票收益的横截面多因子分析:来自中国证券市场的经验证据",载《金融研究》2001年第6期。

江世银:"预期对我国消费信贷的影响",载《经济理论与经济管理》2001年第8期。

林国春:"行为金融学及其对投资者的启示",载《证券市场导报》2001年第11期。

"中国投资者动机和预期调查数据分析"课题:"参与、不确定性与投资秩序的生成和演化——解读投资者动机和预期的另一个视角",载《经济研究》2002年第2期。

胡荣才等:"我国证券市场投资者收益分析",载《财经理论与实践》2002年第2期。

苑德军、李文军:"中国资本市场效率的理论与实证分析",载《河南金融管理干部学院学报》2002年第5期。

王军:"资本市场作用于经济增长的消费需求机制研究",载《财经理论与实践》2002年第6期。

刘志阳:"预期理论框架下的股民预期",载《当代财经》2002年第7期。

赵昕、李扶民:"论理性预期理论的合理性",载《中央财经大学学报》2002年第9期。

唐伟敏、邹恒甫:"一种不完全信息下的资产定价模型",载《经济学》2003年第

1期。

徐明圣、刘丽巍:"现代股利政策理论的演变及其评价",载《当代财经》2003年第1期。

董直庆、蔡玉程、李仁良:"消费与股价的作用机制分析",载《数量经济技术经济研究》2003年第1期。

章融、金雪军:"证券市场中投资者短期行为分析",载《数量经济技术经济研究》2003年第1期。

张碧琼、付琳:"我国资本市场规模和结构与经济增长的互动关系",载《上海财经大学学报》2003年第2期。

江世银:"中国资本市场预期收益模型及政策建议",载《安徽财会》2003年第3期。

胡昌生、蔡芳芳:"过度自信与市场泡沫",载《数量经济技术经济研究》2003年第3期。

奚群、袁鲲:"证券投资咨询信息的价值分析",载《华东师范大学学报》2003年第3期。

杨秋宝:"宏观调控中的时滞、预期与博弈",载《中共中央党校学报》2003年第3期。

许庆明、孙向光:"从预期的角度看中国'流动性陷阱'",载《浙江大学学报》(人文社科版)2003年第4期。

胡援成、程建伟:"中国资本市场货币政策传导机制的实证研究",载《数量经济技术经济研究》2003年第5期。

陈昭:"外推型预期公式的检验与评价",载《商业研究》2003年第7期。

江世银:"影响我国金融创新的因素分析",载《财经问题研究》2003年第9期、人大复印资料《金融与保险》2003年第10期。

江世银:"中国资本市场预期问题分析",载《河南金融管理干部学院学报》2004年第2期。

江世银:"预期对中国资本市场作用和影响的验证",载《当代经济科学》2004年第3期。

江世银:"资本市场预期理论评介",载《经济学动态》2004年第4期。

江世银:"预期与资本市场投资分析",载《金融研究》2004年第7期。

江世银:"论投资膨胀预期与投资紧缩预期",载《财贸经济》2004年第9期。

江世银:"论预期对居民储蓄转化为资本市场投资的作用和影响",载《中国经济评论》[美]2004年第7期。

Knight, F. H., 1921. *Risk, Uncertainty and Profit*, New York: Houghton Nifflin.

Keynes, J. M., 1936. *The General Theory of Employment, Interest and Money*. London: Macmillan.

Hicks, J. R., 1946. *Value and Capital: An Inquiry into Some Foundamental Principles of Economic Theory*, Second Edition, London, Oxford University Press.

Cagan, P., 1956. "The Monetary Dynamics of Hyperinflation," in M. Friedman (ed.) Studies in *the Quantary Theory of Money*, Chicago, University of Chicago Press.

J. F. Muth, 1961. "Rational Expectations and the Theory of Price Movements," Econometrics, Vol. 29(1961): 315 – 335.

Ozga, S. A., 1965. *Expectations in Economic Theory*. London: Weidenfeld and Nicolson.

Hirshleifer, J., 1965. "Investment Decision under Uncertainty: Choice Theoretic Approaches," Quarterly Journal of Economics 79, November, 509 – 536.

Willian Brainard, 1967. "Uncertainty and the Effectiveness of Policy," American Economic Review, May 1967.

R. C. Sutch, 1968. *Expectations, Risk and the Term Structure of Interest Rates*. Unpublished Ph. D. Dissertation, Massachusetts Institute of Technology.

S. Diller, 1969. "Expectations in the Term Structure of Interest Rates," in J. Mincer (ed.). *Economic forecasts and expectations*, New York.

C. Nelson, 1972. *The Term Structure of Interest Rates*. New York.

Klein, L. R., 1972. "The Treatment of Expectations in Econometrics," in *Uncertainty and Expectations in Economics*, Edited by C. F. Carter and J. L. Ford. Oxford: Blackwell Publisher, PP. 175 – 190.

T. J. Sargent, 1972. "Rational Expectations and the Term Structure of Interest Rates," Journal of Money, Credit and Banking, vol. 4(1972).

R. J. Shiller, 1972. *Rational Expectations and the Structure of Interest Rates*, Unpublished Ph. D. Dissertation, Massachusetts Institute of Technology.

Lucas, R. E., 1972. "Expectations and the Neutrality of Money," Journal of Economic Theory, April, 103 – 124.

Lucas, R. E, 1973. "Some International Evidence on Outputinflation Trade—off", American Economic Review, 63, June.

Fama, Eugene F., and James MacBeth, 1973. "Risk, Return, and Equilibrium: Empirical Tests," Journal of Political Economy 81: 606 – 636.

Barro, R. J., 1976: "Rational Expectations and the Role of Monetary Policy," Journal of Monetary Economics, Vol. 2.

Poole, W., 1976. "Rational Expectations in the Macro Model," BPEA, 2: 463 – 505.

Sargent, T. J., and Wallace, N., 1976. "Rational Expectations and the Theory of Economic Policy," JME, (April) 2: 169 – 183.

Harrison, J. M. and Kreps, D. M., 1978. "Speculative Investor Behavior in a Stock Market with Heterogeneous Expectations," Quarterly Journal of Economics, Vol. 92, No. 2, pp. 321 – 336.

Decanio, Stephen J., 1979. "Rational Expectations and Learning from Experience," Quarterly Journal of Economics 370: 47 – 57.

Fair, R. C., 1979. "An Analysis of a Macro-Economic Model with Rational Expectations in the Bond and Stock Markets," American Economic Review 69: 539 – 552.

Grossman, S. J., and J. E. Stiglitz, 1980. "On the Impossibility of Informationally Efficient Markets," American Economic Review, 70: 393 – 408.

MCCallum, B. T., 1980. "Rational Expectations and Macroeconomic Stabilization Policy," JMCB, (February) 12(4): 716 – 746.

Steven M. Sheffrin, 1983. *Rational Expectations*. Cambridge University Press, Cambridge, London, New York.

Raines J. P. and Leather C. G., 1994. "The New Speculative Stock Market: Why the Weak Immunizing Effect of the 1987 Crash," Journal of Economic Issues, Vol. 28, No. 3, pp733 – 753.

Fama, E. F., 1998. "Market Efficiency, Long-term Returns, and Behavioral Finance," Journal of Financial Economics, 49: 283 – 306.

Batini, N. and J. Pearlman, 2002. "Too Much Too Soon: Instability and Indeterminacy with Forward-Looking Rules," Unpublished Working Paper, Bank of England.

Allen, B., 1982. "Strict Rational Expectations Equilibrium Diffuseness," Journal of Economic Theory, 26: 20 – 46.

Banerjee, A. V., 1992. "A Simple Model of Herd Behavior," Quarterly Journal of Economics, 107: 798 – 817.

Grossman, Sanford J., 1978. "Further Results on the Informational Efficiency of Competitive Stock Market," Journal of Economic Theory, 18:81 – 101.

Glosren, L. R., Jagannathan, R. and Runkle, D. E., 1993. "On the Relation between Expected Value and the Volatility of the Nominal Excess Return on Stocks," Journal of Finance, Vol. 48, No. 5, 1779 – 1801.

Blanchard, O. J. and M. W. Watson, 1982. "Bubbles, Rational Expectations and Financial Markets," Working Paper, National Bureau of Economic Research, July.

Mishkin, F. S., 2003. *The Economics of Money, Banking and Financial Markets*, 6th ed, New York: Addison-Weley.

后　　记

做学问，并非是我的专攻。我本是一个教书匠。回想起过去一周中有三四个整天站讲台时，我做梦也没想到今天会将主要精力放在做学问上，这就是说把过去附带的职业作为主业了。在外面世界很精彩的今天，要想真地学点和写点东西，是很需要有点坐冷板凳精神的。自1991年首次发表论文以来，我一发不可收拾。冷板凳坐了十多年，今天终有一点小小的收获：除了完成我个人独立写作的这第三部专著外，还在《经济研究》等报刊上发表了100余篇学术论文；有的成果被国务院研究室摘成《研究报告》上报党中央、国务院并送有关部门供决策参考，还获得了省部级奖。与同龄人相比，这是算不了什么的，我也是有自知之明的。这只不过能证明我除了当教书匠外还能写一点东西。但是，这对于起点低、又不聪明的我来说，一边要完成四川省委党校的教学科研任务，一边要通过博士后研究的各项考核，我已经是拿出吃奶的力气了。我还能做什么呢？

我思考着。面对问题与困境的我迎着困难而半路出家，从事金融学学习和研究了。我在研究自己已有一定基础的区域经济学的同时，又将金融学作为博士后阶段主要研究方向，完全是因为自己想尝试、想进入新的世界、进行一种新的研究。西南财经大学有着深厚的历史底蕴、一流的学术氛围，我所在的中国金融研究中心博士后流动站更是一个积极、求实的团体。我的合作导师刘锡良教授把我带入了新的世界,他的思想和人格在我的学术中留下了终身的烙印。摆在读者眼前的这部书稿是我进入西南财经大学博士后流动站工作的阶段性成果之一,是对中国资本市场预期问题研究的一些学术心得体会的归纳和总结。我已记不清有多少个日子的挑灯夜战、奋笔疾书了,童年生存的艰辛锤炼了我今天顽强的进取意志。我更记不清有多少次得到合作导师刘锡良教授的无私指点了。本书能够得以顺利完成,主要归功于他的指导。是他将我引入这一领域,也是他指导我将预期和博弈结合起来进行深入的研究,得出了预期行为在本质上也是一种博弈行为的初步认识。他还直接提供了一些参考资料。刘老师不仅在学术上对我悉心指导,而且在思想上、生活上等方面也给了我无微不至的关心和帮助。他严谨的治学态度,求实求真的工作作风和为人师表的高尚风范给了我许多的启迪和教诲,这将使我终生受益。从他那里,不仅获得的是知识和学问,而且学到了许多为人的道理和进取精神。在此,我深表敬意和感谢。

博士后流动工作站的李晓渝博士、蒋南平博士和陈林生博士等刻苦钻研的精神时常激励着我。我们之间的每一次交流对我都是一次深深的启迪。这段时间的友谊将成为我一生的精神财富和支撑。我还受到众多的同行研究者如全国社保基金会的黄毅博士、上海期货交易所的曾欣博士、北京师范大学经济学院的博士后杜金沛博士、西南交通大学的严冰博士、四川师范大学的赵万江博士等经济学研究气息的感染,这使我难以忘怀。在这里对他们也表示感谢。

我也要感谢西南财经大学校长王裕国教授、副校长赵德武教授及其科研处处长许德昌教授、博士后流动站的明海峰同志、申云燕同志、白小平同志、谢波同志、王海涛同志、组织人事部的负责同志和其他老师们，感谢他们对我学习和研究的关心、支持、帮助和指导。中国金融研究中心的曾康霖教授、陈野华教授对本问题研究的启发是很重要的，可以说起到了指点迷津的作用。曾康霖教授、刘锡良教授、陈野华教授、中央财经大学校长王广谦教授、中国人民大学财金学院院长陈雨露教授在百忙中参加了评阅，给予了充分的肯定和高度的评价。感谢他们对我学习和研究的启迪。感谢西南财经大学学术专著出版基金和中国博士后科学研究基金（编号：2002 032206）的资助。可以说，没有他们的大力支持和热情帮助，就不可能有我今天研究报告的完成以及本书的问世。现在我把它奉献给大家，希望得到各位师长、同行和广大读者朋友的指正。谨将此书献给我的合作导师及其他关心和帮助过我的老师、领导和朋友们。

最后，我要特别感谢我的妻子李长咏，她不仅一边上班，一边读区域经济学研究生，而且是她承担了家务及教养女儿江泽晟的重任。更可贵的是：她多年来对我的支持和帮助不仅仅体现在生活和家庭方面，更在于对我事业的支持和理解。她全身心地扶助我，才使我有充沛的精力和足够的时间完成这部书的写作。"绿叶"扶"红花"，"绿叶"的劳作与艰辛，有谁知晓？

虽然笔者在大胆的探索和研究中，对西方资本市场预期问题的学习和研究不遗余力，对新命题、新模型、新观点和新方法的提出斟酌再三，但由于本人才疏学浅，水平有限，加之受到研究时间的限制，特别是受功底不足的影响，书中不慎和错误之处肯定不少，这一课题实在太深，越研究发现问题越多，越需要深入探究。恳请同行专家、学者、读者不吝赐教，斧正谬误。

江 世 银

2004年6月于西南财经大学博士后公寓